# 高校体育教学与大学生体育实践能力培养研究

周伟峰 ◎ 著

 吉林出版集团股份有限公司

图书在版编目（CIP）数据

高校体育教学与大学生体育实践能力培养研究 ／ 周
伟峰著. — 长春 : 吉林出版集团股份有限公司，2023.6
ISBN 978-7-5731-3363-2

Ⅰ．①高… Ⅱ．①周… Ⅲ．①体育－教学研究－高等
学校 Ⅳ．①G807.4

中国国家版本馆CIP数据核字（2023）第 101395 号

高校体育教学与大学生体育实践能力培养研究

GAOXIAO TIYU JIAOXUE YU DAXUESHENG TIYU SHIJIAN NENGLI PEIYANG YANJIU

著　者　周伟峰

责任编辑　王　平

封面设计　林　吉

开　本　787mm×1092mm　　1/16

字　数　241 千

印　张　11.5

版　次　2023 年 6 月第 1 版

印　次　2024 年 1 月第 1 次印刷

出版发行　吉林出版集团股份有限公司

电　话　总编办：010-63109269
　　　　　发行部：010-63109269

印　刷　廊坊市广阳区九洲印刷厂

ISBN 978-7-5731-3363-2　　　　　　　　　　　定价：78.00 元

# 前　言

体育课程是一种将多种教育手段与体育知识和体育活动相结合的教育的过程，是培养学生全面发展和进行素质教育的重要方法和过程。体育教学改革使人们主动改变了旧有的观念，使人们更加重视参与到体育运动中，更能促使人们开发出更多体育项目，不断丰富体育教学的内容，提升学生的运动热情，这些都有利于学生的健康生活。

加强大学生体育实践能力的培养是高校体育工作者的重要课题，重视大学生体育实践能力的培养，使体育在大学生毕业后的社会生活中仍能继续发挥重要作用，对贯彻党的教育方针和为国家培养合格人才有着重要的现实意义和深远的战略意义。重视学生体育能力的培养，达到终身受益的目的，是学校体育工作的基本任务和体育教学的目标之一。将学生的个体行为纳入终身体育行为方式，拓宽了学校体育培养目标的内涵，在培养学生个体行为的基础上发展体育特长，使学生掌握体育锻炼的知识技能，培养和提高学生的体育能力，养成经常参加体育锻炼的习惯，有利于促进全民健身活动的普及。

本书结合高等院校已普遍开设各种类型体育课及体育选修课的现状，阐述全新的体育健康观，重点介绍当代大学生体育实践能力的培养。本书共有九章，包括高校体育教学概述、高校体育教学目标、高校体育教学内容与方法、高校体育教学过程、大学生体育实践能力、大学生体育实践能力培养的体系构建、大学生体育实践能力培养的途径与策略、高校体育教学实践研究、高校体育教学改革研究等内容。

本书在写作和修改过程中，查阅和引用了书籍以及期刊等相关资料，在此谨向本书所引用资料的作者表示诚挚的感谢。由于水平有限，书中难免出现纰漏，恳请读者同人和专家学者批评指正。

周伟峰

2024 年 2 月

# 目　录

# 第一章　高校体育教学概述

## 第一节　体育的历史沿革和概念

体育是随着人类社会的发展而发展起来的。人类在改造自然界的同时也发展了人类自身。探索体育的相关问题，必须首先了解体育的发展历程，对前人的研究有所了解，才能为以后的研究打下良好的基础。

### 一、体育的历史沿革

#### （一）原始社会的体育

人类历史中，原始社会是历经年代最漫长的一种社会形式。原始社会，人类在为了生存进行的活动中，学会并锻炼了走、跑、跳跃、攀爬、投掷、游泳、负重等多种活动能力。这些活动可以说就是体育活动的雏形，它们对体育的发展起到了重要的作用。原始体育的起源是从人们意识到对未来的生活必须有所准备开始的，人们意识到对劳动经验和生活技能等需要继承，因而进行传授和学习，这种传授和学习的过程就是最初的教育。可以说体育是人类接受教育的最早方式之一，早在远古时代就有了体育的萌芽。

原始社会的体育和现代人的体育活动是既有联系又有区别的。其联系在于二者都是身体活动，前者是后者的渊源，后者是前者的演变；其区别主要在于二者的目的不同，前者的目的主要在于求食和生存，后者的目的主要在于锻炼身体。

#### （二）奴隶社会的体育

奴隶社会的军事斗争推动了武艺的发展，同时随着社会经济的发展，特别是文字的出现，学校应运而生，并进一步产生了文武合一的教育。加之祭祀活动的盛行，其中的舞蹈成为体育因素的主要表现形式。而奴隶主阶级的娱乐活动在很大程度上也包含体育的因素，亦加快了体育的发展。古希腊、古罗马也盛行以养生健身为目的的实践活动，其内涵与体育相同。由此可见，奴隶社会的体育已经逐渐与劳动分离，并进一步与军事、教育、宗教和享乐等结合起来，其中，军事斗争成为重要的推动力量。同时，我们应注意到，奴隶社会的体育有了用文字表达的初级概念和理论形式。体育的历史发展和其逻辑的发展是一致的，后者在一定程度上反映了前者。因此，我们在研究体育问题的时候，不仅要注意体育的事物发展过程，更要注意体育的逻辑发展过程。

### （三）封建社会的体育

我国古代的强身健体活动如导引、消肿舞、八段锦、易筋经等实际上就类似于今天的体育活动，有着很大的发展，内容非常丰富，在世界古代体育中占有重要的地位。而欧洲封建社会的体育除了天主教时而以体育作为享乐手段和骑士教育外，其体育基本处于凋敝畸形的状态。同时，社会发展的不同历史时期的政治、经济、军事等对体育发展的影响也非常之大，各学派和宗教对体育的影响也非常深远。体育的历史继承性是体育发展的纵向联系，而当时的社会因素对体育的影响则是体育发展的横向联系。体育就是在这样的纵横联系中发展的。

### （四）近代社会的体育

近代体育是在欧美兴起的，文艺复兴、宗教改革和启蒙运动为近代体育的产生奠定了思想基础。德国是较早实施近代体育的国家。1774年，德绍学校的体育课内容就包括了剑术、骑马、舞蹈、球类等。后来，顾茨姆斯的著作《青年的体操》把体操体系分为八项基本运动、手工作业和青少年游戏等三大类。

体操家杨氏则继承和发展了顾茨姆斯的体操体系，进行了器械体操的革新，并扩充了体操的实施范围，把体操从学校引向社会。之后的体操家施皮斯又编制了"教学体操"，进一步推动了学校体操的发展。瑞典出于保卫祖国的需要，也较早地实施了近代体育，这主要是以林氏体操为主。林氏在著作《体操的一般原理》，注重体操的解剖学和医学原理，比德国体操更具有科学性。该体操最早流行于军队，之后又推广到社会。

19世纪中叶，流传到了欧美等地区。18世纪末到19世纪初，正当欧洲大陆普遍热衷于德国体操和瑞典体操的时候，英国的近代体育也随着资本主义的兴起而发展起来了，主要包括丰富多彩的户外运动。法国的近代体育发展得则比较晚，但是，1888年，法国教育家皮埃尔·德·顾拜旦提出了在国际范围内恢复奥运会的建议，并在1894年的巴黎会议上得到落实，这在体育史上是件具有里程碑意义的大事。美国则于独立战争后引进了欧洲的学校体育，各大城市相继建立了运动俱乐部，竞技运动得到了迅速发展。篮球、排球、棒球等都起源于美国，对世界体育的发展有很大影响。

19世纪中叶以后，近代体育传入中国。从发展过程来看，中国的近代体育兴起于洋务运动，成形于戊戌变法，初步实施于"同光新政"，繁衍于北洋军阀和国民党统治时期；就其发展范围看，先是军队，再是学校，后是社会；从其项目看，先是兵式体操、普通体操，后来逐步发展到球类和田径等。我国的近代体育具有鲜明的殖民地色彩，学习西方体育是历史的潮流，但历史经验告诉我们，我们不能全盘西化，而应该批判继承西方体育和我国封建社会的体育，这才是符合历史规律的方法。同时，我们还要认识到，"五四"运动时期的先进的体育思想和实践，以及革命根据地的红色体育运动，为我国社会主义体育的产生创造了有利条件。

### （五）现代体育

二战以后，世界各国多处于一个发展的契机，体育也随着社会政治、经济和文化的发展日益完善。在我国，20世纪50年代的宪法规定我国体育的根本任务是"增强人民体质，为劳动和国家建设服务"。可见，国家的根本大法特别强调了"增强人民体质"这一体育的本质属性。60年代，我国的体育基本照搬苏联的体育教育理论。我国1961年出版的《体育理论》也基本明确了体育的本质属性："社会主义体育是为增强人民体质，培养全面发展的新人。"

80 年代改革开放以后，国民经济的迅猛发展，人们生活方式的改变使体育的内容也发生了改变，竞技运动项目明显增加。国家体育当时提出要"冲出亚洲、走向世界"，竞技体育风靡一时，一段时间里好像竞技体育可以取代全部体育内容。体育的多功能化以及用社会活动和文化活动来定义体育概念的提法使得体育脱离了教育的范畴，这虽然得到了部分体育理论工作者的认同，但随着社会的进步，已经越来越显示出其不符合社会发展的弊端。

到了 90 年代，党和政府逐渐开始反思单纯抓竞技体育的不足，在"健康第一"思想逐渐明确和发展的前提下，人大常委会和国务院相继颁布了《中华人民共和国体育法》（1995年）和《全民健身计划纲要》（1995 年），明确了全面健身计划实施的对象、重点和目标，使得增强人民体质有了具体的办法，体育终于又开始恢复其本来的面目，并随着社会的发展显示出向健康发展的趋势。

综合上述世界范围内体育发展的大体过程可以看出，体育越来越呈现向多元化发展的趋势。

## 二、体育的概念

体育是体育工作者最常用的一个术语。我们要准确表达对体育的见解及研究成果就必须研究体育的概念。体育虽然有悠久历史，但是"体育"一词的出现却比较晚。在其出现之前，各国对其称谓都不相同。在古希腊，体育活动往往用"体操"表示，包括当时进行的所有身体操练。我国古代则用导引、养生、武术等名词标记类似体育的事物。

1760 年，法国的一些报刊上发表相关文章出现"体育"的字样。1762 年，卢梭在法国出版了《爱弥尔》一书，开始使用"体育"来描述对爱弥尔的身体教育过程，并逐渐流传开来。由此可见，"体育"一词的产生源于"教育"一词，最早的含义是教育过程中的一个专门领域。到 19 世纪，世界上教育发达国家已经普遍使用了"体育"一词。而我国由于闭关锁国，到 19 世纪中叶以后，才由一些在日本的留学生从日本带来了"体育"这一术语。后来，随着西方文化的不断涌入，学校体育的内容也逐渐走向多元化，球类、田径等项目出现。这样，在 1923 年的《中小学课程纲要草案》中，正式把"体操科"改为了"体育课"。从此，"体育"一词成了标记学校中身体教育的专门术语。

"体育"二字从字面上可以做这样的解释。体是指身体或者物体的意思，就人体而言，就具有"作为物质性的身体"即体质这种含义；育就是培养即教育的意思。体育跟教育的关系就在于体育包括在教育这一概念之中，也就是说体育的"育"是从一切教育的"育"中提取出来的，但重点研究的是身体教育的原理。

20 世纪 50 年代以后，随着社会的发展，体育也取得了长足的进步，逐渐深入到社会的各个角落，成为人们日常生活中不可缺少的组成部分。体育的内容、形式以及影响、作用等已经远远超出了原来的范畴，其外延得到了扩大。体育概念的外延扩大，标志着体育概念的发展变化过程。

当今世界上许多知名学者试图在体育的"育人机制"上来探求其概念。美国的布切尔教授在 1979 年所著的《体育基本理论》中，认为"体育是整个教育过程的一个不可缺少的部分，是一个通过身体活动的方法努力达到提高人体机能的目的的领域。"① 前德国《体育百科全书》一书称："体育是教育和教育学的一个组成部分，其任务是通过运动和游戏激励人们去提高运动成绩和从事有意义的业余活动，体育是全面教育的一个组成部分②"。综上所述，我们认为体育是以身体运动为基本手段，增强体质、完善人体的教育过程，其目的就是健身育人。

同时，我们也应该认识到人的身心既是相互联系，又是相互作用的。身体的生理成熟，尤其是神经系统的发展水平决定和制约着心理的发展水平；而反过来，心理的发展水平也对生理的成熟具有一定的促进作用。因此，我们这里"健身育人"方法指向的"身"绝对不是单纯的生理上的身体那么简单，而指的是应用体育运动及其手段去增强体质与完善身心的方法，是在深入研究各分支学科专门方法的基础上，剖析各自的特点、结构和功能而形成的。

以"健身育人"的新理念为思想指导，其实质是把体育方法中的"人"与"物"有机联系起来，讲究整体效应，力争达到"人物双修"，努力实现方法论与体育观、体育一般原理与体育具体方法的有机结合，揭示现代体育方法学的本质，把握其方向，揭示其精神机理，并有机结合实践，力求实现学科和技术的双层创新。只有在"健身育人"这一主线的指引下，我们才有可能科学地认识体育与竞技的联系，实践中实现了竞技运动体育手段化的创新与操作。

人和运动是体育的基本要素，而且是在自然和社会的大系统中展开的，自然和社会总是客观地促进和制约着人和运动，规定着人与运动的内在联系，体育的本质正是通过这一内在联系来加以认识和把握的。人与运动的关系实际上是目的与手段的关系，是我们把体育与其他事物区别开来，从哲学的高度认识体育本质的前提。

体育的本质是指体育本身特有的不同于其他事物的根本属性。探索体育的本质，一方面要归纳体育过程基本要素的内在联系，另一方面又要综合这些内在联系的一系列必然性和规律性。体育的本质反映了体育过程内部的特殊矛盾，构成了体育区别于其他事物的特殊性质。掌握了体育的本质就掌握了体育的必然性和规律性。

健身是体育之业，体育是健身的教育。确定体育本质的依据主要有这样几点：首先是教育性。教育作为一个培养和造就人的过程，应该是全方位的。其中对身体的培育就只能依靠体育。就体育而言，又必须以身体培育和发展为中心，通过体质的增强来实现教育的目的。体育的本质只能是"身体的教育"。

其次是健身性。通过运动对人体施以培育、锻炼和养护，是体育实践的具体内容。在人与运动这一对体育的基本要素中，人是目的，运动只是手段。运动只是为了强化人体这一生命活动的物质基础，体质的增强才是体育的基本功能和必然结果。体育的教育属性和"身体的教育"这一本质特征决定了体育的根本目的和基本价值在于增强人的体质而不是其他。所以，体育是培养和完善人体的极为重要的系统工程，人体的生物学质量是其物质基础，而健身则是整个体育过程中不可逾越的基本阶段。健身性是体育得以存在和发展的最明显的标志。

体育的概念与体育本质是紧密联系在一起的。这是因为体育概念是体育本质属性的反映。在体育诸多的属性如身体运动、文化、娱乐、竞技和教育、健身、比赛等等之中，我们

① 熊斗寅. 熊斗寅体育文选 [M]. 贵州：贵州人民出版社，1996.
② 韩丹. 俄（苏）体育的基本概念和基本原则 [J]. 体育学刊，2001（2）：14-17.

认为"健身育人"是体育最本质的特征，也是上述概念的最厚重的根基，因为体育概念所反映的应该只是体育的本质属性。众所周知，体育作为教育不可分割的组成部分，这是人们共同的正确认识。作为教育的种概念的体育，只有从教育的种别差异中才能分出体育特有的本质属性，即内涵。增强体质是合理进行运动的结果，是体育的根本目标，是相对于德育和智育所特有的本质属性，这是毋庸置疑的。因此，我们认为体育应该是为"健身育人"服务的，其本质应该为"健身育人"。

确定了体育的概念和本质后，我们确定体育的目的，既要考虑到发展个人兴趣，又要考虑到社会的实际需要，体育目的是受社会政治、经济体制制约的，同时反映社会的发展和人们日益增长的物质文化需要。此外还要根据体育本身的作用和职能来确定。一方面，体育的目的应该具备体育的特殊性。体育是一个培育、完善和养护人体的过程，是以身体运动为基本手段的，既包括有形的成分，以身体运动为基本手段，又包括诸多无形成分，即辅以自然力、生活制度和卫生措施等作为促进有机体新陈代谢的刺激，达到增强体质的效果。另一方面，体育属于教育的一个组成部分。

教育的目的是培养人的，体育的目的应该服从于教育的目的。因此，作为教育的组成部分的体育，归根结底在满足人们健康和文化的需要，其目的应该为"健身育人"，即完善和发展人体，促进人的全面发展。

目的的提出仅仅是实践的开始，而不是实践的终结。体育有了明确的目的，体育的改革就有了明确的方向，实践上才可以有的放矢，真正促进体育的发展，这也为现代体育方法学的发展和完善提供了最基本和可靠的保障。

# 第二节　体育教学的内涵、特征及重要性

体育教学是学生以身体练习为主要手段，通过合理的体育教育和科学的体育锻炼过程，达到增强体质、增进健康和提高体育素养目的的公共必修课程。它是学校课程体系的重要组成部分，是高等学校体育工作的中心环节，是促进身心和谐发展、思想品德教育、文化科学教育、生活与体育技能教育与身体活动有机结合的教育过程，是实施素质教育和培养全面发展的人才的重要途径。

体育教学过程是以教师为主导、学生为主体的认知过程。近年来，随着学校体育教学改革的不断深入和发展，虽然取得了一些成绩，但还是存在一些弊端。其中，突出的表现是在体育教学过程中如何实现两个最基本的转变：即以教师、书本为中心，向以学生为主体、学生活动为中心的教学思想的转变；以单纯的知识传授，向以学生的素质教育和能力培养的方向转变，追求教学过程对学生的全面教育和全面发展。

体育教学过程是在教师的指导下，学生对体育活动的认识过程。在这个过程中，教师、学生、教学内容和教学手段 4 个要素，构成了教学过程相互联系、相互影响的动态结构，其中任何一个要素发挥不好，教学的效果就会受到影响。探讨教学过程的特征和规律，合理安排教学过程中各要素的关系，建立和完善体育教学过程的模式，对提高教学过程的教育质量和水平有着积极的意义。

# 一、体育教学的内涵

体育教学除了向学生传授体育的知识、技术以及增强他们的体质外，还要把道德品质教育、终身体育思想教育、美育教育贯穿始终，把育人放在首位。体育同学校的其他教育一样，是培养全面发展人才的重要手段。

## 1. 体育中渗透着道德品质教育

实施素质教育，就是全面贯彻党的教育方针，以提高国民素质为根本宗旨，以培养学生的创新精神和实践能力为重点，造就"有理想、有道德、有文化、有纪律"的德、智、体、美等全面发展的社会主义事业建设者和接班人。

体育是一种行动的教育。通过体育过程中的行为表现，培养组织性、纪律性、集体主义等道德品质。在体育活动中，常常要求克服困难，勇敢奋斗，这有利于培养勇敢、坚毅、果断、机智等意志。这些道德品质和意志，在体育的实践活动中，比在教室里的学习中更容易表现出来，教师针对学生的种种表现及时向学生进行教育，其效果比其他课程更实际。

因此，许多国家在制定学校体育目的任务中，都提到注意发挥体育的教育作用，对学生进行道德品质教育。体育不仅有助于孩子们的健康，而且在更广泛更全面的教育过程中占有一定位置。尽管各个国家的社会情况不尽相同，带有不同阶级的政治色彩和意识形态，但都一致确认体育的教育因素，重视通过体育培养年轻一代的道德品质。

通过体育能卓有成效地育人，这是已被实践多次证实了的。体育具有通过各种活动培养一个人的优秀品质和优良道德作风的功能，这种特殊功能，是其他学科和活动所不可比拟的。人在从事体育活动，尤其参加运动竞赛时，情绪往往兴奋高涨，其潜在的品质和思想作风最易真实地表现出来，而规则、裁判、道德、精神文明规范等都是有效的教育措施。而且这种教育过程是在极为自然，生动活泼的活动中进行的，所以一般都会收到较好的效果。运动场上不仅可以培养良好的体育道德和顽强的意志品质，而且可以培养遵守纪律，服从裁判、礼貌待人、顾全大局等好作风，这些，对学生的精神文明建设起着积极的作用，同时，也是塑造"四有"人才的重要方面。

## 2. 体育中蕴含着终身体育思想教育

由于体育已逐步成为现代社会生活中不可缺少的组成部分，成为人们度过余暇时间的重要内容，所以，人们对于掌握体育的基本知识、技术和技能赋予了新的意义，提出更高的要求，即不仅在体育课上学习和运用，而且强调进行课余时间的体育活动。这样就要求学生更好地掌握锻炼身体的理论和方法，培养学生具有参加体育运动的能力和正确的态度。体育的终身受益的任务，还要强调对学生掌握实用能力的教育，要重视多种能力的培养。比如：指挥队列的能力、组织小型体育活动的能力、体育竞赛的基本裁判能力、处置简单的运动损伤的能力以及指导他人参加体育实践的能力，等等。

学校体育是社会体育的基础，学生在学校所受到的体育教育，将会延续到社会。学生步入社会后将从事各种职业。健康的体魄将为他们发挥自己的聪明才智、贡献社会打下物质基础，而他们所掌握的体育知识，也为事业的成功和开展社会交往创造了条件。

### 3. 体育中渗透着美育教育

中共中央、国务院《关于深化教育改革全面推进素质教育的决定》（2021年6月）明确指出："美育不仅能陶冶情操、提高素养，而且有助于开发智力，对于促进学生全面发展具有不可替代的作用。要尽快改变学校美育工作薄弱的状况，将美育融入学校教育全过程。"美育是培养学生审美观点和美好姿态的教育过程。由于体育运动本身的特点，可以在体育教学和其他体育活动中进行丰富多彩、形式多样的美育。各国正是从这一观点出发，从不同角度将美育列入学校体育的目的任务之中。芬兰明确提出"体育可以为美育提供可能性"。

新西兰提出学校体育目的之一就是"帮助学生能轻快，优美地进行运动"。英国关于学校体育的目标中列有"美的理解"的内容。苏联提出培养学生"正确的身体姿势，外表整洁，举止端庄"，并且强调身体发展在美学方面的重要性，"从古代人体美的形象开始，就列入了人类美学概念中，不懂得协调发展的肌体和健康，就不能理解人的内在美"。不少国家愈来愈重视利用体育中的美育因素培养学生理解美、欣赏美、表现美的能力。

美育在人的正常发展中是不可缺少的。美育是辅助个性全面发展的重要方法。学校要塑造全面发展的人，美育教育当是不可缺的部分。美育与体育相互联结，有一定比例的交叉重叠关系。体育中渗透着大量的美育因素。学生在体育教学和体育活动中可以感受和意识到三方面的美的现象。从身体角度可以意识到身体线条美、匀称美、姿势美、健康美、肤色美等；从运动角度可以感受和意识到形态美、跃动美、韵律美、和谐美、敏捷美、柔韧美、力量美等；从行为角度可以感受和意识到协作美、结构美、道德美、忍耐美、热情美、纯朴美、机智美等。更重要的是，运动者在运动中可以在身体和精神上得到满足和充实，享受到美。

当然，美的教育应是有意识的，潜移默化的。首先，体育教育工作者应该培养自己对现实中美的感受、判断和评价的能力，研究美感的生理、心理基础和社会根源，从科学的意义上懂得美，懂得审美常识。这样才能以高尚健康的美育贯穿于体育之中，帮助我们的下一代具有美的情感，更好地认识世界和认识生活。

总之，作为学校教育重要组成部分的体育教学，应以它特有的教育环境、教育方法、教育规律和教育效果，发挥其育人的特殊作用。健康的体魄将为他们发挥自己的聪明才智，奉献社会奠定基础，而他们所掌握的体育知识，也为事业的成功和开展社会交往创造了条件。

## 二、体育教学的特征

学校体育教学随着现代体育教育理论的不断发展和体育教育改革的不断深化，发生了许多变化，指导教学的体育理论早已突破原有模式，逐步发展到从生物、社会、心理、教育、娱乐、美育、健康生活等多角度来开发的学校体育。

当今体育教学有以下基本特征：

### 1. 教学目标的科学化、多元化

现代体育教育越来越重视和追求教学的认知、情感和技能等各种目标的协同达成，强调知、情、意、行的有机统一和均衡发展。教学是达到教学目标的基本途径，课堂上提倡不仅要使学生获得认识方面的发展，而且要使学生在学习过程中获得乐趣，注意到满足学生的生理需求和精神需要。因此，在当前的学校体育教学改革中，从目标层次上，强调注重教学中要以健康第一，让学生体验体育的乐趣，培养他们形成终身体育的意识。

### 2. 教学大纲的统一性和灵活性

根据健康教育的要求，体育教学大纲将朝着多样化的方向发展，即在全国统一的体育教育指导思想的指导下，各地区根据各自的特点编制地方性的大纲。

地方性的大纲是对统一的体育教育指导思想的补充和完善，这些大纲兼有针对性、指导性、适用性和灵活性这些特点，同时又不失权威。

### 3. 教学内容的时代性

课程体系与教学内容的改革，已成为我国教育改革的一个重点课题，指导这场改革的思想就是教学内容必须具有先进性和时代性，特别是当今学校体育在推进素质教育改革中，树立崭新的教育思想观念显得尤为重要。

要适应当今教育观念上发生的变化，应注重以下几方面：一是注重大、中学校教材内容的衔接，各阶段教材的选择要有明显的年龄、心理特征，要有递进和层次特点；二是教材内容要有弹性和可变性，要体现区域性和文化特点；三是注意吸收社会最需要、最受欢迎、最存在价值的体育锻炼手段进入课堂，使学校体育具有时代特征。

### 4. 教法运用的综合性

与传统的体育教学相比，现代的体育教育应用了系统论的观点，并且教学目标是多元的。教学目标的多元性，必然催生了教学方法的多样性。现代教学方法在选用上，打破单一的教学模式，开始注重多种方法的结合，穿插安排，配合使用，以期达到最优化的教学效果。

体育教学是一个非常复杂的过程，教学内容也非常丰富，所要完成的任务和达到的目标又是多方面的。因此，教学过程中，教法的选择不仅要考虑到不同年龄学生的生理、心理特征，而且还要把握学生身心发展的规律，适应体育教学改革的需要。所以，单一的教学模式和教学方法已不能适应现代体育教学发展的要求，必须有多种多样的教学方法与之相适应。教学方法选择的综合性必将成为现代体育教学发展的一大趋势。

### 5. 教学评价的参照性

全面、整体、积极、有特点地评价学生的学习是现代体育教学评价的趋势。对学生的学习评价，既考查知识，也考查技术和能力；既考查学习结果，也考查学习过程；既有主观评价，也有客观评价；既有定性评价，也有定量评价；既有教师评价，也有学生自评、互评。特别是对学生学习成绩的评价应大量地运用准则，这种评价将学生的成绩与事先制定好的目标和标准进行比较，既考虑学生的起点基础，又按提高的幅度参照性评价，"不求人人成功，但求人人进步"，改变那种"千人一面、万人一项"的评价方法，使不同的学生都"各有所得"。

学习评价具有导向作用，由于现代体育教学目标的全面性，所以全面、整体、积极、有特点的评价，是现代体育教学观念的具体体现。

### 6. 教学过程中师生活动的合作性

现代体育教学倡导教师的主导作用与学生的主体作用相结合，教学中师生关系平等。教学中教师不再只是领导和指挥，而更多的是起着指导与帮助的作用。教师把学生看作教学的能动存在，认为学生的学习动机来自其内部，强调以活动为中心，以学为主，实行民主教学。教学过程中教师对学生的活动不加以过多、过死的限制，学生往往通过自学、自练、自律，创造性地完成教师提出的学习任务。

新颖的师生关系不仅克服了过去刻板式的管制学生的不良做法，还有利于激发学生的学习动机，发挥学生学习的主动性，发展学生良好的个性，使学生的身心向健康方向发展。

### 7. 重视对学生智力的激发和能力的培养

现代教育正向着传授知识—培养能力—培养创造性能力发展，体育教学也不例外地遵循这一教学方式。单纯以传授知识、技术为己任的体育教学理应被理论、方法、技术的综合性体育课所替代。重视激发学生的智力、培养学生的能力已成为当今世界教育发展的主流，国内外教育家都强调要在各学科的教学中发展和培养学生的智力、能力，因此，为了适应未来社会的人才需求，现代学校体育教学将更加重视对学生的智力和能力的激发与培养。

探讨学校体育的时代变化，把握体育教学的时代特征，开设、构建受学生喜爱的课程与课堂教学，这是体育教育工作者必须面对并要解决的新课题。

## 三、体育教学的重要性

科学技术的发展以及新型学科在各领域的广泛运用，要求现代社会培养大批新型优质人才。健康的体魄将为他们发挥自己的聪明才智，贡献于社会打下物质基础，而他们所掌握的体育知识，也为事业的成功和开展社会交往创造了条件。

体育是学校教育的组成部分，学校体育又是学生终身体育的基础。广大青少年身心健康、体魄强健、意志坚强、充满活力，是一个民族旺盛生命力的体现，是社会文明进步的标志，是国家综合实力的重要方面。因此作为体育教师的我们，必须认识到体育教学的重要性，要培养学生学习体育的积极性。

### （一）学生体能及综合素质的状况

一方面由于片面追求升学率的影响，社会和学校存在重智育、轻体育的倾向，学生课业负担过重，休息和锻炼时间严重不足；另一方面由于体育设施和条件不足，学生体育课和体育活动难以保证。目前，青少年学生体质状况不容乐观，学生耐力素质、柔韧性素质呈停滞和下降趋势，肺活量有所下降，肥胖、超体重学生比例有所增长，近视率居高不下，缺乏抗挫折能力，意志比较薄弱，缺乏竞争意识和危机意识，等等。造成这一现状的原因是多方面的，但笔者根据自己十多年的教学体验认为：学生上体育课积极性不高，缺乏驱动力，也就是说学生对体育课不感兴趣，也是导致学生体质下降的一个不容忽视的因素。

### （二）教师要精心设计教学方法，调动学生的积极性

在教学中运用单一的教学方法，不管一开始有多大吸引力，最终都会使学生失去兴趣。比如在耐久跑教学时如果让学生经常围着操场一圈一圈单调乏味地跑，学生练习几次后就会产生厌烦情绪，从此对耐久跑丧失兴趣。但如果我们在耐久跑教学中穿插一些图形跑、越野跑、走跑交替等，这样不但可以排除学生对耐久跑的厌倦情绪，而且还能增强学生对耐久跑的兴趣。

另外在众多的教学手段变换中，游戏和教学比赛是经常采用，并且应用面极广的。如在快速跑教学中让学生反复进行30米跑、50米跑、100米跑等，这样会使学生感觉枯燥无味，

提不起精神，但如采用一些游戏，像"抓尾巴""背向听哨声追逐跑"或采用接力跑比赛等。这样根据学生的实际情况和教材的内容，使用适当的游戏或比赛，则会大大激发学生的学习兴趣，提高学生的主动性和积极性，同时使学生在体育活动中真正体验到了运动的乐趣。

在教学过程中老师既要做严师又要充当益友，既要严格要求又要平易近人，通过课堂教学让学生觉得体育老师有学问、懂技术、会指导。学生对体育的接受往往从对教师的接受开始。教学过程中，教师要有亲切自然的表情、认真而谦逊的态度，以体态端正、衣着整洁、落落大方的形象出现在学生面前，用热情洋溢的语调向学生问好。在教学中教师讲解要简洁，语言精练，吐字清楚，声音洪亮；具有广阔的心胸，善待每一位学生，尊重、理解每一位学生，一视同仁地对待每一位学生。

### （三）认识到体育教学的重要性，培养学生学习体育的兴趣

有的学生把体育当作一种被动的任务与负担，有些学生受"应试教育"思想影响，认为参加体育锻炼是浪费时间、花费精力。在初中阶段，教师、家长对学生寄予厚望，希望他们能考上重点高中。所以对文化科目抓得很紧，认为体育可有可无，从而导致文化课教师作业布置量非常大，学生课余负担过重，使学生无法抽身于体育锻炼，殊不知体育锻炼能促进身心健康，提高学习效率。体育兴趣就是人们力争积极认识和优先从事体育活动的心理倾向。

我们都知道，在身体素质和原有技能水平大体一致的情况下，有体育兴趣的人较无体育兴趣的人活动效果更优。这是因为体育兴趣对体育学习和锻炼有指向和强化作用。学生一旦对体育产生兴趣，就会对此倾注更多的时间和精力，产生持久的注意，并能保持清晰的感知、周密的思维、牢固的记忆、丰富的想象，虽然体育活动要求他们付出较多的体力，容易产生疲劳，但是他们还是精神饱满，积极参与，全力投入，努力进取。为此，体育教师应在体育教学中，最大限度地激发和培养学生的体育兴趣。

# 第三节　体育教学的意义和影响

学校体育课程不仅要培养学生健康的体魄和一定的体育技能，同时还要培养学生终身体育的意识，这也是体育教学最重要的意义之一。让学生学会正确的体育价值观，包括必要的体育常识、技术技巧，养成良好的锻炼习惯。

## 一、什么才是终身体育

一个国家的国富民强需要本国的人民都具有健康的体魄，所以帮助一个人建立终身体育的意识是非常必要的一件事情。终身体育可以说是人们终身进行体育锻炼，以保持自身健康体魄的总称。这个概念是 20 世纪末在体育的改革和发展中提出来的一个新理念，同时也是依据我们人体的发展变化规律以及当今社会对我们的新要求而提出来的。一个人是否有终身体育的意识，直接影响未来这个人的身体健康状况。

## 二、在高中教学中实施终身体育意识培养的必要性

生活水平的提高，让越来越多的学生不懂得吃苦是什么，怕累是什么，大部分孩子都是在蜜罐中长大的。所以他们几乎意识不到终身体育，或者是知之甚少。学生对体育锻炼的意义不明确，对终身体育的重要性不理解，都是需要我们在体育课堂教学过程中进行渗透的。

从客观上来讲，进行终身体育意识的培养也是新课改和学校体育发展趋势决定的。在新课改大力推行，全面贯彻国家的教育方针和实行素质教育教学，提高全体学生的身心素质为根本宗旨的今天，如何在体育教学中体现学生的主体地位，提高学生终身体育的意识，是我们体育教学的重点内容。学生的思想还不成熟，比较容易受到周围环境的影响。所以在体育教学中培养他们终身体育的意识也是相对容易的。高中实行的是全日制教学，但当学生走进大学或者步入社会之后，再想对他们进行终身体育的思想教育就不再具备如高中一样全面的环境和条件了。

## 三、在体育教学中培养他们终身体育意识的策略

高中阶段是对学生进行终身体育教育的最佳时机。当学生走进大学或者社会的时候，他们的时间更加自由灵活，这时他们能否继续自觉进行体育锻炼，就直接取决于自身体育意识的强弱了，而且，一个人，能否保持一个健康的体魄，从根本上也是取决于他自身的体育意识是否强烈。

1. 培养学生正确的锻炼意识，改变学生消极的体育态度。因此，要培养学生终身体育的意识，就要在体育教学中重视学生对体育知识的学习，让他们了解必要的体育常识，教师要利用室内理论教学扩充学生的体育知识，使学生对体育项目有一定的了解，对终身体育意识有充分的认识。我们的目的就是要培养学生增强体育锻炼的自觉性，激发他们热爱体育锻炼的热情。在进行实际锻炼的同时，我们可以定期组织一些体育竞赛，包括体育知识方面的，也包括体育项目的竞赛，要让学生体会到终身体育能给我们带来的益处。

2. 通过改变现有的体育教学方法，来达到激发学生对体育热爱的目的。学生已经具有了一定的主见，在体育方面，他们往往都有自己比较感兴趣的体育项目。在体育教学的过程中，我们应当给他们一定的时间，来让他们发展和完善自己喜好的体育项目的技能水平，改变传统教学中体育老师安排什么，他们就不得不学习什么的现象。要用灵活多样的体育教学方法来充分激发学生对体育的热爱，从而达到培养他们终身体育目的意识。

3. 重视学生体育技能的培养，使学生终身受益。因此，在体育教学中，我们要想使学生对体育项目有一定的认识，对于学生所喜好的项目一定要重点培养，使其在这个项目上能够具备一定的技能水平，这样在学生步入大学或者社会之后，他们可以通过这一项目发展到其他的项目上，对于培养学生终身体育意识具有非常实际的意义。

总之，在体育教学过程中，我们不仅要培养学生拥有自己的一技之长，同时还要培养学生在体育项目方面的活动能力，要激发他们对体育运动的热爱，在他们步入社会之前，用我们有限的时间来帮他们建立终身体育的意识，养成终身体育运动的良好习惯，使他们在步进入工作和学习的时候，有健康的体魄和旺盛的精力，让他们能够享受到体育带给他们的益处。

# 四、体育教学对学生的心理健康影响

## （一）改善情绪状态

情绪状态是衡量体育锻炼对心理健康影响的最主要的指标。人生活在错综复杂的社会中，经常会产生忧愁、紧张、压抑等情绪反应，体育锻炼则可以转移个体不愉快的意识、情绪和行为，使人从烦恼和痛苦中摆脱出来。学生常因名目繁多的考试、相互间的竞争以及对未来工作分配的担忧而产生持续的焦虑反应，经常参与体育锻炼可使自己的焦虑反应降低。

## （二）提高智力功能

经常参加体育锻炼可以提高自己的智力功能，不仅使锻炼者的注意力、记忆力、反应力、思维和想象力等能力得到提高，还可以使其情绪稳定、性格开朗、疲劳感下降等，这些非智力成分对人的智力功能发挥具有促进作用。

## （三）确立良好的自我概念

自我概念是个体主观上对自己的身体、思想和情感等的整体评价，它是由许许多多的自我认识组成的，包括"我是什么人""我主张什么""我喜欢什么我不喜欢什么"，等等。由于坚持体育锻炼可使体格强健、精力充沛，所以，体育锻炼对于改善人的身体表象和身体自尊至关重要。

身体表象是指头脑中形成的身体图像。身体表象障碍在正常人群中是普遍存在的，据报告，54%的学生对他们的体重不甚满意。与男性相比，女性倾向于高估她们的身高和低估她们的体重，而且，身体肥胖的个体更可能有身体表象和身体自尊方面的障碍。身体自尊主要包括一个人对自己运动能力的评价，对自己身体外貌吸引力的评价，以及对自己身体的抵抗力和健康状况的评价。身体表象和身体自尊与整体自我概念有关无论男性还是女性，对身体表象的不满意会使个体自尊变低（自尊指自我概念的积极程度），并产生不安全感和抑郁症状。有研究表明，肌肉力量与身体自尊、情绪稳定性、外向性格和自信心呈正相关，并且加强力量训练会使个体的自我概念显著增强。

# 五、体育教学对学生的终身影响

## 1.体育教学中的表扬与批评

表扬与批评是教师在教学过程中所采用的一种必不可少的教育手段，也是对学生所掌握体育的基础知识、基本技术和基本技能给予肯定或否定的评价。采取相应的表扬与批评，有助于提高体育教学效果，有助于树立教师的威信，有助于促进师生关系，有助于学生认识自己的优缺点。不然，就会适得其反。因此教师必须正确地运用表扬与批评的手段，注意表扬与批评运用的艺术性、合理性。

一是表扬面要宽、批评面宜窄：我们在教学中应尽可能以表扬为主，既要表扬体育委员等积极分子，也要特别注意那些后进生中的闪光点，尽可能缩小批评面，更不要因为个别学生的错误而对全组乃至全班进行批评，否则会引起其他学生的反感。

二是表扬宜明，批评宜暗：教学中发现了值得表扬的人和事，教师可以直接指名道姓，根据事情的缘由进行当众表扬。而批评则不然，应尽可能避免当众批评，尤其是对某些性格内向型的学生更不可轻易地点名批评。否则，既易伤害他们的自尊心，又不能达到教育学生的目的。最好用婉转的口气和暗示的方法来提醒，或者使用不点名的批评方式，通过较隐蔽教育手段，使学生自觉改正缺点，即使非点名不可的批评也要注意方式方法，切忌挖苦学生。

### 2. 体育精神与人格教育

中学生在身体和精神、知识与能力、道德与行为等方面都有了新的要求。为了适应社会发展，培养现代社会所需要的人才，体育教学也要适应这样的教育使命。在多年的教学实践中，笔者深深感到，现在中学体育教学，一些教师有时存在着过分强调传授体育技能进行身体锻炼，而忽视了对中学生进行体育精神的启迪和教育，忽视了体育精神对学生人格的形成所起的作用，笔者认为体育教学的方法和手段要与社会的发展相适应，重视体育精神的培养，通过体育精神影响，完善学生的人格。

（1）体育教学中的体育精神

体育精神是指体育运动中所蕴含着的对人的发展具有启迪和影响作用的有价值的思想、作风和意识。体育精神的培养包括：培养愉快的生活态度，较强的身心适应能力，个性的发展，个人行为的规范化、责任感，与同伴的合作精神，公正地看待问题，遵守规则和规定的能力。丰富多彩的体育运动尽管其技术手段、比赛方法、胜负的形式各不相同，但其基本的体育精神却是相同的。中学生投入到体育运动中就已经开始接受体育精神的影响和教育，受到体育精神的熏陶，改变和塑造着自己的人格精神。

（2）体育精神与人格教育

人格教育是一种着眼于发展受教育者心理品质的培养，人格教育是把人的知、情、意、行统一协调发展成日趋健全、完善人的心理品质的培养过程，体育教学中通过体育精神对学生的人格教育，应着重在以下几个方面：

①在体育教学中培养学生积极健康的生活态度、交际能力和集体主义荣誉感。人需要在社会实践中去认识社会，理解社会。体育作为一种社会文化现象，具有独特的社会交往特性，是人生、社会的一个缩影，在教学过程中教育学生认识体育的实质，从而促使其认识人生、认识社会，学会竞争、学会合作和相互尊重，培养集体主义精神和荣誉感。这种健康的人格品质，是推动人类进步的动力。

②培养学生自尊、自爱、自强不息，积极参与意识，发展其个性。在体育活动中无论是个人项目或集体项目，都必须学会尊重别人和尊重自己，讲究个人行为的规范性和道德观，培养学生良好的个人行为和道德风尚，并在教学实践中让学生充分发挥个人特长，发展个性，培养自主精神和独立的人格。

## 六、体育教学对学生的身体健康影响

体育运动带给参与者最明显直观的变化就是身体素质的变化，而相对散漫随机地参加体育运动来说，系统性、科学性和针对性更强的体育教学活动在改善学生身体素质方面则效果更为显著。通过参考相关权威数据可以看出，学生自主参加体育运动时，根据自身兴趣爱好进行选择的学生占 80% 左右，对身体较为不足之处反而会刻意回避，这样一来，则很难达到参加体育锻炼的预期目标。而体育教学活动不同，学生的体质水平现状，往往决定着基层教师制定教学的目标，更是选择教学方法与内容的重要参考标准之一。

在教学活动中我们往往更注重因材施教，根据学生之间的个体差异，采用分层教学、小组合作教学法等针对性较强的教学方法，制定在提高学生体质水平方面最为科学合理的教学任务。因此，在改善学生体质水平方面，科学系统的体育教学活动效果更为显著。另外，体育教学活动的开展时间较为有保障，基层体育教师可充分利用体育体育课堂时间，组织学生开展科学的体育活动，并可通过体育俱乐部以及校运动队的形武将体育教学活动延伸到课外，争取为学生创造更多参与体育运动的机会，并通过适时正确的引导，使学生体质水平得到有效提高。

体育教学可促进学生形成正确的健康理念。老话说得好，身体是革命的本钱，然而通过对本校及周边地区普通学校学生的走访调查可以发现，当前学生大部分存在作息时间不稳定、饮食结构不均衡、从不主动参与体育锻炼等不健康的生活方式，若长此以往，会严重危害学生的健康，对今后的生活学习与工作都会造成极为不利的影响。

因此，在进行体育教学活动时，体育教师首先要通过使用多媒体课件等直观教学手段帮助学生树立健康生活的观念，同时，在教学活动中，教师可多向学生宣传一些健康观念并通过合理安排使之在体育教学活动中得以体现。从而对学生正确健康观念的形成起到明显的促进作用。体育教学可有效促进学生自信心的形成。学生是否拥有强大的自信心，对其将来的生活、学习与工作状态好坏都起着决定性作用。

在过去很长一段时间里，竞技体育运动一直是我国体育课程的主导内容，也为社会所公认。但有这样一个问题我们可能很少去考虑：学生在体育课程中所学的这些竞技运动技术，在他们今后的工作生活中有多少能用到，能给他们的余暇时间带来多少快乐？近年来，伴随我国教育改革的浪潮，体育教学观念也在随之不断变化，人们体育需求也在随之改变，那些带有竞技性的运动项目内容已逐渐被人们所淡化，人们更倾向于休闲性的运动项目，这也是现代学校体育课程发展的趋势。

1993 年，中共中央国务院颁布的《中国教育改革与发展纲要》（以下简称《纲要》）有明确的语言阐述：体育课程内容必须具有健身性、实效性和可接受性等原则，将其实用性价值放在首要位置，将那些与学生兴趣不符的、不切合实际的或者学生走出学校基本不用的竞技性项目内容从体育教学中淡化掉，将其喜欢的，愿意付诸实践的，有利于终身锻炼的休闲性体育项目纳入到体育课程中去，真正体现它的实用价值。全民身体素质的提高是全面建设小康社会的要求，也是社会进步的内在必然要求。体育是一门与延续人的生命、使人健康的生活、健康持续地为社会创造价值有密切关系的课程。

根据《纲要》的要求，学生在大学阶段将至少学会两个以上自己喜欢的体育项目，且需具备一定的体育锻炼能力，凭借体育运动参与获得更多人际交往的机会，并在交往中一起分享体育运动带来的快感，共同获得健康需求和运动满足感。随着社会的不断进步，人们的生活和工作压力也越来越大，闲暇时的运动参与，实现压抑情绪的宣泄和释放，并获得运动愉悦和成就感，已成为人们调节生活和工作压力的有效方式，并逐渐成为一种追求和时尚。因此，培养学生的终身体育锻炼习惯和能力，实现终生体育，也是体育课程应该注重的。

新世纪以来，国内教育不断改革，最为突出的就是提倡教育要"以人为本"，在大学也就是以学生为本，以学生的全面健康发展为宗旨。体育课程作为一门大学必修课程，要跟上时代的步伐，同样需不断改革。改革，首要考虑的就是价值取向问题，认为，我国体育课程的改革必须以"三本位"价值观为基础，同时又不脱离《纲要》实施透射出的多方面价值观，从正确的体育课程价值取向着手，立足于社会现实，紧跟时代的发展，迎合人们的时尚生活追求，满足人们体育健康需要。

# 第四节　体育教学的现状与发展趋势

体育教育是基础教育的重要组成部分，在学校教育中是不可或缺的组成部分。体育教学肩负着增强学生体质、促进学生身体健康成长的重任，同时体育教学还可以培养学生顽强的意志品质，促进学生心理健康发展，更重要的是帮助学生树立终身的体育观、价值观，因此，有必要深入研究学生体育教学的现状与发展趋势。

## 一、学生体育教学的现状

### 1.学生体育课学习态度不积极

通过对学生的调查了解发现，当前学生体育课学习兴趣不高，学生喜欢体育运动，但是并不喜欢体育课。分析原因，首先，学生处于青春发育期，女学生受生理周期的影响，不愿意参加运动，还有一部分同学身体素质较差，偏胖或者偏瘦，不能按老师的要求完成动作，怕被别的同学轻视，也不喜欢上体育课。其次，由于体育课教学的内容并不是学生喜爱的内容，大多数学生对体育课有抵触的情绪，最后，学生对体育课的价值认识不足，不了解体育课对自己健康发展的影响，认为体育课是一种负担，在体育课学习中怀有一种混的心态。学生体育课学习不积极，学习兴趣较低，是当前学生体育课遇到的一个普遍问题。

### 2.学校领导对体育课不重视

虽然国家一直强调体育课在教学中的地位，但是部分学校的领导对体育课的态度仍旧不够重视，认为体育课上学生只要到操场上跑跑跳跳，做做广播体操就可以了，升学率才是领导关注的目标，将学校的教学重点放在了提高升学率上面，学生体质健康的培养并没有被学校领导放在教学的重要地位，学校领导对体育课的态度，直接影响了体育教师与学生参与体育课的态度。

### 3.体育教师师资力量缺乏

体育教师是体育课教学的组织者，在体育课中起着重要的作用，当前学校体育教师师资不足，体育教师人数较少，往往是一个老师每天要上5~6节体育课，工作强度较大。体育教师的学历低、职称结构、年龄结构也不科学，影响了体育课的教学发展。另外教师的体育教学组织形式比较单一，教学模式沿用的多是传统的教学模式，教师讲—学生听讲解—看教师的动作示范—反复练习—老师纠正错误的教学模式，这种教学方法比较机械，缺乏与学生的互动，不能激发学生的学习兴趣，不利于体育教学目标的实现。

#### 4. 体育设施场馆不完善

没有完善的体育场馆与体育器械，很多体育教学内容就不能顺利地进行教学，这是当前学生体育教学中遇到的又一个普遍问题。由于学生人数的增多，对学校的办学条件提出了更高的要求，当前学校场地有很多都是水泥地，条件好一些的学校场地是人工塑胶场地，场地大都是200米的场地，在上体育课时往往都是几个班共用一块场地，教学容易相互影响，体育课教学效果非常不理想。由于北方冬季入冬早，冬期长，学校室内场馆不完善，冬季学生的体育课就成了跑圈课，学生对这种形式的体育课非常反感，体育设施不足的问题成为困扰体育教学发展的一个瓶颈。

## 二、学生体育教学的改革策略

#### 1. 加强宣传，改变学生的体育课观念

提高学校领导对体育课的认识，切实地将体育课教学放在教学的重要位置，学校要加强对体育锻炼的宣传，举办讲座，让学生对体育锻炼有一个清楚的认识，理解体育的健身原理，掌握科学的健身方法，改变学生对体育课的抵触情绪，提高学生的体育课兴趣，吸引学生主动地投入到体育锻炼中来。

#### 2. 更新教学观念，创新体育课内容

当前学生接触的信息途径较广，学生的知识面也不断地扩大，学生对体育教师的要求也越来越高，这就对教师提出了更高的要求。教师要不断更新教学观念、与时俱进，教学方法的选择上要符合当代学生的特点，在教学过程当中尽量安排一些受学生欢迎的体育项目，教材的选择要考虑到不同年龄、不同性别学生的心理和生理特点，尽可能地满足学生对体育课的需求。

#### 3. 激发学生的学习兴趣

兴趣是学习的导师，体育教学也不例外，只有学生有了学习的兴趣，才能更主动地投入到学习当中。教师在体育教学中要让全体学生都体会到成功的乐趣，通过体育教学来提升学生的自信心与团队合作的意识，教学当中教师可以通过体育游戏、体育比赛来吸引学生，提高学生的参与热情，引导学生正确对待比赛的输赢，树立学生"胜不骄、败不馁"的体育思想，培养学生顽强拼搏的意志品质，最终达到体育健身的目的。

#### 4. 加大体育场地设施的投入

体育场地、器材是体育教学的重要保障，应该根据教学的需要，加大对体育经费的投入，因地制宜地加强学校体育场馆的兴建，完善体育设施的配置，满足体育课学习对体育器材的需要，为体育教学的顺利开展提供保证。

当前我国体育教学改革正在深入进行中，学生体育教学有了很大的改变，建立了现代化的教学体系，但是在教学理念、教学方法、教学场地、教师力量等方面仍旧存在着不足，需要不断地进行改革完善，为学生体育课的发展做好保证，真正实现快乐体育。

## 三、体育教学的发展趋势

传统体育教学模式是以教师为中心建立的，学生始终处于被动学习状态，每一步教学程序都是学生按教师的指令运作的。而国内外出现的种种现代教学模式，其发展的趋势之一，就是强调学生在教学中的主体地位，注重调动学生的主体性和积极性，强调教学着眼于发展学生的智力，培养学生的能力，这是现代教学的时代特点。因此，作为体育教学必须落实到提高学生知识质量的基点上，从而达到使学生最大限度地获得知识、提高能力和锻炼身体的教学目标。

### 1. 新形势下学校体育教育的发展趋势

传统体育教学模式是以教师为中心建立的，学生始终处于被动学习状态。教学目标由教师决定，学生执行；组织教法由教师设计，学生理解行动，每一步教学程序都是学生按教师的指令运作的。纵观国内外出现的种种现代教学模式，其发展的趋势之一，就是强调学生在教学中的主体地位，注重调动学生的主体性和积极性，强调教学着眼于发展学生的智力，培养学生的能力，这是现代教学的时代特点。

这一时代特色，在国内外出现的种种现代教学模式中都体现得很突出。著名教育家叶圣陶说过："教任何课，最终目的都在于达到不需要教。假如学生进入这样一种境界：能够达到自己去探究、自己去辨析、自己去历练，从而获得正确的知识和熟练的能力"。[①] 以"学"为主的教学模式就是遵循着这一设想的，它可由原来的"教"达到"不教"，使学生原先的"学会"达到"会学"，成为一个"终身的学习者"。

1993 年，中共中央、国务院颁布的《中国教育改革与发展纲要》（以下简称《纲要》）指出了"素质教育"的命题。其目的之一，是为了调动学生自主学习的积极性，从主观上引导并逐步改进我国现有的教学体制及教学环境，真正使新一代中国学生德、智、体全面发展起来。"教育要面向未来"是邓小平同志对教育功能的高度概括，"素质教育"这一更为综合深刻的要求，越来越引起人们的重视。

高等院校对学生进行素质教育，其目的是培养全面发展的高质量人才。现在世界上许多国家为适应当代科学技术发展高度综合的趋势，针对教育脱离实际，专业划分过细、过窄，学生知识单一，素质不全面的状况，由培养"专才"向培养"通才"方面转化。目前，我国普通体育教学模式在今后发展中，要向着重视发展学生的综合能力，重视引进现代科学技术的成果，各种体育教学模式相互批评、竞争、借鉴、共同发展等方向发展。

### 2. 从知识与能力的辩证关系看

体育教学本身也包含着德、智、体、美等几方面的内容，它应该是教育方针在德育、智育、体育三者关系中的具体体现，作为体育教学来讲，这里的"体"包括体格、素质、机能及健康问题，这里的"智"指"三基教育"（基本知识、技术、技能），这里的"德"则是指在体育教学方面对学生进行思想、道德和意志品质的教育，这里的"美"是指在体育教学方面对学生进行体育美学的鉴赏和创造美以及审美能力的培养。

在体育教学实践与体育课理论研究的发展基础上，体育教学中知识与能力的关系越来越密切。体育教学工作必须落实到提高学生知识质量的基点上，只有掌握提高质量的知识

① 叶圣陶 . 朱正编注 . 叶圣陶集 [M]. 广州：花城出版社，2006.

技能，才能有较强的运动能力。在体育教学中，知识的传授表现在学生对运动技术的掌握、运动技术的提高和对体育基本知识的了解上，并且养成运用能力，而能力的提高则表现在对运动的鉴赏能力等。

上述知识与能力的获得，主要是通过教师的教和学生按一定的技术规定进行反复练习来实现，学校一般专业的教学是以教师和学生的思维为主，而体育教学除须具备必要的思维外，主要还是以学生的反复练习为主，这是体育教学区别于其他学科的最大特点，这一特点决定了体育教学过程中的各种身体练习均属于体育教学过程的一部分，它对体育教学的知识、技能、技术的传播和掌握，以及提高身体能力具有重要作用。因而根据两者关系，以及体育教学的固有特点和教学过程本身的基本性质，在以知识、能力、技术传授为主的前提下，使教学与实践紧密联系起来，从而达到学生最大限度地获得知识、提高能力、锻炼身体的目标。

### 3. 从当今社会的改革与发展看

（1）社会发展需要高素质人才

由于科技现代化的飞跃发展，减少了许多需要用手工操作的繁重复杂的劳动，许多产业的自动化、电气化、信息化都需要高素质人才去从事和完成。所谓高素质人才，首先要有健康的身体、敏捷的思维、渊博的知识，否则难以胜任现代化建设的需要。可见，高素质人才的前提是必须使人具备健康的身体。

（2）高素质人才需要树立终身体育思想

现代社会科技的高度发展对智力要求越来越高，体力劳动越来越少，随着人的脑力劳动增多，脑体发展不均衡的现象日趋明显，这在经济发达国家更为突出。然而，从当前学校体育现状分析，对学生来讲，尤其是学生重智育、轻体育的现象也比较严重，加之由于生活富裕，体力劳动减少，各种"文明病"随之产生，这就需要发挥学校体育教学的作用，使学生在校期间接受正确的体育观的教育与锻炼身体能力的培养，使他们深刻理解体育运动原理及锻炼对人体短期和长期的影响，使他们认识到自己事业的成功有赖于身体的健康。这是指把体育锻炼成为一种自学自愿的行动，从而达到终身体育的目标。

### 4. 从体育教学特点与功效看

体育教学是教师和学生所组成教学的双边活动，通过教师的示范讲解，将专业知识和技术有目的、有计划、有系统地传授给学生，使学生掌握技术和锻炼方法，并通过教师对学生在实践活动和练习中有目的、有计划的指导，督促学生自觉地学习和练习，使学生在掌握一定的知识技能基础上，提高其认识能力和运用知识的能力。

此外，在体育教学过程中，学生参与练习的实践活动就是体力活动和脑力活动的有机结合，它既具有体力实践行动的特点，又使学生的心理品质得到完善。因此，在体育教学中，学生的心理、生理的变化是复杂多样的，并且是相互作用，这就是体育教学过程中的技术教学、个性培养、思想教育及终身教育的一个相互渗透、相互结合的复杂的教育过程。

体育教学目标是根据教学过程的功效来确定的。根据事物的本质特点及客观发展规律所确定的该事物的目的、任务及实施过程中，在做出合乎特点和规律的科学安排后，通过并达到较为满意的预期结果。因此，在确立体育教学的目标时，必须清楚地认识到体育教学的特点及功效，并以此作为重要的根据，去认识和建立体育教学目标。

# 第二章  高校体育教学目标

任何活动都是一种有目的、有目标的行为，目标是保证活动按照一定方向有效实施的关键，体育教学自然也是如此。因为体育教学涉及的学科范围较广，同时又会受到时代和人们观念的影响。因此，一直以来，体育教学目标的制定都是体育教学研究中的重点问题，受到人们的广泛关注。

体育教学目标实际上就是人们对体育教学活动的期望，是体育活动所发挥出的一种效果的体现。但是体育活动的功能和人们对体育活动产生的效果的期望又不能仅仅作为体育教学目标，只有保证两者完美结合，才能保证体育教学目标的顺利实现。

## 第一节  体育教学目标概述

体育教学是由社会文明不断进步而衍生的一种学科，也是一个多功能和多指向性的学科。受社会环境的影响，体育教学目标的内容也日趋庞杂，难以进行科学的总结和制定。研究体育教学目标的概念有助于在教学的过程中，科学地制定体育教学目标的制定，能够保证体育教学的顺利实施。

### 一、目标、教学目标的概念

研究体育教学目标的概念，首先应该清楚目标和教学目标的概念，这样有助于人们对体育教学目标的了解和掌握。

#### （一）目标

我们生活中有很多涉及目标的活动，如人们在学习的过程中，往往会为自己定下一个学习过程中所要达到的某个效果，所以说目标是指某一活动在一定时期内预期达到的程度和所取得的效果。目标通常是一个体系或是一个系统，具有方向性和层次性、可操作性和挑战性。在某项活动开始前，对其制定目标，不仅能够激发参与者的热情，同时还能使参与者明确活动的方向，实现活动目标。

#### （二）教学目标

教学本身就是一个实践的过程，教师和学生在这种实践活动中的目标就是体育教学的目标。《教育大词典》中解释为"教学目标是教学中学生预期达到的学习效果和标准"[①]，是教学管理中的教学目标的术语，为教学活动提供了方向。

---

① 顾明远主编.教育大词典 [M].上海：上海教育出版社,1991.

## 二、体育教学的目标及其相关的概念

### （一）体育教学目标、教学任务和教学目的的含义

体育教学目的：所谓体育教学目的，实际上就是开展体育教学活动"为了什么"，学校开展体育教学为了达到什么效果，因此可以将体育教学目的定义为：人们设立体育学科和实施体育教学所要达到的某种结果和期望。根据体育教学目的的定义可以看出，体育教学目的是贯穿于整个体育教学活动中的，是教学活动的指导思想，控制着体育教学开展的进程和方向。

体育教学的任务：所谓的任务就是被委派的某种工作和责任，即上级为了保证某种期望能够顺利完成而向下级布置的工作，是体育教学的具体内容。体育教学任务实际上就是体育教师在教学过程中要做的工作。由此可见，体育教学任务是为了体育教学目的服务的，保证体育教学目的的完成，是体育教学的中间环节。

体育教学的目标：体育教学目标是对体育教学任务和体育教学目的的分析、归纳、总结而制定的一种较为完善的教学工作计划，是教学的过程中教师努力的方向和所预期达到的教学成果。体育教学目标强调的是教学目的和教学任务的阶段性，在教学的过程中各个阶段的任务和预期效果以及最后完成的效果。

### （二）体育教学目标、任务、目的三者之间的关系

前面我们已经对体育教学的目标、目的、任务的含义进行了详细的阐述，可以看出三者之间并不是独立存在的，而是相互依托的，应该表现为如下的关系。

第一，各个阶段的体育教学目标的综合就是最终的体育教学目标。体育教学是一个复杂的内容，所以体育教学目标也相对复杂，因此将体育教学目标按照教学的阶段性进行分解，保证体育教学目标有效实施。

举一个实际教学中的例子来说，某一个年级的体育教学的目标是提升学生的体育运动能力和技能，这种目标总体而言较为笼统，不利于教师在教学过程中的实施。有些教师将这些目标进行阶段性的分解：培养学生对体育运动的兴趣、增长学生对体育知识的了解，培养学生的体育运动技能，等等，这些小目标最终汇总成体育教学总目标。

第二，最终的体育教学目标是实现体育教学目的的标志。前面我们已经对体育教学目标的概念进行了简单的梳理，明确体育教学目标是体育教学活动预期取得的效果。由此可以看出，体育教学目标是实现体育教学目的的标志。

举一个体育教学中的例子来看：如体育教学的一个目的是让学生掌握足球发球的技能，那么，足球教学的总目标就是让学生学会主要的足球技能和有关的知识，学会运用战术，学习有关规则和背景知识，学会欣赏足球，等等。各节有关足球课程的教学任务就是指导学生学习和掌握小目标所要求的教学任务。

第三，体育教学任务是为了实现体育教学目的和体育教学目标所应该做的实际工作和应该承担的责任。因为体育教学任务是保证体育教学目的和目标实现的根本途径，也是体育教学目标和目的的实现，应该做的实际工作和承担的责任。

举一个体育教学的事例：足球课程的开展目的和目标就是为了提高学生对足球技能和

知识的掌握。但是如何才能保证这一目标的实现，如何才能促进教学目标的达成？体育教师为了保证这一教学目标的实现，在教学的过程中，对学生进行足球发球和射门技能的教授，这样才能顺利地实现体育教学目标。

### （三）体育教学目标的概念

通过以上对体育教学目标中相关组成因素的论述中，笔者认为体育教学目标的概念如下：

体育教学目标是根据当前社会对学生的要求、学生的特点和国家的教学方针制定的。为了保证教学目标有效落实，可以将其分为阶段性成果和最终成果。阶段性成果是体育教师为了保证体育教学的有效性，根据体育教学总目标制定的阶段目标；阶段任务完成的成果的综合就是体育教学的目标。

## 三、体育教学目标与体育学科功能和价值之间的关系

有些人认为体育教学的目标与体育学科功能和学科价值之间有着非常密切的联系，有时候甚至将体育教学的目标定义为体育学科的价值和学科功能的综合。这是由于对体育教学目标概念理解不深入造成的，为了帮助读者更加了解体育教学目标、体育学科功能和学科价值之间的关系，笔者根据多年的研究经验，对三者的概念和三者之间的关系进行如下论述。

### （一）体育学科功能与体育学科价值的含义

体育学科功能：从教育学家和社会学家对功能的定义可知，功能取决于事物本身所具有的一种独特的性质和特点。因此，体育学科功能也是由体育学科自身所具有的性质和特点而决定的。由于体育来源于不同领域的文化，是人们长期生活过程中不断积累和总结的一种多样性的学科活动，涉及人们生活中的方方面面，所以体育学科的功能具有其涉及的每一个文化领域的功能。体育学科的功能具有多样性，并且每种功能均来自组成体育学科的多样化的文化母体的性质和特征。

体育学科价值：任何一种事物的价值都主要取决于其功能，所以体育学科的价值也取决于组成学科内容和板块的价值。通过对体育学科功能的了解，我们清楚地知道体育教学的功能具有多样性，所以体育学科的价值也具有多样性。体育学科功能和价值之间有着非常密切的联系，但是两者却又有不同之处。首先，体育教学功能是指某一项体育教学技能或是知识所发挥的作用，而体育学科的价值则是指学生在学习这项技能之后所达到的效果。学生对体育学科的价值取向有助于帮助学生形成对体育学习的主观能动性，实现体育的多种价值。

### （二）体育教学目标、学科价值、学科功能之间的关系

通过上述对体育教学目标、体育学科功能和体育学科价值三者定义的论述，我们可以看到，三者之间的定义各不相同。体育学科功能强调的是一个事物的固有的、客观的属性；体育学科价值是体育教学过程中的学习主体和客体赋予某种技能或是体育活动的，属于被外界赋予的主观的属性；体育教学的目标则是根据体育教学过程中每一个教学任务的功能进行价值分析后的行为指向。

如果某项体育技能或者活动具有某种功能，但是如果人们在教学的过程中没有看出这

个功能，也不可能把这个功能作为目标；反之，如果一个体育技能或者活动不具有某种功能，即使体育教育工作者要求通过这个技能的学习实现某种功能，那也是不可能实现的。因此，体育学科功能和体育教学目标是包含与被包含的关系，体育学科功能包含体育教学目标。

体育教学目标是指通过某种体育活动的功能的发挥实现体育活动的价值。但是体育学科的价值是人们主观形成的，是由体育教学活动的功能决定的，所以体育教学的目标也是由体育教学的价值形成的；但是，如果一个体育学科不具有某种价值，将其作为体育教学目标的想法也是无法落实的。所以体育教学目标属于体育学科价值的一部分。

所以，我们不能简单地将体育学科功能等同于体育教学目标，也不能将体育学科的价值等同于体育教学的目标。体育教学目标是体育学科价值与体育学科功能的交集，因此，体育教学目标既是体育学科功能的一部分，也是体育学科价值的一部分。

## 四、体育教学目标的功能

分析体育教学目标的功能有助于人们对体育教学目标的了解和掌握，有助于为体育教学目标的制定提供科学的依据。笔者通过多年对体育教学研究的经验得出，体育教学目标有以下几个方面的功能。

### （一）激励功能

体育教学目标是体育教学目的和活动价值的集合，是学校开展体育教学活动课程所要达到的一种目的和效果。确立体育教学目标首先激发了学生对体育学习的兴趣，目标中的功能和效果能够提升教师对体育教学的热情，激励教师科学地开展体育教学工作，保证教学目标的实现；对社会而言，体育教学能够培养符合时代所需的接班人。这一目标激励着学生、教师和教学研究者对体育教学引起重视。

### （二）定向功能

体育教学目标实际上就是体育教学所要达到的一种方向，指导着教学活动按照一定的目的和方向进行，体育教学目标反映体育教学的目的，体育教学的目的是体育教学所要达到的效果和方向。如学校开展体能训练课程的目的就是为了增强学生的体能，促进学生的身心健康，使其适应社会的发展需要，因此体育教师在进行教学的时候，会朝这个方向进行。所以，体育教学目标对于体育教学而言，具有定向的功能。

### （三）评价功能

任何一种学科的教学过程都需要教学目标，它不仅仅在教学中发挥着激励作用和指向作用，同时也是教学的评价。如学校开展篮球课程的根本目标是让学生学会篮球运动的相关技能和知识，这也是教师在教学过程中的方向。如果教师完成了这一教学目标，那么这名体育教师就获得了相应的教学成就，是一名合格的体育教师。如果在教学的过程中，不能保证教学目标的实现，那么教师就不能完成自己的教学任务。由此可以看出，体育教学目标具有评价功能。

### （四）规范功能

体育教学相对于其他学科而言，具有复杂性，再加上新课改的影响，更加大了体育教学的难度，这就使得有些教师在开展体育教学的过程中，无法保证体育教学的科学性，最终造成不好的影响。体育教学目标是教师教学过程中的参考，具有指向功能，同时也规范了教学过程，使得体育教学能够按照科学的轨道进行，规范了教师的行为和教学的内容，促进了教学质量的提高。

# 第二节　体育教学目标的划分及目标之间的关系

同很多事物一样，体育教学目标也有着固定的体系和科学的分类。多年来，体育教育学工作者们一直想解决"体育教学目标空泛"的问题，这个问题的实质就是没有对体育教学目标进行科学的划分，导致在体育教学的过程中，无法保证体育教学目标的实现。

## 一、对体育教学目标进行划分的意义

体育教学目标按照教学的不同领域进行分类，可以分为知识、技能、体能、情感、意志五大类。传统的体育教学目标将这五大类教学目标交织在一起，给基层的体育教学带来了一定的困惑和难题。从事任何一种学科的教学过程，其目标内容都是由情感态度要素、知识要素和基本能力要素组成的。如果我们打破传统较为笼统的体育教学目标，按照其涉及的不同领域进行分类，将会对体育教学工作和目标的实现带来很多的便利。

下面将按照体育教学涉及的领域对体育教学目标进行划分，并作简要的概述。

基础知识目标：知识目标贯穿于体育教学过程的始终，是体育教学的基础，包括对健康的认识、体育目标概念及原理和体育教学规律的学习要求。如认识和理解体育锻炼对身体造成的影响，了解体育教学对学生心理健康的影响，了解体育教学在当今教育学和社会中的地位和意义。这样的教学目标能够使教师在教学的过程中，有意识地向学生讲授一些体育基础知识，丰富学生对体育教学的认识，提高学生对体育学习的兴趣。

体能目标：体能目标主要出现在身体健康的领域，为了提高学生的体能素质，适应当今社会对学生的体能需求，从而制定的一种目标。如通过各种田径运动项目，提升学生的跑步速度；通过跳绳、跳高等运动项目的开展提升学生的有氧耐力，通过篮球、足球等各种球类运动，提升学生的反应速度和灵敏性。体能目标能让教师加强对体能训练的认识，有目的地对学生开展体能训练项目。

技能目标：技能目标主要集中在对学生进行体育教学过程中的某项活动的操作方法和技巧的领域，提出对学生学习和掌握某项活动的操作技能和方法。如在篮球课程的学习中，培养学生在打篮球过程中对战术的掌握和运用能力，在体操或是舞蹈的学习过程中，学会舞蹈的动作要领，在学习田径运动时掌握几个主要的田径运动技能和方法等。技能目标明确了学生的学习领域和学习内容，增加了教学的针对性。

情意目标：情意目标分散在体育教学目标的各个领域，主要集中在学生的心理健康和学生的适应能力的领域，是社会发展对学生的价值观、道德情感、心理素质、精神素质、社会价值等各方面与心理健康相关领域的目标。如在参加某种体育教学活动的过程中，增加了学生的交际能力，在某种具有竞争类项目的活动中，加强了对学生的心理素质教育等。

情意目标是教学过程中容易忽视的，对其进行划分有助于强化教师对教学过程中学生心理健康教育的重视。

由此可见，对体育教学目标进行划分能够使体育教学工作者在教学的过程中理出一条清晰的思路，使其对达成各项目标的方法、教学特点有一个较为清晰的认识，同时也降低了在教学过程中的教学难度。如在教学的过程中将某一个教学内容划分为知识目标，就可以选择一些与目标紧密相关的内容进行讲授，同时也清楚了在对学生进行体育教学相关知识的教授时应该采用什么样的教学手段，安排什么样的教学环境有助于学生对教学内容的掌握，需要多长的时间才能保证这一目标的实现。因此，可以说，对教学目标进行划分，有助于体育教师明确体育教学目标的性质和特点，从而有利于体育教学目标的确立和教学方法的选择。

## 二、体育教学目标的划分

同其他学科的教学一样，体育教学目标也是一个较为笼统的体系，需要一步步地分解最终才能实现体育教学目标。笔者认为，体育教学目标的划分是由体育教学目标的层次和体育教学目标的分类决定的。

### （一）体育教学目标的层次

笔者通过多年对体育教学的研究得出，体育教学目标是由多个层次的目标组成的，其中包括课程目标、水平目标、学年体育教学目标、学期体育教学目标、单元体育教学目标、课时体育教学目标甚至还有更为细分的知识点和技术点的教学目标。其中课程目标和水平目标均属于学段体育教学目标。

#### 1. 学段体育教学目标

我国传统体育教学过程中对学段体育教学目标的划分基本上是根据学校教育的不同层次进行划分的，因此将体育教学分为小学、初中、高中和大学四个基本学段。这种学段划分的年龄跨度一般较大，如小学段的跨度（一年级至六年级），再加上小学阶段是学生身体成长最迅速的阶段，因此在教学的过程中仅采用学段教学目标，不仅不利于教学活动的开展，也不利于教学任务的落实。新课标打破传统教学目标设定的这一误区，对学段进行了较为详细的划分，将学段分为六个水平，并且对每个水平都规定了相应的教学目标，这种形式的划分更符合学生的身心发展需要，使体育教学更具有科学性。

#### 2. 学年体育教学目标

学年体育教学目标是在学段体育教学目标的基础上进行确立的，它是对每个学段内的学年体育教学活动目标的分解，是该学段的学生在学年结束的同时必须完成的教学任务。这样有助于对体育教师教学效果进行评价。

#### 3. 单元体育教学目标

单元体育教学目标则是建立在学年体育教学目标的基础上制定的，单元是在学年的教学过程中，根据教学的模块进行的划分。任何一位教师在对学科课程进行教学时，都是按照单元组织教学活动的。

#### 4. 课时体育教学目标

课时是教学活动进行的基本单位，是在单元教学目标的基础上确立的，连续几个课时的教学目标最终构成单元目标。单元目标的制定并不是客观存在的，而是根据教师自身的情况进行编写的，因此具有很大的灵活性。单元目标是构成以上各种目标的元素，因此，单元目标在体育教学目标的实现过程中就显得尤为重要。

### （二）各层次体育教学目标的功能与工作

从以上体育教学目标层次的划分我们可以看出，体育教学目标的划分是具有科学依据的，每个层次的教学目标都有其发挥的功能与起到的作用。作为一个体育教学工作者，应该详细地掌握体育教学目标中的功能，这样才有利于体育教学工作的开展。

#### 1. 各目标层次的主要功能

体育教学目标的功能实际上就是指各个阶段的体育教学目标所具有的作用和特点。如果体育教师在教学的过程中，对各层次的教学目标的功能和作用不明确，那么，这个层次的目标就会与其他层次的目标混淆，这样就会对教师的教学过程造成一定的干扰，不知该如何保证本层次目标的实现。所以我们可以简单地将体育教学各个层次的目标理解为体育各个阶段教学目标的定位和教学目标的特点。如课时目标的功能就是本课时的教学任务和要达成教学目标需要采用的教学方法。

#### 2. 制定各层次教学目标的主要工作

各层次的体育教学目标都有其需要解决的问题，因此制定每一个层次的教学目标都有其需要做的重点工作。因此制定各层次的教学目标的同时，可以帮助教师更详细地了解本课时的教学任务的重点和教学工作的着眼点。换言之，就是帮助教师了解在完成这一阶段的教学目标的过程中应该做什么事情，采用什么样的方法，达到什么样的效果。所以对体育教学层次划分有助于教师对体育教学内容的梳理和理解，从而保证教学的质量，促进教学目标的实现。

#### 3. 各层次教学目标的搭载文件

所谓的搭载文件就是体育教学目标制定的依据和参考。不同层次的体育教学目标所选择搭载的文件也有所不同，因为不同层次的搭载文件的侧重点不同，如体育学段目标和学年目标的搭载文件中，就不会出现体育课时目标和单元目标的字眼，同样，体育课时目标和单元目标的搭载文件中也不会出现学年目标和学段目标的字眼。因此，体育教学中各个层次的搭载文件也是一个可以清晰地辨别体育教学目标特征的依据。

### （三）各层次体育教学目标之间的关系

通过上述对体育教学各层次的教学目标以及教学功能的了解，笔者得出，体育学段教学目标、学年教学目标、单元教学目标、课时教学目标四者之间的关系如下。

#### 1. 相互促进的关系

以上对体育教学目标进行的划分是按照体育教学发展的阶段进行的，如课时目标强调的是每一节体育课的教学，单元目标强调的是一个单元的体育教学，学年目标强调的是一个学年的体育教学，学段目标强调的则是整个教学过程中的体育教学。实际上这都是随着学生学习过程的不断变化而产生的。课时教学目标的完成促进了单元教学目标的完成，单元教学目标的实现促进了学年教学目标的实现，学年教学目标的实现又促进了学段教学目标的落实，因此体育各层次教学目标之间是相互促进的关系。

### 2. 包含与被包含的关系

前面我们已经提到，对体育教学目标所进行的层次划分是按照教学的过程进行划分的，是按照教学的先后顺序制定的。因此，各层次教学目标之间存在着包含与被包含的关系，如单元是由课时组成的，所以单元教学目标也是由本单元所计划的课时教学目标组成。如此类推，学年教学目标是由单元教学目标组成的，学段教学目标是由学年教学目标组成的。所以，各层次教学目标之间是包含与被包含的关系。

## 三、体育教学目标的其他分类以及目标之间的关系

有关体育教学目标的划分，不同的研究者有不同的分类方法和途径。但是无论是哪一种分类方式，都是为了对体育教学目标进行细分，从而不断提升体育教学质量而产生的。

### （一）布鲁姆等人的体育教学目标分类

布鲁姆根据体育教学对学生造成的不同领域的影响，将体育教学的目标分为认知领域的体育教学目标、情感领域的体育教学目标和动作技术领域的体育教学目标。所谓的认知领域的体育教学目标，主要指通过体育学习，让学生掌握体育相关的知识，领会体育相关技能的动作要领，学会一些基本的体育运动技能。情感领域的教学目标，实际上就是指学生通过对体育课程的学习而产生的某种态度，如理解体育学习的价值，对体育学习产生浓厚的兴趣。动作技能领域的体育教学目标，实际上就是体育教学的最终目标，实现对学生身体和心理的教育，帮助学生领悟一些运动的战术和技巧。

目标之间的关系：认知领域的目标是促进情感领域目标的升华，情感领域的目标是组成动作技术领域目标的前提和关键，所以三者之间是上位和下位的关系。

### （二）加涅的体育教学目标分类

加涅认为，体育教育学的分类应该按照学生接受体育的过程进行分类。因此，他将体育教学的目标分为智力技能目标、认知策略目标、言语信息目标、动作技能目标和态度目标五大类。所谓的智力技能目标，简单地说就是通过体育的学习使学生在观看某一场比赛时，能够指出哪些行为是违规的错误行为；认知策略目标就是指学生通过对体育课程的了解和认识，可以归纳有氧运动对控制体重的作用；言语信息目标是能够流利地陈述某种体育活动的宗旨；动作技能目标是指能够熟练地完成一个体育动作和技能；态度目标是指形成的某种体育运动习惯。

目标之间的关系：五大目标之间的关系实际上就是人们在接受一种新知识和学习一种新技能的情感和态度所发生的先后变化，是通过逐层次地完善而最终使得目标确立的一种途径。每一种目标和其他几种目标都是存在着本质联系的。

体育教学目标的重要性是毋庸置疑的，但是体育教学是一个较为复杂的概念，涉及的方面众多，所以体育教学目标的制定存在着各种各样的难题。再加上在现实的教学过程中，有很多不确定的因素，所以，体育教师在实际教学过程中所制定的教学目标并不像理论所

阐述的那样简单。教学目标的制定的各种问题也愈加的明显，这对体育教学质量的提高和教学目标的落实都有很大的影响。

# 第三节　体育教学目标制定的现状及常见问题

## 一、体育教学目标制定的现状

体育教学目标是指导体育教学的关键，因此体育教学目标的制定在体育教学中发挥着非常重要的作用。但是由于体育教学发展的历程较短，再加上体育教学的实践性较强，教学过程中容易出现很多不确定的因素，因此导致体育教学目标制定的现状并不理想，主要表现在以下几个方面。

### （一）对体育教学目标的认识不足

受传统教育观念的影响，很多学生、家长和教师都较为重视学生文化课程的培养，没有对体育教学形成足够的重视，学校的体育课程形同虚设。有的学校缺乏专业的体育课程教师，由其他学科的教师担任或者由班主任担任体育教学工作者。因此，学校虽然按照教育部门的要求，开设了体育课，但是由于人们对体育课程的重要性认识不足，常把体育课变为其他学科的附加课程，或是自习课。

### （二）没有明确的体育教学目标

体育课程是一门复杂的课程，因此在对体育目标进行制定时，不仅要求体育教学工作者要具有扎实的专业功底，同时还要保证体育教学目标的制定符合学生的身体发展的特点和社会的实际需求。有些体育教师由于在制定体育教学目标的时候，所考虑到的因素不全面，导致体育教学目标的制定不明确，无法保证目标的实现和体育教学的实施。

### （三）教学目标相互雷同

由于体育教学涉及的领域众多，因此在制定体育教学目标的时候，应该对体育教学内容进行全面的了解，掌握体育教学内容之间的关系。但是许多体育教师在进行目标制定的时候，并未在体育教学目标制定之前做足够的准备，所以使得制定的各阶段体育和教学目标有雷同，导致学生在学习的过程中觉得体育课程枯燥无味，同时也不利于教师对教学大纲的掌握和教学目标的实现。

### （四）教学目标较为空泛

前面我们在介绍体育教学目标的分类的时候，了解到在教学的过程中要对体育教学目标进行细分，这样有利于教学目标的实施。但是有的体育教师在进行体育教学目标制定时，忽略对体育教学目标的细分，导致教学目标较为空泛。空泛的教学目标会使得教师在教学的过程中，没有明确的教学方向，导致教学进程过慢，失去体育教学的意义。

### （五）教学目标制定时较为盲目

随着人们生活水平的不断提高，人们对体育教学的重视也发生了不同层次的改变。体育教学逐渐成为学校教学过程中的一个重要组成因素。但是体育课程标准中对体育目标的要求并不是十分明确，加上教师的专业水平有限，无法对体育教学目标进行有效的揣摩，因此导致体育教师在进行教学目标的制定时无从下手，最终导致教学目标的制定脱离教学的实际，教学目标不具有科学性。

### （六）对体育教学目标层次性理解不够

从体育教学的进程而言，体育教学目标具有层次性，这是体育教学目标制定时的依据，但是从体育教学的课程目标、水平目标、单元目标和课堂教学目标需要这几个层次的演变，教师对这几个层次的理解不深入，导致教学目标的层次性不明显，不利于指导教学过程的实施。同时，对体育教学目标的层次性理解不够也不利于分层次的教学目标的制定和教学质量的提高。

### （七）体育教师教学过程中的惯性

传统的体育教学目标制定的方法十分简单，只是简单地填充一些身体健康、技能、交际和心理健康等方面的词语。有些体育教师在制定体育教学目标的时候，为了省时省力，就利用传统的教学方法，套用教学标准中的一些要求或者是直接沿袭传统的体育教学目标，但是这些目标是否能够——实现，是否有利于体育教学总目标的达成，却很少考虑，所以导致制定的体育教学目标失去意义。

## 二、新课标对教学目标制定的要求

新课标肯定了体育教学在学生成长中的重要作用，对体育教学目标提出了详细的要求，保证了体育教学的科学性和有效性。新课标的体育教学注重对学生的健康和心理素质的培养，为体育教师制定体育目标提供了依据和参考。笔者根据对新课标改革下的体育教学的研究，将其对体育教学目标的制定要求总结如下。

### （一）"健康第一"的要求

新一轮的体育与健康课程标准明确地提出了体育目标制定时"健康第一"的指导思想，有力论证了体育教学对健康的促进作用。因此，许多学者一直坚持体育课程的主要目标是促进学生的健康指标。目前体育教学中所提倡的健康，并不仅仅是指没有疾病，而是指身体上、精神上以及心理上和适应社会上的完好状态，这些也是社会发展对学生的根本要求。因此，体育教师在制定教学目标时，应该将健康放在教学目标制定的第一位，这样才能使得教学目标的制定符合新课标的要求，有利于学生的成长。

### （二）"增强体质"的要求

新课标将"增强体质"作为体育教学的指导思想，在实际工作中，也面临着一定的问题和困惑。据有关部门对当今学生的体质健康监测情况表明：我国学生的体质呈逐渐下降的趋势。经研究表明，造成学生的体质下降的原因有很多种，主要表现在以下几个方面：

（1）学生的体育锻炼不足，锻炼的时间和强度均不够；

（2）生活方式和学习方式的变化以及业余生活的丰富，导致青少年的运动时间逐渐减少，再加上当今饮食习惯的变化，导致青少年的热量摄入过多，身体健康趋势明显下降；

（3）社会节奏的加快和升学压力的不断加大，导致学生精神高度紧张，睡眠不足，使学生的免疫力下降，最终影响学生的身体健康。

因此，学校应该针对学生这一情况的变化，制定针对性较强的体育教学目标，达到增强学生体质的目的。

### （三）注重对学生"三基"的培养

所谓的"三基"实际上就是指体育教学的基础知识、基本技能和基本的技术，是其他教学也具有的共性的目标。由于体育教学内容方面涉及范围较大，所以体育教学在三基目标上的确立和完成相对于其他学科而言，表现得较为不成熟，这也使得教师在制定教学目标的时候，对体育教学思想的认识中存在着问题。第一，其他学科中所讲述的"三基"是根据学科的内容之间的内在联系来确定的，但是体育教师在此内容的确定上却没有明确的规定。第二，体育教学的实践性和复杂性，使体育教师在进行目标制定的时候，忽视"三基"目标。第三，体育的终身化是体育教学的思想之一，但是受社会发展和人们观念的影响，这个目标尚未被人们接受。为了保证体育教学能够按照社会的需求进行，教师在制定体育教学目标的时候，要注意对"三基"目标的确定。

### （四）全面发展的要求

新课标的体育课程标准中要求体育教学必须保证学生全面发展。所谓的全面发展就是体育教学不仅仅是教授学生体育技能、知识，强化学生的身体素质，坚定学生的意志，同时还要保证对学生的心理健康的教育和社会适应能力的培养。可以说，全面发展涵盖了德、智、体、美的各个方面。因此体育教师在制定"培养学生全面发展目标"的时候，就会出现很多的难题，如在目标的制定过程中对全面发展思想的层次化、体系化考虑得不够深入，这些都是当今体育教学目标制定过程中存在的问题。因此，体育教师在进行目标制定的过程中，应该秉承着全面发展的思想，对教学过程中的相关因素进行分析和调查，最终确保目标确立的准确性。

### （五）注重对学生兴趣的培养

现在对学生进行体育教学的目标过程中提出"快乐教育"的主张，所谓的快乐教育就是从培养学生的学习兴趣入手，让学生在进行体育学习、技能掌握以及技术创新的过程中，培养对体育活动的兴趣，从而激发学生在体育教学的过程中的自主性，坚定学生的意志。部分教师在观察新课标指出的"快乐体育"这一目标时，将体育教学目标异化为随意性的教学，对学生缺乏科学的管理，对学生过度放纵使得学生缺乏集体感，对学生的过度赞美使得学生缺乏正确的自我认识。所谓的快乐体育强调的是培养学生的兴趣，使学生在轻松愉快的环境中学习体育相关的知识，潜移默化地促进教学目标的落实。因此体育教师在制定教学目标的同时，要正确理解"快乐体育"的思想，并将其纳入体育教学的目标。

## 三、制定体育教学目标时遇到的问题

体育教学目标是体育教学中的重要内容，也是体育教学工作者进行体育教学研究时的必备课题。但是体育教学是一门较为复杂的学科，无论是体育课程专家在制定上位目标时，还是体育教师在设计体育课堂目标时都出现了一系列的问题。

### （一）体育课程专家在制定上位教学目标时所遇到的问题

多年来，体育教学目标制定中的一个突出的问题就是"上位教学目标不明确、不具体"，这个问题实际上就是课程的内容的梳理和课程的编排上存在的问题，如果体育课程专家在进行体育教学目标的制定的时候，没有对学科内知识、技能之间的联系进行分析和研究，那么体育目标制定中的这一问题就难以解决。而且上位目标制定得不具体不明确直接对下位目标和体育总目标的制定造成了干扰，不利于增强体育教学目标制定的规范性，将对体育教学造成非常不利的影响。

### （二）体育教师在制定体育课堂目标中存在的问题

一线的体育教师在制定体育课堂教学目标的时候也时常遇到问题。从现在的一些体育教师制定的体育课时的教学目标中我们可以看出，无论是对本节课教学目标内容的表述还是对技能的描述上都存在着目标行为意图不明显的问题。这些问题使得教师在日常的教学中的行为指导不明确，对教学过程的知识和技能的管理以及教学效果的评价都缺乏可操作性。

目前从一些体育教师的课堂教案中可以看出，一线体育教师在进行课时目标制定时存在的问题：1.没有对课程的内容和各方面的因素进行分析和研究，而是直接抄一些课程文件的目标。2.有的教师甚至凭借着自己对本节体育课程的揣摩，制定出较为随意的课程目标。3.在教学的过程中，不按照制定的教学目标进行教学，使教学目标形同虚设，教学行为较为混乱。

### （三）体育教师在制定体育单元目标时存在的问题

单元目标是由课时目标组成的，单元目标强调的是一种或是一类体育活动的完整性，制定科学的单元教学内容，能够帮助教师理清体育教学的思路，保证单元教学有条不紊地进行。但是从目前一线体育教师对单元目标的制定中可以看出，单元目标的制定存在着问题。主要表现在：1.体育教师在制定教学目标的时候，没有对本单元的课程进行理解和掌握，只是从单元的课程标题上确定单元教学目标，导致教学目标较为空洞。2.教学目标制定得不全面。体育教师在制定体育教学目标的时候，教师对内容的理解程度和自身的专业素养会产生极大影响，有的教师由于专业素质的缺乏，在进行单元目标制定的时候没有保证知识和技能的全面性。这些问题都使得体育教学单元目标难以实现，不利于体育教学的开展。

### （四）体育教师在制定学期教学目标时存在的问题

学期目标实际上就是指一个学期的体育教学中的目标，学期目标体现了教师在本学期的工作任务和所要达到的目的，是教师工作的指导。从当前体育教学中学期教学目标的内容以及完成的情况上来看，体育教学学期目标的制定存在着以下几个方面的问题：1.目标脱离教学的实际，体育学期目标由于涉及的内容较多、较为繁杂，有些教师在进行目标的制定的时候出现了教学目标脱离实际的现象，这主要是因为体育教师对学期的教学内容理解不深入造成的；2.教学目标缺乏操作性，体育是一门对实践性要求较为严格的学科，同时在教学的过程中需要各种器械或是现代科技的帮助，才能保证教学目标的实现。但是有些体育教学目标中却涉及一些学校没有的设备，导致教学目标没有可操作性，这是由于对教学过程中相关因素了解不全面造成的。

新课程还处于刚刚改革的初级阶段，体育教学目标的制定难免会出现一些不是十分完善的地方，如有些教师在制定教学目标的时候无法转变"以学生为主体"的观念，在教学目标的制定上忽略对学生的特点的分析；有的教师在制定教学目标时没有进行全面的分析和考量，导致教学目标的片面性。但是，笔者认为，在新课标的理念下，要真正领悟体育课程的意义，对体育课程进行全面的分析，踏实地走好体育目标制定时的每一步。同时紧紧抓住"终身教学"这一体育教学目标宗旨，全面培养学生的体育知识和体育技能，这样才能实现"以人为本"的体育教学宗旨，提高体育教学的质量。

随着时代的不断发展，体育教学也经历了空前的改革和创新，为体育教学带来了更多的机遇和挑战。当前我国正处于对教学的改革和创新期，在体育教学目标的制定的过程中难免遇到一些问题。但是，只要我们不断地总结经验，对体育教学内容进行深刻的了解，对体育教学中的相关因素进行认真的研究，就能走出制定体育教学目标的困惑，保证体育教学目标的科学性，促进体育教学质量的提高。

# 第四节　体育教学目标制定的依据和方法

随着人们对体育教学的重视程度的日益提高，体育教学目标成为体育教学过程中的重要决定因素，对体育教学目标的制定是体育教学对教师的根本要求。但是体育教学目标的制定至今仍是体育教学研究的一个难题。不少学者和体育教学专家经过研究和科学的分析指出，要想制定出合理的体育教学目标，首先应该清楚体育教学目标制定的依据以及方法。

## 一、合理制定体育教学目标的意义

体育教学目标的制定之所以受到广泛的关注，主要是因为体育教学目标的制定在体育教学过程中发挥着非常重要的作用。任何一名体育教师在制定体育教学目标的时候，首先都应该对合理地制定体育教学目标有一个充分的了解和认识。笔者经过对体育教学的不断研究，认为合理制定体育教学目标具有以下几个方面的重要意义。

### （一）充分发挥体育学科教学的功能

体育教学的功能是通过体育教学目标进行明确和定位的，因此，只有合理地制定体育教学目标，才能使得体育教师在实现教学的过程中，明确要实现体育教学的功能。如加强学生身体锻炼的目标是为了帮助实现体育教学中的强身健体功能；快乐体育的教学目标可以实现体育教学激发学生学习兴趣的功能；等等，每一种体育教学目标都能促进体育教学功能的实现，如果乱制定体育教学目标，就不能充分发挥体育教学的作用，甚至还可能使得体育教学课程变得空洞，不利于体育教学质量的提高。

### （二）确保体育教学目的的实现

体育教学目标的实现是实现体育教学目的的标志。因此，只有制定合理的体育教学目标，才能促进体育教学目的的实现。如提高学生的体能目标是健身目的的标志，让学生学好每一项运动技能目标是保证学生实践能力提高的标志。如果制定的教学目标不合理，那么就无法保证教学目的的实现，如果体育教学目标和体育教学目的不对应，那么就会使课堂教学目标和教学总目标之间存在差异，因此这样的目标就是一个失败的目标，当然也不能促进体育教学质量的提升。

### （三）确保不同层次目标之间的衔接

总的教学目标是由阶段性的教学目标组成的，如果制定好了每一个阶段的体育教学目标，就可以保证体育教学总目标的顺利完成。合理的阶段目标的制定能保证每个目标之间的衔接的紧密性，就能促进教学总目标的实现。如果有一个阶段的教学目标制定得不合理，那么它与其上下阶段的教学目标之间将失去联系，阶段目标的总和与总目标之间也会存在着一定的差距。因此，正确地制定各个层次的目标，就能促进不同层次之间目标的衔接，最终保证总目标的实现。

### （四）明确和落实教学任务

在对体育教学目标概念进行阐述时，我们已经清楚了体育教学目标与体育教学任务之间的关系，明确体育教学目标决定着体育教学任务的方向。目标就是体育教学方向的标志，但是只有标志没有行动，也无法保证体育教学目标的实现。因此，要有具体的体育教学任务支撑体育教学目标的实现。合理的体育教学目标有助于体育教学任务的明确，如果没有合理的体育教学目标，体育教学任务就失去了前进的指导方向，不利于体育教学任务的落实。

### （五）规范了体育教学过程

体育教学目标不仅指导着体育教学的方向，而且在体育教学目标实现的具体的步骤和方法上也起到了规范的作用。体育教学目标的实现的过程中，每一个步骤之间都有着紧密的联系，要达到教学的目标，首先应该实施怎样的步骤，然后再进行什么样的步骤，这些都是靠制定阶段性的体育教学目标实现的。体育教学目标的制定过程就是体育教学过程的规范过程。因此，合理的体育教学目标有利于体育教师在教学的过程中对教学步骤的控制，有利于实现教学过程的规范性和科学性。

### （六）指引和激励教师和学生

体育教学目标反映的是教师教学的愿望和学生的学习愿望，明确了教师和学生努力的方向，当这种方向成为人们意识中的一部分的时候，就会形成动机和动力源泉。虽然有些教学目标并不是由任课教师制定的，但是合理的体育教学目标必能反映出体育教学的方向和学生学习的欲望。同时教学目标的制定能够帮助教师清楚地认识自己与既定目标之间的差距，激励学生发现和解决问题。所以，制定合理的教学目标可以激励教师和学生，保证教学目标的实现。

### （七）形成检测教学成果的标准

体育教学目标是体育教学需要达到的教学效果，是判断体育教学任务是否完成的标志，因此，体育教学目标的本身就具有很鲜明和可判断的标准，阶段性目标的达成与否是评价教师某个阶段的教学过程中的教学质量评价的标准。而总的目标的达成与否是在教学过程终结时，根据学生所具有的体育活动的知识给予体育教学质量评价的标准。

## 二、体育教学目标制定的依据

体育教学目标的制定并不是仅凭体育教师的主观感受的，体育教学目标是体育教学过程的参考，是保证教学正常开展和实施的前提，因此体育教学目标的制定是有一定的制定依据，这种依据约束着体育教师对目标制定时的思想和方向，保证体育教学目标制定的合理性。笔者通过对体育教学目标制定的研究和考察，以及对体育教学特点的分析中得出，体育教学目标制定的依据有以下几点：

### （一）国家的教育方针和政策

我国在制定体育教学课程的大纲时，是以坚持国家的教育方针和相关教育政策为基本前提制定的，体现了现阶段国家和社会对体育教学的总要求。制定的教学目标只有建立在国家教育方针和政策的基础上，才能保证教学大纲的实现，才能保证教学目标符合社会实际的需求。在此基础上制定教学的总目标和各级目标，以便于形成完整的教学目标体育，促进体育教学的统一和完善，保证了教学总目标和各阶段体育教学目标的科学性。因此，国家的教育方针和政策是体育教学目标制定的直接依据，也是体育教学目标制定的基础。

### （二）学生身心发展的特点以及其他的规律

学生是体育教学中的主体，是体育教学目标实施的对象，是体育教学过程中的重要组成部分。因此在制定体育教学目标的时候，为了保证所制定的教学目标的科学性和有效性，应该以学生的身心发展的特点以及发展的规律为依据。体育教学本身就是一个十分复杂的学科，对学生的实践性要求又特别的严格，如果教学目标的制定脱离了学生的身心发展的特点和规律，那么教学目标就无法指导教学过程的完成，教学目标也就失去了意义。体育教学目标的完成的程度主要是根据学生通过教学之后所达到的水平的表现，因此，体育教学目标与学生自身的特点有着十分密切的联系，只有适应学生身体发展特点和规律的教学目标才是切实可行的。所以，学生生理和心理发展的特点以及规律也是制定体育教学目标的依据。

### （三）体育教学的具体实际

体育教学的具体实际是保证体育教学目标完成的根本条件，同时也是制约体育教学目标的完成的重要因素。虽然我国体育课程的开展和普及针对的是全国范围的学校教育，但是每个地区的发展不一致，并且地域之间的气候、条件也存在着差异性，再加上教师的自身水平的不同，因此教学目标的制定也存在着一定差异。如一些教学条件相对较为齐全，教师队伍的专业水平相对较高的地区的体育教学目标，与教学资源匮乏、体育专业教师队伍缺乏的地区的教学目标存在着很大的差别。如果在教学目标制定的过程中，不联系教学实际情况，那么有些地区的教学目标将不可能实现。这就要求体育教师制定教学目标的时候必须从实际出发，充分考虑各地区的状况和教学条件，因为，教学实际是制定体育教学目标的重要依据。

### （四）社会发展的需要

开展体育教学的目的就是为了培养德智体美全面发展的高素质人才，这也是社会发展的需要。任何一门学科的教学目标的制定都是围绕社会的发展需要进行的。因为学生首先是一个社会人，其与社会的发展息息相关，只要根据社会的发展需要制定体育教学目标，才能与时俱进地开展教学，保证教学的质量，提高学生的社会适应能力。如果在制定体育教学目标的时候，没有围绕这一因素进行，那么所培养的学生将有可能不能适应社会的发展需求，最终被社会淘汰，因为社会是学生实现目标、评价目标完成效度的一个舞台，因此，社会需求也是体育教学目标制定时的重要依据。

### （五）教学内容

教学内容是体育教学过程中的参考，也是体育教学工作者制定体育教学目标的依据之一。教学目标是为了保证实现教学目的，教学内容是教学过程的依据，因此教学内容也理所当然是教学目标制定时的依据。如果教学目标脱离了教学内容，那么教学目标就失去了实现的可能，不仅会使教学的方向发生改变，同时还会对教学造成一定的困扰，无法按照教学大纲的标准教学。如某一教学内容是开展对学生足球技能的培训，教学目标定为提升学生的篮球技能和技术，那么这样的教学目标就失去了意义，也不可能实现。为了保证体育教学目标的有效性，就必须根据体育教学内容进行教学目标的制定。因此，教学内容也是制定体育教学目标的重要依据。

## 三、体育教学目标制定的方法

体育教学目标是指教学活动实施的方向和预期达到的效果，是体育教学活动的出发点和归宿，是教师对教学活动结束后，学生所达到的水平的一种主观的愿望。教学目标也是评价教师教学完成情况的标志，那么怎样才能制定一个好的体育教学目标呢？

### （一）掌握体育教学目标制定的原则

无论是制定哪个学科或是哪个层次的教学目标时，一般都要遵守"教学目标制定的原则"，就体育教学目标而言，在制定相应的体育教学目标时，也要遵守以下四个原则。

#### 1. 目标在体育教学场景中的原则

体育教学一定是在体育教学场景内实现的，体育教学场景外即使发生体育活动，但是也不属于体育教学目标。所以体育教学目标的制定一定要保证它的场景性，如与体育相关的知识、技能、战术等内容，都是属于体育场景内的内容，简单地说就是与体育相关的都是属于体育教学场景。如果教学目标失去场景性，那么教学目标就失去了意义。因此，进行体育教学目标的制定时，要坚持目标的场景性原则。

#### 2. 目标包含努力因素的原则

教学目标是激发学生动力的一个方向和指导，如果教学目标不包含努力的因素，学生轻而易举地就能完成，而目标就会失去其本身应具有的激励作用。如果将学生学会运动为教学目标，那么每一位学生都能不费吹灰之力地完成，那么这样的教学目标就失去了意义。因此，在制定的体育教学目标中，一定要含有让学生能够通过一番努力才能达到的效果的因素，这样才能对学生起到激励作用。因此，在制定教学目标的时候应该坚持努力因素的原则。

#### 3. 目标的可选择性原则

一个合理的、科学的体育教学目标应该是可供学生选择努力方向的，不具有可选择性的必然不能形成教学目标。因为好的目标必须是能够提供多个途径和多种渠道完成预期教学效果的最好的一个，但是如果一个教学目标不具有这种可选择性，那么它就不是一个合理的教学目标，不利于学生的体育教学目的的实施。

### 4.目标依托体育教材的原则

体育教材是体育教学目标制定的依据，体育教材的目标不等同于体育教学的目标，也不等同于体育教学的总目标。他们之间的区别主要表现在体育教学的目标是依托于体育教材进行制定的，完全脱离体育教材的教学目标难以与具体教学环节联系起来，也没有明确的方法指导体育教学目标的实现，因此在制定教学目标时，应该坚持依托体育教材的原则。

## （二）了解目标的两类表达方式

了解目标的两类表达方式是体育教学目标制定的方法之一。所谓的两类表达方式：

其一，就是明确地告诉学生学习的结果是什么，这种表达方式一般都用于知识和技能目标。

知识目标：所谓的知识目标是学生通过学习，初步地了解一些运动基本知识，并且能简单地描述这项运动的重点和应注意的事项。

技能目标：技能目标是学生通过对教师教学过程中的模仿和练习，掌握运动的基本技能，并清楚运动项目的技巧和运动方式。

其二，就是描述学生参与运动过程中的心理感受和态度，一般是由学生主观产生的，难以用语言表达，只能通过行动进行判断的。如情感态度和价值观，即情感目标。

情感目标：所谓的情感目标是学生在参与某种运动项目的时候，而产生的一种心理变化和态度的变化，能够培养学生具有特定的意识和能力。

## （三）深入探析教学目标的表达方式

要制定清晰的体育教学目标，首先应该对以下几个问题有深入的了解，在此基础上才能制定出可操作性、科学性较强的目标。

### 1.把握目标表述的四要素

目标表述的四要素分别是行为主体、行为动词、行为条件和行为程度，这四个要素是目标表述时的常用语言，能够提高目标制定的语言的严谨性，同时保证教学目标的科学性。

### 2.明确教学目标行为的主体

教学目标行为的主体是学生，新课改以来，强调把课堂还给学生，那么在对教学目标制定时，应该把学生当作目标的主人，从学生的角度出发，改变表述的方式，让人们一看就知道其目标所针对的对象是学生，明确教学目标的指向性。

### 3.恰当地使用动词

行为动词用于描述行为主体形成的具体行为，在使用这种行为动词的时候，应该思考行为动词所表达的不同层次以及教师对不同内容的教学要求，以及学生对知识的掌握情况。在教学目标的制定过程中，恰当地使用行为动词，能够提高教学目标的可操作性、可测量性和可观察性。

### 4. 说清表现结果可能产生的情形

说清表现结果可能产生的情形，即教师对教学的愿望，实际上就是期待学生达到的效果，在制定教学目标时，主要从两个方面对结果产生的情形进行说明。一是对影响结果产生的条件或者界限进行说明。二是对教学行为所达到的程度进行说明。在教学目标的实际制定过程中，由于学生之间的差异性较大，那么在教学结果的描述中也可以使用一些表示教学程度差异性的词语。因此可以看出，教学目标是以教学结果为底线而制定的。

教学目标的制定是保证教学过程科学性和有效性的依据，应该引起教育工作者对教学目标的重视，认真地对体育教学相关的因素进行分析和考察，借鉴成功的目标制定的过程和方法，同时在制定的过程中，严格按照教学目标制定的依据和方法进行制定，保证教学目标的科学性，便于目标的实现和教学质量的提高。

# 第三章　高校体育教学内容与方法

21世纪的教育是培养全面发展的"完整人"的教育，因此随着这种教学理论的不断发展，体育教学在学校教育中的地位也在不断地增加。由于体育教学内容是体育教学的载体和依据，因此在开展体育教学的时候尤其要注重对教学内容的梳理和编排。除此之外，体育学科教学所涉及的内容素材很多，再加上这些素材主要是来自生活、军事、文艺等方面，因此体育内容素材具有多功能性，由于教学中涉及的因素较多，于是决定了体育教学又具有复杂性。从对体育教学内容的分析可知，虽然体育教学内容各素材之间缺少逻辑性的联系，但是由于它们均是来自实践的总结和归纳，因此各素材之间有着自己的层次和类别。本章将对体育教学的内容进行详细的论述和解说，以便帮助人们更清楚地了解体育教学内容，为体育教学工作提供科学的参考依据。

## 第一节　体育教学内容概述

体育教学内容是体育教育工作者在进行体育教学时的主要参考，因此体育教学内容在体育教学中占据非常重要的地位。再加上体育教学内容所涉及的知识点较为繁杂、宽泛，因此，对于任何一名体育教学工作者而言，体育教学工作必须建立在对体育教学内容充分了解的基础上。

### 一、体育教学内容的概念

从教学内容在体育教学中的作用来看，也可以将其称为体育教材，两者之间唯一的区别就是体育教材是体育教学内容和体育教具、教科书等组成的。笔者根据多年对体育教学的研究与认识，并结合现存的有关体育教学内容的理解，将体育教学的内容做出如下定义：体育教学内容是依据当前国家总的教育分针，和社会对体育教学的需求选择出来的，根据对学生的条件和学校教学条件的深入分析和研究，在体育教学环境下传授给学生的一种体育锻炼活动。通过对体育教学内容的研究和分析来看，可以将体育教学内容的概念总结为以下几点。

#### （一）体育教学内容与其他教学内容的区别

由于体育教学具有实践性和复杂性的特点，这也决定了体育教学内容与其他教学内容之间有着非常大的区别，因为在体育教学过程中，对实践性要求较为严格，因此掌握体育教学内容与其他教学内容的区别，有助于体育教学研究者更好地掌握和理解体育教学的内容。

关于体育教学内容和其他教学内容之间的区别主要表现在以下几点。

### 1. 选择的依据

体育教学内容是根据体育教学的目标进行选择的，是根据学生在成长过程中的发展需要以及体育教学过程中必备的教学条件最终整理而成的，并且是根据社会需求的发展而不断变化的。

### 2. 实践性较强

体育教学内容主要是以教学对象的大肌肉群的运动而进行的教学内容，其具有很强的实践性，主要包括身体的锻炼、运动型教学的比赛、运动技能的获取等需要肌体内的肌肉群不断地运动而产生的。

### 3. 依靠体育运动传授

我们在课堂上所进行的诸如语文、数学、英语等学科的知识的传授可以在教室内完成，并且学生也可以通过对书本的反复研读，最终获得一定的知识和技能。但是对于体育教学而言，其所有的运动技能的传授，都必须在体育教学活动中才能完成的。

## （二）体育教学内容与体育运动内容的区别

众所周知，体育教学内容是保证体育教学正常进行的有力保障，但是其与体育运动内容之间却也有着非常细微的差别，作为一名体育教育者或是研究者，清楚地掌握两者之间的差别，有助于不断深入地了解体育教学内容。经过深入的分析和研究，对体育教学内容和体育运动内容两者之间的区别介绍如下。

### 1. 两者服务的目的不同

体育教学的内容是以教育为主要目的，其主要的目的是促进学生身心健康的发展，其内容偏于理论性，对教学活动具有指导的意义。而开展体育运动内容是以娱乐和竞技为主要的目的，其目的的倾向较偏重于教学内容的娱乐性和竞技性，对教学活动而言具有很强的实践性。

### 2. 内容的改造要求不同

随着时代的不断进步，体育教学内容需要根据时代的变化和社会的需求不断地改变，以保证体育教学的内容能够满足社会培养人才的需要。因此需要对体育教学内容进行必要的改造、组织和加工。而体育运动内容，其主要的目的就是娱乐和竞技，因此不必进行这种改造。

# 二、体育教学内容的发展

体育教学内容和其他教育的内容一样，是随着社会和教育事业的不断发展而发展的。但是，由于体育教育内容兴起的时间较晚，因此与其他学科教学内容相比，体育教学内容的形成和完善还处于发展的阶段。笔者根据多年对体育教学内容的研究可知，体育教学内容的发展主要来源于以下几个方面。

## （一）体操和兵式体操

早在古代时期，我国就出现了体育教学，但是由于古代的人们受科举制度的影响，并未将体育作为一门学科进行发展。古代体育的主要形式是兵式体操，由国家的专门机构指导所参加训练的士兵进行列队、射击、剑术等战术问题的操练。后来，随着兵式体操训练的不断改进和制度的不断优化，最终成为今天体育教学中的内容之一。

## （二）游戏和竞技性体育运动

我国早在学校出现的时候，就有了游戏的内容，如我国早期的骑技比赛、蹴鞠等，后来，随着市民对这类竞技运动游戏的兴趣不断激增，促进这种体育项目的发展日趋完善，最终成为一种正规的体育运动。工业革命以后，随着人们生活水平的不断提高，英美的体育游戏迅速发展成为一种近代的体育项目，如足球、篮球、棒球等运动项目。而后随着殖民的不断扩张，最终传到世界各地，成为一种流行的运动项目，受到很多人的喜爱，并迅速地在各国的学校教育中开展。再加上这种类型的体育竞技活动中具有很高的娱乐性，因此深受广大青少年的喜爱，最终演变成体育教学活动中的重要内容之一。

## （三）武术和武道

在古代的学校教育中，体育教学多是以武术教育的形式体现的，体育教学的内容也大都是一些具有军事针对性的武术内容，这种运动不仅可以强身健体，而且还能防身，因此这种运动教学迅速地成为当下流行的一种体育教学活动，在社会中展现不可一世的魅力，这也构成了体育内容中"武术"和"武道"的基础。再加上这些运动在对人的精神的和意志方面的培养有其他所有的理论知识和教育学科所达不到的作用，因此，这种类型的体育活动深受人们的关注和喜爱。鉴于这种原因，由"武术"和"武道"原型构成的运动项目成为体育教学中的一种正式的教学项目，受到很多国家的关注。

## （四）舞蹈与韵律性运动

舞蹈起源于古代祭祀和举行各种隆重仪式的时候所举行的一种较为常见的活动，也是从古至今以来人们最喜爱的一种活动。在社会发展的历程中，随处可以见到舞蹈的影子，研究各国文化发展的历史可以发现，舞蹈是世界上很多国家民族文化的重要组成部分，在民族文化的形成、民族之间的交流之中占据举足轻重的地位。除了舞蹈之外，一些具有韵律性的运动，也因为很多体育爱好者追求美感和锻炼效果，逐渐登上体育锻炼的舞台。随着韵律性运动的不断创新和发展，在韵律体操的基础上又出现了艺术体操、健美操等。舞蹈也在传统舞蹈的基础上得到了改进和提升，形成了多样的民族舞蹈、体育舞蹈等。因为舞蹈和韵律性体操不仅能够陶冶身心，并且在培养机体的美感和节奏感等方面也具有非常重要的作用。因此，舞蹈和韵律性的运动逐渐成为体育教学内容的重要组成部分。

研究表明，以上几类体育教学中所涉及的内容在体育教学中所占有的比例不同，并且每个国家在进行体育教学的过程中对其重视程度也有所不同。对以上体育教学内容的起源和发展简述中可以看出，体育教学内容有以下几个方面的特点。

### 1. 体育教学内容的功能具有多样性

体育教学内容由于起源不同，又受到所处文化形态的影响，这就决定了体育教学内容具有不同的功能，这一特点使得人们对体育教学内容的判断也必然会受到其传统起源的影响。因此在进行体育教学的时候，要注重因材施教，这样才能保证体育教学的顺利进行。

## 2. 教学内容的更新速度较快

体育教学本身就是一个对实践性要求较强的学校教育形式，受到当前有关体育教学方针的影响，体育教学中所涉及的因素也非常多，再加上体育教学本身受到地域、经济、政治、文化的影响较大，因此增加了体育教学工作者的工作难度。要想与时俱进地开展体育教学，在进行体育教学内容编写的时候，要根据社会的需求，不断地更新教学的内容。

## 3. 体育教学内容之间是一种平行的关系

体育教学虽然涉及内容较多，但是各内容之间并没有太多的联系和牵制，每个内容之间都是一种平行的关系。如跑步和跳远之间，就是相对平行的两种内容，在教学的过程中，两者之间没有太大的联系。体育教学内容的这一特点，有助于教师在进行教学时的选择。

## 4. 被赋予的教学任务不同

体育教学内容具有很强的时代性，不同时代的人对于体育教学的要求不同，因此每一种教学内容所承担的教学目标和任务也就不同，如在体育教学中开展各种体育锻炼，是为了提升学生的体育素质，进行比赛是为了培养学生的团队精神、合作意识等综合素质。因此在进行体育教学或是内容的挑选时，应该仔细地分析教学目标，以便根据教学内容所具有的不同任务性，进行内容的梳理和选择。

# 三、体育教学内容与教学内容之间的关系

体育教学内容是教育内容的一个组成部分，它具有与教育内容共有的特点，这些特点主要表现在以下几个方面。

## （一）教育性

体育教学内容是对受教育者进行身体健康教育和心理陶冶教育的参考，当体育教学研究者和内容的组织者将众多的运动项目选为体育教学内容的时候，首先想到的就是这些运动项目本身所具有的教育性。体育教学内容的教育性主要体现在以下几个方面。

## 1. 有利于学生身心健康

体育教学是通过指导学生身体的运动，和一些竞技性的小组活动，以促进学生的身心健康发展的一种教学。因为体育运动本身就是一种肌肉群的活动，能够通过身体的锻炼，增强学生的体质，通过各种小组教学活动和竞技类活动的开展，培养学生的综合素质。

## 2. 对学生成长的积极影响

体育教学内容主要是一些具有深刻影响意义的内容，能矫正学生的心态，培养学生坚强的意志，影响学生价值观的形成，对学生的成长具有积极的影响。

## 3. 内容的设计具有普遍性

体育教学内容所面对的对象是教学活动中的全体学生，因此所选择的教学内容具有普遍性，所谓的普遍性就是指教学内容要保证适应大多数人群，这样才能达到教学的统一，有利于教学的开展和进行。

## （二）科学性

因为体育教学本身就是一种以学校教育为主要形式进行的一种有计划、有组织、有目的的教育活动，是以教育和培养青少年的健康发展为主要目的，所以体育教学内容也应该与学校教育范畴中的其他教学的内容一样，保证其具有很强的科学性和严谨性。笔者经过多年对体育教学经验和对教学内容的研究和分析，将体育教学内容的科学性的表现划分为以下几点。

### 1. 保证内容的内涵性

体育教学的对象是广大青少年，其目标就是培养社会所需要的身心健康、全面发展的人才。再加上体育教学内容是对人类文明的反映和表现，同时体育锻炼的实践性也使得人们不得不重视这一过程，因为体育教学内容是从实践中逐渐总结积累而来的，所以体育教学内容具有很强的科学性。

### 2. 教学内容符合学生的需求

在对体育教学内容进行筛选的时候，为了保证体育教学内容能够更好地为学生服务，体育教学研究者会对教学内容进行反复的筛选，注重体育教学内容能够符合学生的身体发展需求和社会需求，同时体育教学内容具有很高的指导性，为教学的过程提供参考和依据。

### 3. 遵循体育教学的规律和原则

任何一门学科的教学都要遵循其特定的规律和原则，这是保证教学目的顺利实现的基本条件之一。再加上体育教学牵涉内容较多，较为复杂，为了保证教学过程能够按照目标的方向进行，因此在教学内容的选择时应该遵循体育教学中特定的科学规律和原则，保证体育教学的科学性。

## （三）教学内容的系统性

体育教学是一门繁杂的学科，不仅所涉及的内容较为繁杂，范围较为宽泛，而且对教学的目标要求也较高。因此在进行教学内容的梳理时，应该根据知识之间的系统性进行组织和安排。通过对体育教学内容的研究可以发现，体育教学内容的系统性主要表现在以下几个方面。

### 1. 教学内容本身的系统性

通过以上对体育内容的介绍，我们了解到，体育教学内容具有很大的复杂性，但是每一个知识内容之间又表现出一定的联系性和逻辑性。如安排低年级的学生学习体育的时候，首先应该培养学生的方向意识，先通过一些"向左转、向右转、立定、向后转"等一些简单指令培养学生的方向意识，然后对学生进行各种体育教学内容的训练。由此可知，体育教学内容本身就具有系统性。

### 2. 体育教学目标的系统性

在体育教学的过程中，需要根据体育教学的特点、学生的成长特点和教学环境等，深刻地认识体育教学内在过程和教学内容之间的规律性。因此教学必须根据学生的成长过程系统地、有逻辑地安排各个学校、各个年级的教学内容，并处理好他们之间的相互关系，将体育教学贯穿于教学的始终，这就是体育教学目标的系统性。

## 四、体育教学内容的特性

体育教学内容除了具有与教育内容的共性之外，还具有很多专属于体育教学所有的特性，这些特性在体育教学过程中发挥着非常重要的作用，主要表现在以下几个方面。

### （一）内容的实践性

众所周知，体育教学的内容主要是一些具有教育意义的运动项目，并且需要学生的肢体和肌肉群的共同作用才能完成，因此运动实践是体育教学中的一个较为突出的特点。一般学科都是通过教师的课堂讲授，加上听、说、读、写一系列训练完成的一种教学任务，而体育教学内容仅仅依靠听、说、读、写这种相对静态的方式是无法保证完成的，需要在特定的场地，通过一定的体育运动才能达成。虽然国家规定的体育教学目标中，包括对学生的心理健康的教育，但是这种教育也是通过某种体育活动的开展，在活动的过程中让学生体会到的。由此可见，体育教学内容具有实践性的特点。

### （二）内容的娱乐性

通过之前对体育教学内容含义的文字介绍，我们了解到体育教学内容主要来源于生活、军事和艺术等方面，如武术来源于古代军营；体操、健美操、舞蹈来源于艺术行业；跑步来源于我们的日常生活。再加上运动学习和竞赛等一系列运动能使参与者从运动中获得更多的乐趣，或者从中磨炼自己的意志，使自己获得成就和满足，除此之外，适当的运动或者竞赛活动会让参与者获得身心上的放松，或者是身体上的改变。如篮球、足球、乒乓球等，这些运动能够丰富学生的业余生活，促进学生之间的交流，使学生在运动中获得快乐，这就是体育教学内容娱乐性的表现。

### （三）健身性

体育教学的目的之一就是增强学生的体质，保证每一位学生都能拥有健康的体魄。因为体育教学内容有很大一部分是以肌体的大肌肉群运动为形式的技能传授与练习，所以很多能为身体带来动能的体育运动都会增加学生身体中的运动负荷。因此，学生在对体育教学内容进行学习和练习的过程中，都能通过肌肉群的运动对肌体产生锻炼的作用。再加上青少年正处于身体发育的关键时期，适当的体育运动能够促进他们身体成长，提高他们的肺活量和身体承重力，不断地激发他们身体内部的潜能，从而达到强身健体的作用。

### （四）人际交流的开放性

体育教学内容和其他学科教学最大的区别就是体育教学内容具有很强的集体性，注重对学生的人际交流能力、团队合作能力等社会性能力的培养和提升。再加上体育教学内容中所涉及的很多运动项目都是需要小组或者是集体共同完成的，并且需要全体成员充分地发挥自己的作用才能更好地完成，从这一方面看来，其教学内容具有很大的人际交流开放性，有利于学生人际关系的培养。

# 第二节 体育教学内容的目标与要求

体育教学的内容来源于人类发展的各个时期，因此其教学内容的目标和要求都具有很强的时代性。这主要是因为体育教学内容由当地民众的文化水平、地域气候条件、社会政治经济发展状况、生产力水平、科学技术水平等因素决定。为了帮助更多的体育教学工作者认清体育教学内容与其目标和要求之间的关系，笔者结合自身的经验和知识的积累，以及对实践教学的分析和观察，在本节中对各种体育教学内容的目标和要求进行简单地概述。

## 一、传统性体育教学内容的目标和要求

传统性体育教学内容主要是运用传统的教育方法对学生进行体育运动技能培训的一种形式，是体育教学内容中一直存在的锻炼项目。虽然体育教学内容随着时代的更迭在持续地变化，但是传统的体育教学内容以其积极的教育作用仍然在教育界中占据很重要的地位。下面将对一部分传统体育教学内容的目标和要求进行简单地叙述。

### （一）体育保健基本知识内容

体育保健基本知识内容的目标是：通过体育保健基本知识和原理的传授，首先让学生深刻地认识到体育教学在人的成长过程中的重要作用，学习体育运动对国家、社会的重要作用，从而激发学生对于体育锻炼的使命感，使他们自觉地参加体育锻炼。除此之外，通过体育保健基本知识和原理的学习，使学生能够了解一些体育学习的必要知识，形成对体育教学的正确认识。

体育保健基本知识内容的要求：关于体育保健基础知识内容的编写应该结合当前社会的状况、学生的实际需求等方面进行编写。并且精选一些对学生的实际生活和成长有较重要影响作用的体育运动项目，保证内容的真实性和意义性。同时在对这类内容进行教学的过程中，要结合实际操作进行演示，要有益于学生掌握和接受。

### （二）田径运动

田径运动是我们生活中一些常见的运动项目，主要包括跑步、跳高、跳远、投掷等内容。在此我们首先介绍田径运动的教学目标：通过田径运动使学生了解田径运动的一般规律和基本知识，清楚地认识到田径运动在他们成长过程中对身体素质培养的重要意义，使学生掌握一些田径运动相关的基本原理和方法，掌握一些基本的田径运动技能，通过生活中不断地练习，从而增强学生的体质。

田径运动的教学内容要求：在对田径运动内容设计的时候不应该仅从竞技类运动的角度去分析田径运动的内容和作用，应该从文化、运动特点、技能作用等多方面地进行内容的设计和组织教学，这样才能让学生更科学地掌握一些田径运动的基本知识，并且将这种获得的田径运动知识和技能正确地应用到健身实践中去。同时在教学的过程中，应该根据学生的身体特点进行灵活的教学，因为田径运动会使机体产生一定的负荷，负荷强度太高会对机体造成一定的损害，强度太低，则达不到运动的效果。

## （三）体操运动

体操运动也是体育教学中的重要组成部分，并且由于其对人体的平衡和形体的训练有着非常积极的作用，所以体操这一运动颇受广大青少年的喜爱。这一教学内容的目标：第一，在教师的指导下，让学生了解体操运动文化的概况，了解体操作为一项体育运动对人体健康的作用。第二，让学生掌握一些基本的体操运动技能和方法，并且使学生在日常生活中学会用体操来锻炼身体。第三，让学生能够安全地从事体操运动，并且掌握一些体操比赛的基本常识和技巧。

体操运动的内容要求：体操不仅对人体的平衡性、协调性、灵活性都有不同的作用，而且还能对学生进行心理方面的积极引导和教育。因此，对体操的内容进行分析的时候，要从竞技、心理和生理等多视角分析体育教学内容。在内容的编排上要保证一定的层次性，不能总是停留在低水平的层次上。在教学的过程中，要根据学生的身体特点，开展合理的训练。如对有些平衡能力较差的学生，应该对其进行更多有关平衡能力的练习，做到因材施教，这样才能保证教学质量。

## （四）球类运动

球类运动是一种常见的运动，其主要包括足球、篮球、乒乓球等运动，由于球类运动是一个充满活力和竞技趣味的运动，因此很受当今的青少年喜爱。球类运动教学的目标：第一，让学生充分地了解球类运动的基本概念和球类运动中一些比赛的规则和情况；第二，使学生能够掌握一些球类运动的技能和技巧，以及参加球类运动比赛的基本技能和应掌握的常识性知识。

教学内容要求：球类运动是一种群众性的运动，并且其中所涉及的技巧和方法较为复杂，因此在筛选内容的时候不能只对球类的单个技能进行教学，而忽视其与比赛之间的联系，这样就会失去球类运动的基本特性，同时还要注意教学内容选择的顺序性、实战性之间的联系。在教学的过程中，要注重对技能的训练和对学生团队合作精神的培养。

## （五）韵律运动

韵律运动其实就是一些类似于舞蹈、健美操、体操等一些运动项目，韵律运动与其他运动最大的区别就是将舞蹈与运动相结合，在音乐节奏的作用下，实现两者的完美结合，因此韵律性运动是当今女性尤其喜爱的一种运动。通过分析，韵律运动教学内容的目标是：使学生了解韵律运动的基本特征，了解从事这一项运动所应该遵循的基本原则和规律，掌握一些基本的技巧和套路。除此之外，通过此课程的学习改变学生的体态，培养学生优美的形体。

韵律运动的内容要求：因为韵律运动是一项表现运动，同时又是一项塑造身形的运动，不仅涉及音乐、艺术的因素，还涉及美学方面的知识。所以，韵律运动应该从学生审美观的培养、舞蹈音乐的了解和掌握等全面地培养，多角度地考虑。其教学内容要强调对学生自创能力的培养，培养学生在这类运动上的创新能力。

## （六）民族传统体育

民族传统体育是一个民族发展的历史，代表着这个民族的精神和文化。通过对民族传统体育的了解和研究，将其具有的目标确定如下：第一，借助这些民族传统体育的讲授和学习，让学生对民族文化有着更深的了解；第二，使学生学到一些民族传统体育的技能，用以防身和民族文化的继承和弘扬。例如中国举世闻名的武术，不仅是一种民族文化的代表，还是人们防身的一种技能，对武术的教学，有助于这一文化的继承和弘扬。

民族传统体育教学内容要求：在内容的编排时，要结合学生的特点以及现代人的生活方式，而且还要强调内容的文化性和实用性，特别对这种民族传统体育文化背景和意义的介绍和揣摩。在教学的过程中，要注意对学生兴趣的培养。

## 二、新兴的体育教学内容

随着科技的不断进步和发展，人们对生活的追求在日益提升，新的体育运动项目也随之兴起。研究新兴的体育教学内容有助于对新兴体育教学内容的开发和教学，优化体育教学的结构。通过对体育教学内容进行不断研究和分析，将新兴的体育教学内容总结如下。

### （一）乡土体育

近年来，随着教育改革的不断深入，创新教育内容，不断地对课程资源进行开发引起了广大体育教学研究者的重视，一些具有积极锻炼意义，散发着浓烈的乡土气息的运动项目重新登上体育教育的舞台。这类乡土体育运动内容的教学目标是：让学生对民间的体育和民俗风情有更深的了解，使学生掌握一些具有地区特色的民俗体育知识和技能，促进当地传统文化的继承和传播。

乡土体育教学内容的要求：这类体育项目来自民间，具有民俗文化的传播作用，因此要注重其内容的文化性、安全性、锻炼性和规范性，同时剔除一些这类运动项目中不利于文化传播的因素，摒除一些错误的实践。

### （二）体适能与身体锻炼

随着社会对学生的身心健康全面发展要求的不断深入，一些针对性较强的体育锻炼作为培养学生身体健康的一种运动被正式带进课堂。这些内容与教师对此运动的实践技能的传授相结合，共同发挥着提高学生的身体素质和运动素质的共同作用。这类教学内容的目标：体育教师应该通过这一部分教学内容有效地锻炼学生的身体，让学生掌握更多实践锻炼和运动的原则和方法，帮助他们更好地提升自己的技能和运动能力。

体适能与身体锻炼教学内容的要求：由于这是对学生的体适能的锻炼，所以要结合学生身体素质的状况和体育锻炼时应该遵循的基本规律，内容要注意锻炼的针对性、科学性和时效性，同时注意内容应该符合国家规定的关于学生体质健康的实行标准。

### （三）新兴体育运动

由于新兴体育教学的内容具有时代性，所以教师在对学生教学的时候要注意对体育教学目标的掌握，经过分析和研究，将新兴体育教学内容的教育目标总结如下：使学生掌握一些比较流行的体育运动文化，提高学生对新兴体育教学内容的兴趣，同时提高体育教学在终身教育方面的实用性，从而提高体育教学的质量。

新兴体育教学内容的要求：由于是一种新兴的体育教学内容，所以对这种教学内容的选用要首先保证其符合教学条件的基本要求，其次就是注意体育教学内容的文化性、教育性、安全性和实践性，同时注意对教育内容的筛选，杜绝一些不利于学生成长的体育内容的出现。

### （四）巩固和应用类课程的基本教学内容

这类教学内容是新课标要求下的一种教学内容，而且是随着活动课程的发展而不断形成的，因此其教学内容的目标是：通过此类教学内容的学习，巩固学生学到的有关体育教学中的基本知识和技能，并能够将其与运动实践相结合，借此提高学生的体育锻炼技能和能力，以及在参加体育活动方面的常识和能力。

巩固和应用类课程教学内容的要求：在教学内容的选用时，应该注意将其与学科内容和体育教学内容进行完美的融合，同时注意对内容的延展性和应用性的掌握，注意对学生在体育教学活动中的创新能力和创新意识的培养，使学生能够进一步拓展所学习到的知识和技术。

## 二、我国体育教学内容的变迁与发展

在我国，体育正式成为一门学校教育学科已经有100多年的历史，并且经过了几个阶段的发展和变迁，最终拥有今天的成就。从体育教学内容的发展可以看出，体育教学内容随着时代的变迁和发展也有不同程度的变化。

### （一）体育教学内容的变化趋势

体育教学内容是从人们传统的生活方式和习惯中演变而来的一种运动，但是由于时代的不同，体育教学内容也产生了不同程度的变化。下面将体育教学内容的发展趋势总结如下。

#### 1. 正规的体育运动项目的迅速兴起

人们逐渐增加了对体育教学的认识以及对体育教学的重视程度逐渐提高，加之现代竞技体育运动的不断兴起和普及，正规的体育竞技运动不断兴起和普及，并逐渐取代了乡土性的体育教学内容。

#### 2. 对体育教师的要求较高

虽然随着新课标的推行，体育教学内容的数量正在不断地减少，但是随着体育大纲教学目标的强度不断加大，体育教学内容的难度也有所增加。这就表明承担体育教学工作的教师必须由受过专门体育训练的人员担任并传授。

#### 3. 体育教学的娱乐性因素在减少

随着教育事业的不断创新和发展，体育教学也在素质教育的推动下，逐渐发挥了其重要作用。目前，体育教学成为社会培养全面发展人才，培养健康体魄学生的重要途径。在这一目标的驱使下，体育教学逐渐淡去了其本身具有的娱乐性，加大了对锻炼性的要求。

#### 4. 运动器材的正规化

体育运动已经作为一种正规的体育教学被推上了教育舞台，并且得到了足够的重视，随着科学技术的不断发展，一些新兴的具有锻炼意义的体育器材，作为一种正规的体育器材被推上了教育的舞台。

### （二）体育教学内容的改革

通过上述对体育教学变化的分析，我们可以看出体育教学内容虽然日益正规，但却很单调，技术难度在不断地增加，但是娱乐性在不断地减少，长此以往，就会使学生逐渐降低对体育运动的兴趣，针对这种情况，必须进行以下体育教学内容的改革。

### 1. 改变体育教学内容中的生硬化

体育教学内容的生硬化将会使体育教学变得枯燥无味，并降低学生对体育运动的兴趣，不利于教学的加强和教学质量的提高。因此，当前的体育教学内容应该改变体育教学内容生硬化这一现象，使学生重新燃起对于体育学习的兴趣。

### 2. 解决体育教学内容与学生社会体育活动之间的差异

体育内容的原型来源于人们日常的生活，也正因此，能够使得体育教学内容与生活运动联系起来，这有利于学生对体育知识和技能的掌握和巩固。因此，当前的体育教学内容应该改变体育教学内容与学生社会体育活动之间的差异，推进体育教学的群众性和实践性。

### 3. 提高学生的体育兴趣

兴趣是促进学生更好学习的催化剂，但是随着近几年体育教学内容去娱乐性的特点，很多学生觉得目前较为正规的体育教学变得枯燥无味，逐渐对体育教学失去了兴趣。这对于体育教学而言是非常不利的，因此，教学内容应该重视其娱乐性，提高学生对体育学习的兴趣。

### 4. 多增加一些具有民族性的体育内容

体育教学具有促进学生身体健康的成长、增加学生对民族文化的认识、弘扬民族精神的作用。因此体育教学内容中应该多增加一些具有民族性的体育内容，促进民族体育文化的传播。

体育教学内容处于不断变化之中，使得体育教学内容不断地增加，因此体育教学工作者在教学的过程中，要清楚各种体育教学内容的目标和要求，这样才能保证教学的科学性，促进教学质量的提高。

# 第三节　体育教学内容的层次和分类

体育教学内容的层次和分类方法的研究，是对体育教材进行研究的方法和基础，也是多年来我国体育教学尚未解决的问题，而且在实际教学过程中还出现了很多明显分类错误的问题。为了更好地解决体育教学内容中关于层次和分类的方法，本节对此进行了深入的研究。

## 一、体育教学内容分类的重要性

对任何内容进行层次和分类研究的主要目的就是对这些内容进行整合和归类，据此加深人们对此内容学习时的认识。对体育教学的层次和分类进行研究的目的，也是为了在体育教学的过程中，便于体育教师对教学内容的梳理和讲授，建立更加清晰的体育教学内容体系。保证体育教学内容与体育目标之间的联系更加紧密，也便于体育教育工作者在进行体育教学过程的合理安排。

但是，由于体育教学内容较其他学科的教学内容而言，具有很大的特殊性，再加上体育教学内容所涉及的知识较为复杂，所以，体育教学内容的分类一直是一个困扰体育教学工作者和研究者的主要问题。从体育教学逐渐成为学校教学内容之一，并受到普遍的关注以来，体育教学内容的研究者就对体育教学内容进行了很多不同的划分和研究。因此，体育教学内容的划分是一个多角度、较为复杂的工作，这主要还是由体育教学内容的复杂性所决定的，也是由体育教学内容的多功能性、多价值性所决定的。

在进行我国体育课程和教材建设的过程中，我们可以看到，很多体育教学内容研究者都遇到了体育教学内容分类上的难题，虽然这是体育教学研究者一直致力于研究和解决的问题，但是从目前来看，其效果却不容乐观。这也直接影响了我国体育教学的发展和进步。

## 二、当今体育教学内容分类方法和层次

研究国外体育教学的发展历程，我们可以看到，国外在体育教学内容的分类上有很多的方法，很多体育教学研究者对其还进行了较为深入的研究，其中较为著名的分类方法就是德国体育学者所研究的分类方法。多角度地对体育教学进行分类，比如，从心理学的角度，对教学内容进行分类主要依据"教学指导心理"和"心理负荷"两方面进行分类；依据运动类别进行分类，主要是根据运动群体进行分类；依据解剖生理学的分类，主要是根据身体部位和关节的部位进行分类。除此之外，还有从社会学角度、实践指导角度、发展角度进行的体育教学内容的分类。

在我国，体育教学研究者也对体育教学内容的分类做了很多的研究，仅仅依据笔者掌握的内容来看，我国对于体育教学内容就有多种分类方法。根据其分类所依据的对象，对我国体育教学内容分类进行简单的举例，如根据人体的基本活动能力进行分类，根据运动者的身体素质进行分类，根据教学目的分类，根据运动项目分类，还有现在使用的综合交叉分类等。

根据以上对国内外各种关于体育教学内容的分类方法，我们可以从中获得以下两点的启示。

### （一）体育教学内容的分类方法具有多样性

体育教学内容的分类具有多样性，这种多样性主要取决于体育教学内容研究者观察审视体育教学内容的角度和方向。因为体育教学内容较为繁多复杂，因此在对其进行分类的时候，要多角度地、全面地对内容进行分类和整理，保证其内容的合理性和科学性。

### （二）注意体育教学内容的层次性

为了避免体育教学内容的分类较为繁多，可以先根据其层次的不同进行具有层次性的分类，然后在此基础上再对其进行系统的分类，这样的分类方法较为清晰明了，而且便于教学的开展。如在进行篮球教学的时候，首先进行运球技术的教授和训练，然后进行传球技术、投球技术的训练，这样有层次的教授和练习有助于学生对知识和技能的接受。

## 三、我国体育教学内容的分类

关于我国体育教学内容的分类，一直以来都是体育教学中的主要难题，分类的科学性与否直接关系到体育教学活动能否顺利开展，关系到体育教学的质量。因此，对体育教学内容的分类是体育教学研究中的重点工作。

### （一）体育教学内容的分类层次

由于体育教学内容来源于生活的各个方面，其所涉及的内容较为繁多复杂，但是为了保证体育教学活动的顺利进行，首先应该依据体育教学内容的所属特性将其划分为不同的层次，对不同层次的研究和分析，采用不同的分类方法。这种对体育教学内容进行分类的方法，也是古今中外的体育教学研究者普遍使用的分类方法。但是，通过对我国体育教学内容的分类方法的研究中可以看出，我国体育教学内容的分类还缺乏对这种理论知识的理解，我国之前对体育教学内容的分类并没有具体指明所建立的层次。

### （二）交叉综合分类法

什么才是"交叉综合分类法"呢？根据体育教学大纲编写者的说明，所谓的"交叉综合分类法"，实际上就是将体育教学内容所涉及的运动实践部分的内容按照运动项目和身体素质两个方面进行分类，要将"提高身体素质练习"和"各项运动教学内容"放到一起进行教学。

但是，"交叉综合分类法"中，将"提高身体素质练习"与"各项运动教学内容"放到一起，首先就是违反了"同一划分的根据必须统一"的原则，即在对体育教学内容进行同一划分中必须以统一的标准为依据，而且还要保证此分类基础上所进行的子项分类不相互排斥，而是相互包容，因此，"交叉综合分类法"的体育教学内容的划分方法是存在缺陷的。

### （三）根据教学目的进行分类的方法

笔者通过对体育教学内容的掌握和研究以及对学生的特点、教学的特点的掌握，将体育教学分类的优点总结为以下几个方面。

#### 1. 明确教学的方法和目的

以"教学目的进行教学内容的分类"的方法，结合学生的特点和教学的特点进行科学的规定，这样能够使教学的目的性和教学方法的使用更加明确，为体育教学的开展指明了科学的道路。

#### 2. 保证竞技运动知识和技能的学习

受传统教学模式的影响，即使在对学生进行体育教学的时候，教师也难以避免地对学生进行"体育技能竞赛为目的的教学内容的编排"，这样就难以发挥体育教学内容的全面性，难以保证体育教学目标的顺利实现。以"教学目的进行分类"的方法，一方面能够按照大纲要求的目的进行体育教学内容的编排，打破以"竞赛为目的的教材编排体系"，从而使竞技运动知识和技能得到保障。

### 3. 能够避免内容上的重叠

体育教学内容繁多复杂，在对其进行分类的时候，按照传统的分类方法进行分类，难以避免地会造成内容的重叠或是遗漏。采用以"教学目的进行教学内容分类"的方式，对教学内容首先进行简单的层次分类，然后在根据每个层次内容属性的不同再进行具体的分类，这样一方面便于内容的整理，另一方面也利于教学工作的进行。

### 4. 对体育教学的指导性增强

体育教学内容是进行教学实践的指导和基础。"教学的指导性"同时也是进行教学内容编写的要求。如何对体育教材进行分类并不是简单的教学问题，它是以科学的理论为依据，需要对教学过程提供指导的。因此，对教学内容的合理分类能使教学目标与内容之间形成良好的对接，从而增强体育教学的指导性。

## （四）进行体育教学内容分类的观点以及注意事项

对体育进行教学内容分类的目的就是对内容进行科学的整理，是内容与教学目标之间形成无缝对接，完成教学目标、方法等之间的互相贯通，向体育教师更清晰地传达体育教学课程和教学内容的目的，从而指导体育教学的进行。由此可见，体育教学内容的分类和整理在教学过程中占据非常重要的作用。笔者根据多年对教学内容分类的研究和总结，将进行体育教学内容划分的观点总结如下。

### 1. 教学内容的分类服从教学目标

体育教学内容的分类并不是一成不变的，而要根据社会和国家的教育方针和教育目标的要求不断地变化，因为教学目的是随着时代的变化和人们需求的不同而逐渐变化的，所以固定的体育教学内容的分类也是不存在的。因此，体育教学内容的研究者和教材的编写者在对体育教学内容进行分类的时候，要不断地更新自己的时代观念，关注社会体育教学目的的变化，使教学内容的分类更好地服从教学目标。

### 2. 教学内容的分类具有科学性

体育教学内容的分类是体育教学过程的指导依据，是实现体育教学目标的根本保障。因此对体育教学的内容进行分类的时候，要保证体育教学内容的分类符合教学大纲的根本要求和原则，在对内容继续分类的时候要有科学的观念，这样才能保证体育教学的分类能够更好地指导体育教学过程的顺利进行。

### 3. 教学内容的分类要具有阶段性

体育教学贯穿学生学校教育的始终，但是个体的成长具有阶段性，不同年龄段的学生对知识和技能的接受能力不同，类似于皮亚杰对学生成长阶段的划分。所以在对体育教学内容进行划分的时候，也要坚持这一原则，在分类的过程中结合学生身体发育的阶段进行教学内容的编排。因为体育教学大纲对各个年龄段学生的教学要求和目标是不同的，所以体育教学内容的分类也应该具有阶段性。

#### 4. 教学内容的分类应为教学实践服务

体育教学是一个对实践性要求较高的教学，因此实践性是体育教学的一个显著特征。在进行体育教材分类的时候，首先应该对教材的内容按照其实践性的强弱进行适当的划分，对实践性要求较强的体育教学内容，多安排实践环节，对实践性要求较低的内容，根据其性质多安排理论课程的讲授，这样才能保证在研究的过程中，全面掌握教学内容的重难点。

#### 5. 体育教学内容的选编原则

随着社会对体育教学要求的不断提高，需要通过体育教学研究对体育教学内容进行调整和优化，再加上体育教学内容将被直接应用到学生的体育教学活动之中。为了保证体育教学内容更有利于学生的成长和发展，首先应该保证体育教学内容的科学性。因此，体育教学研究者首先应该明确体育教学内容的选编原则，这也是进行体育教学研究必备的条件。

#### 6. 体育校本教材的掌握和了解

体育校本教材是体育教师在指导学生进行体育活动时的参考基础，也是教学内容的载体，无论任何一个层次的体育教学研究，都是建立在对校本教材了解的基础上，掌握当前情况下体育教学的基本内容以及编写方案，可以为研究提供更多的理论基础和现实依据。

#### 7. 体育教案的研究和了解

体育教案是体育教师在进行体育教学时的方案和步骤，是体育教学能够顺利进行的前提条件，开展体育研究的最终目的就是提高体育教学的质量，其中包括教师的教学方法和策略。对体育教案的研究和了解，能帮助体育教师认识到其所研究过程中关于内容研究层次的方法和要求。

### （五）对体育教学条件的了解和掌握

在前面的内容中，我们已经无数次地提到，体育教学是一个实践性极强的教学，为了保证体育教学的顺利完成，首先应该需要良好的物质条件和适宜的教学环境。良好的物质条件为体育教学提供了基础，例如我们在开展体育教学的时候学校需要建立一些诸如单杠、双杠、铅球、跳绳等一些能够保证体育运动项目顺利完成的物质条件。如果没有这些物质条件的依托，体育教学就成为一纸空谈，无法落到实处，发挥其重要作用。适宜的教学环境同样也是体育教学的必备条件，学生只有在适合开展体育教学活动的环境中，才能真正融入体育教学活动之中，并且适宜的教学环境能够确保学生在体育教学活动之中的安全，避免一些不利于学生安全事情的发生。与此同时，适宜的教学环境能够较大地促进师生之间的交流和互动，促进体育教学质量的提高。因此，在从事体育教学研究的时候，首先应该清楚了解体育教学的条件，这也是体育研究所必备的条件。因为对于体育教学研究而言，只有清楚地掌握体育教学的条件，才能在此基础上对所得的教学方案进行可行性研究和分析。

体育教学研究者有关对体育教学条件的了解和掌握，主要包括体育教学的场地、器材、健康教学、教学设施等几个方面，下面对常见的体育教学条件进行简单的说明。

#### 1. 明确体育教学的场地、器材的现状

体育教学主要的表现形式就是实践教学，再加上体育课程是一个注重全员参与的活动型课程，因此尤其注重对场地和器材的选择，对于体育研究而言，场地和器材是其研究的

基础，所从事的一切研究都必须在场地和器材上得到最终的论证。因此，对体育教学场地、器材的了解和掌握是体育教学研究的条件之一。

### 2. 体育教学场地、器材标准的掌握

通过前文的研究我们了解到在体育教学的过程中，场地、器材是保证体育教学顺利进行的前提条件。但是体育教学场地的建设、器材的选择都需要遵循一定的标准，只有按照这样的标准进行，才能保证体育教学的顺利开展。因此，体育教学研究者必须详细地掌握体育教学场地、器材的标准，这样才能对体育教学进行有针对性的调整和优化。

### 3. 新的运动器材和运动器具

随着社会的不断进步，人们对健康水平以及学生的成长要求不断地提高。在体育教学方面，各种新的运动器材和器具不断出现，完善了体育教学设备上的不足。在对体育教学进行研究的过程中，要保持与时俱进，就要对新的运动器材的应用和器具在教学过程中的编排进行研究，对新的运动器材和器具有一个全面的了解。

# 第四节　体育教学方法的发展趋势和设计理念

我国体育教学起步较晚，再加上受政治环境和教学经验的影响，对体育教学的方法缺乏专业的研究和科学的总结。直到近代体育教育出现以后，有关体育教学方法的设计理念和选用实施过程的研究才被提上教学研究的日程，并受到体育教学工作者的普遍关注。

## 一、体育教学方法的发展趋势

从体育教学的发展历程可以看出，体育教学方法是随着时代的发展而不断进步的。由于体育教学方法的主体是体育教学中涉及的一些技术层面和技巧方面的问题，随着科学技术的创新和教学观念的更新，体育教学的方法也被逐步完善和优化。目前，体育教学方法的发展主要体现在以下四个方面。

### （一）科学技术的不断进步促进了体育教学方法的发展

当前，由于计算机的使用，一些体育动作的规范性不断加强，准确性也在不断提高，且进行体育技术指导更加不受时间和地点的限制，示范性动作的播放快慢也可以任意地调整，因此，随着计算机的应用和普及，体育教学的讲解、示范和展示都产生了质的变化，并促进了教学方法的发展，提高了教学方法的科学性。

### （二）体育教学内容的不断优化促进了教学方法的改进

教学内容和教学方法是相辅相成的关系，教学方法的正确运用可以更好地实现教学内容的传递和接收，教学内容的优化使得教学方法能够进一步完善和改进。如今，随着人们的生活水平逐渐提高，体育教学也日益受到重视，一些全新的体育教学内容被引入体育教学中，因而相应的教学方法也得到了开发和应用。比如，野外生存训练课程的引进，使得野外活动的组织和教学的方法得到开发。由此不难看出，体育教学内容的不断更新，促进了体育

教学方法的日益完善。

### （三）体育教学理论的不断充实促进了体育教学方法的完善

体育教学理论是在近代体育教育中逐渐确立起来的，加之体育教学理论是保证体育教学科学进行的基础，也是体育教学方法确立的依据。因此，体育教学理论的进展有利于促进体育教学方法的改善。过去的体育教学理论存在一定缺陷，最为显著的问题就是缺乏针对性分析，因此，在面对很多的教学项目时，采取的是"以不变应万变"的措施，但是不同的体育运动项目有着不同的技术要领，随着人们对体育教学方法理论研究的不断深入，类似于"领会式教学法"的方法就应运而生了。

### （四）学生群体的不断变化促进了体育教学方法的改善

信息时代的到来，不仅丰富了人们的日常生活，同时也使学生群体的日常发生了显著的变化。例如，随着信息技术的发展，学生接受新知识和新事物的途径越来越广泛；随着电子产品的运用，学生的日常作息规律和生活习惯发生了极大的变化；随着学生思维方式的成熟，他们认识事物和分析问题的理性程度越来越高。因此，信息化时代下，学生的个性化发展越来越明显，传统的、单一的体育教学方法已经不能满足学生的成长需求，需要推陈出新，不断完善和改进体育教学方法。

## 二、体育教学方法的发展趋势

虽然较其他的学科而言，体育教学起步较晚、发展较慢，但是，随着人们的认知水平不断提高，对体育教学的重视程度也日益深化，迄今为止，体育已经发展成了一个较为成熟的学科，其教学方法也随着学科的发展而不断发展、完善，并逐渐呈现明显的发展趋势。具体来说，主要体现在以下三个方面。

### （一）体育教学方法的现代化

随着科学技术的不断进步，体育教学方法也在不断完善和提高，其现代化也随着时代的发展表现得较为明显。体育教学方法的现代化主要表现在体育教学的设备上。为了更直观地向学生展示体育运动的魅力，体育教师会将录像带到体育课堂，借此开阔学生的视野，增长知识。随着计算机的普及和应用，各种借助计算机完成的体育课件和体育活动，将学生对体育学习的感知提升至新的空间。

### （二）体育教学方法的心理学化

心理专家表示，任何一种形式的学习都伴随着心理变化的过程，而体育知识和技能的学习和获得更是一个复杂的心理变化过程。因此，在体育教学的过程中，对体育教学方法影响较大的学科包括学习心理学和体育心理学。为了更好地开展体育教学与体育活动，体育心理学家和运动心理学家运用心理学的研究方法，对学生在运动、学习过程中的心理变化情况进行了探讨，并希望能够将研究得出的结果应用到体育教学方法的改革中。

### （三）体育教学方法的个性化

在教学的过程中，重视个性化是体育教学方法发展的一大进步。因为任何一种教学方法的实施对象都是学生，而由于学生成长环境、自身条件的不同，其接受能力和学习情况具有较大差异，加之不同学校的教学条件和教学进度存在较大差距，所以，体育教学有必要根据实际情况，针对学生的个性化和学校的差异性做出合理调整。现阶段，随着这一教学理念在体育教学中的不断扩散和应用，个性化、民主化的体育教学方法得到了进一步发展。

## 三、体育教学方法的设计理念和选用实施

任何一种教学方法的设计都离不开特定的理论指导，做好体育教学方法的理念设计工作也是体育教学的目标之一。任何一种教学方法都有使用的范围和环境，因此，在设计好体育教学方法之后，还要确定其实施的范围和对象，如此才能保证体育教学方法的实用性和科学性，进而提高体育教学的质量。

### （一）以语言传递信息为设计理念的体育教学方法

语言在任何一门学科的教学过程中都要使用，以语言传递信息为设计理念的教学方法，实际上就是教师运用口头语言向学生传授有关体育知识和技能的一种教学方法。由于语言是传递信息、人际交流的主要工具和途径，所以，语言讲解不仅是人们普遍使用的一种沟通方式，也是教师教授学生最重要的一种教学方法。

以语言传递信息为设计理念的教学方法主要分为讲解法、问答法和讨论法。

#### 1. 讲解法

讲解法是指在体育教学过程中，教师运用一些简单、生动的口头语言向学生讲授体育运动相关知识的一种方法。有效运用讲解法，不仅能让学生在较短的时间内迅速掌握体育相关的知识和技能，还有助于对学生进行思想道德教育，建立自主参与体育运动的意识。

语言无处不在，语言的魅力更是不可小觑，讲解法自然而然是体育教学中普遍使用的一种教学方法。讲解法可以说是体育教学的基础，任何一种体育教学方法的实施都离不开讲解法的运用。同时，体育教学又是一个实践性较强的学科，在教学过程中，不能单一地使用该教学方法，而要学会结合体育运动项目及其技能的特点进行实际操作的讲解。因此，在体育教学过程中，教师应该做到"精讲"，并且将讲解带到实践中去，这样才能实现教学目标，达到较好的教学效果。

#### 2. 问答法

问答法历史悠久、行之有效，也是人们广泛推崇与应用的一种体育教学方法。问答法的优点是便于培养学生的发散思维，能够在问答的过程中培养学生思考问题的能力，提高学生的语言表达能力。在运用这种方法进行体育教学时，应该注意以下几点：第一，尽量采用简短的语言进行问答；第二，在问答的过程中，不要给学生过长的时间进行思考或交流讨论；第三，将问答设定在技能教学的开始和结束，该方法的作用会更加明显。

除此之外，在使用问答法进行教学的时候，还应该注意提问的引导性，一般而言，提的第一个问题与体育教学知识和内容是没有太大关系的，其主要目的是引起学生的注意。紧接着的第二个问题则旨在引导学生进行思考，例如，"想一想你们的动作和老师的动作有什么不一样的地方？"这种具有辨别性和归纳性的问题，能够引发学生对体育技能动作的思考。第三个问题通常属于价值判断和归纳性的问题，但是，比之前的问题更能引起学生深入性的思考。例如，"谁来回答一下，他的示范动作好吗？好在哪里？又有哪些不足？"

这样逐层深入地提问，能够引导、帮助学生由浅入深、由表及里地思考问题。

### 3. 讨论法

相较讲解法和提问法而言，讨论法的自由度更大。讨论法主要是在体育教师的指导下，以班级或小组为单位，围绕教材的中心问题进行讨论，让学生自由讲述自己的观点和意见。讨论法比其他的方法更能促进学生积极、主动地参加体育锻炼与学习活动，更有利于增强学生的团队合作精神和集体主义精神；由于在讨论的过程中学生能够自由发挥自身才能，有利于培养学生的发散性思维与协作意识，从而更有利于激发学生的学习兴趣，提高学生的学习积极性。值得注意的是，讨论法虽然能够调节课堂的气氛，调动学生的学习热情，但是，如果讨论的自由度过大，教师就很难掌控局面，从而难以保证教学效果与教学质量。因此，在讨论的过程中，体育教师应该适时参与其中，并对学生的讨论内容与讨论方向加以引导，以确保充分发挥讨论法的积极作用，及时消除讨论法的消极影响。

## （二）以直接感知为设计理念的体育教学方法

以直接感知为设计理念的教学方法是体育教学中普遍使用的教学方法，通过教师对某种体育技能的演示和直观表达，使学生借助身体的感观获得体育教学相关知识和技术。这种教学方法因为具有直观性，而且便于学生接受和掌握，所以在体育教学中颇受欢迎。

根据对体育教学方法的研究，可将以直接感知为设计理念的体育教学方法分为：示范法、演示法、纠正错误与帮助法和视听引导法，等等。

### 1. 动作示范法

动作示范法是教师在对学生进行某种技术教授的时候，为了能让学生清楚地了解技术的要领，以自身完成的动作作为示范，给学生提供参考的方法。动作示范法较为直观地向学生展示了体育动作的特点、技术要点、动作特征和要领等，具有非常独特的作用，而且教师优美的动作还能激发学生的学习兴趣，激发学生的学习热情。

教师在教学的过程中使用动作示范法进行教学的时候，要注意以下几点：第一，任何一种动作示范都要具有明确的目的性，应当根据体育教学的实际需要进行动作示范；第二，示范要正确、美观。所谓的动作示范要正确是指，教师在进行动作示范的时候，要严格按照教学的技术规范和要求完成，以保证学生正确地认识动作特征；美观是指动作要能引起学生的兴趣，从而激发学生的主观能动性。

### 2. 演示法

演示法是近几年体育教学中普遍使用的一种教学方法，是教师在体育教学过程中通过各种直观教具的展示，让学生获得对技术和知识的感性认识的一种方法。这种教学方法主要用于教授某些通过示范无法达到预期效果的知识和技术，使教学取得预期的效果。演示法能够让教学与生活中的实际相联系，增加学习某种技术和知识的直观性，便于学生接受和学习，而且还能激发学生的学习兴趣，便于学生了解和掌握所学知识。因此，对体育教学而言，演示法是一个十分重要的教学方法。

教师在使用演示法进行教学的时候应该注意的是：第一，要注意所演示动作或者事物的实际性，因为"演示教学法"最终目的是让学生更详细地掌握教师所教授的知识和技术，因此要结合体育教学实际进行；第二，要结合各种先进教具进行演示，计算机的普及和使用为体育教学提供了便利，同时也为演示法的实现提供了更多载体，这样既能激发学生的兴趣，也能保证演示的效果。

### 3. 纠正错误动作与帮助法

纠正错误动作与帮助法是体育教学过程中体育教师为了纠正学生的一些错误的动作而采用的教学方法。众所周知，体育教学具有很强的实践性，因此在教学的过程中，由于体育活动和项目的动作较为复杂，再加上学生缺乏经验，难免会有一些错误动作的出现。这个时候就需要教师对学生的动作进行及时纠正，规范学生的动作，加深学生的印象，从而提高教学质量。

在使用此方法时应注意的事项：第一，切勿挖苦学生，在指出学生错误之时，首先应该肯定学生的进步，然后用较为委婉的语气对学生进行错误动作的指导和纠正。这种纠正错误的教学方法更有利于学生接受，同时还能够鼓励学生不断地提升自己的专业知识和技能，同时也不会打击学生的学习自信。第二，把纠正的重点放在主要错误动作上，其实有很多错误的动作都是由主要的错误动作引起的，纠正主要的错误动作，能够带动整体动作的规范。第三，要有针对性地进行纠错，每一个错误动作的产生，都是由一个特定的原因导致的，只有根据这一特定的原因进行正确的引导，才能杜绝错误动作的出现。

### （三）以身体练习为主要设计理念的体育教学方法

以身体练习为设计理念的体育教学方法，是指通过身体锻炼和练习以及技能的学习使学生掌握和巩固某种运动技能，让学生的身体得到锻炼的方法。因为体育教学的本质就是以学生的实践活动为主要特征的教学，因此，以"身体练习为主"的教学是开展体育教学的主要方法和形式，也是教师进行知识和技能传递的主要手段。在体育教学实践中，以身体练习为主要设计理念的体育教学方法有：分解练习法、完整练习法、领会练习法等。

### 1. 分解练习法

分解练习法是将原本复杂的动作分解成几个部分，然后针对每一个部分进行针对性体育练习的方法。这种教学方法将技术的难度适度降低，便于学生掌握和学习，同时，也提高了学生在学习中的自信。在使用这种方法进行教学的时候，首先应该保证分解步骤的合理性和科学性，使分解步骤能够连贯成整体动作。同时，还要保证分解动作的连续性，有利于学生掌握整体动作。如在进行篮球教学的时候，教师会先教授学生传球、投篮、运球等动作，这样能够将复杂的活动具体化、简单化。

### 2. 完整练习法

完整练习法是指在整个运动项目传授的过程中，直接对整套动作进行完整的练习。这样的教学方法能够保证体育动作的完整性和连续性，易于学生在脑海中形成完整的动作概念。这样的练习方法适用于较为简单的运动项目，如仰卧起坐、跑步、扎马步等运动，动作组成较为简单，因此采用完整练习法。

在使用此方法进行体育教学的时候，首先应该考虑学生的接受能力。在教学之前，体育教师要进行实验和示范，并加以必要的语言描述，对重点内容进行讲解。同时，注意开发各种辅助性的练习，这样能不断完善教学效果，提高教学质量。

### 3. 领会练习法

领会练习法是通过简单明了的语言、文字、图片或者视频，让学生对某一项运动有一个概括性的认识。这种教学方法使学生从体育教学的一开始就对教学动作有着一定的认识，有利于培养学生在运动方面的知识和技能，提高学习兴趣，激发学生的主观能动性。

教师在选用这种教学方法的时候，应该从项目的整体特征入手，然后引导学生对此项目进行具体的练习，最后再回到整体的认识和训练中去；同时教师应该注意培养学生的战术意识，使战术意识贯穿于整个教学始末。如在对学生进行排球比赛相关规则的讲解和技术的讲授时，首先让学生观看某场伴有现场解说的排球比赛，通过视频和文字介绍能让学生领会到比赛的规则，并且通过观看现场比赛，领会排球比赛战术和某一技能的重点注意方向。

# 第五节　体育教学方法的运用及影响因素

## 一、体育教学方法的运用

### （一）合理选用体育教学方法的意义

就目前体育教学而言，体育教学方法是十分丰富的，随着体育教学改革的不断深入，很多新的体育教学方法被不断地开发出来。因而，在实际的体育教学中，体育教师能否正确地、有针对性地选择合适的体育教学方法，是决定教学质量高低的重要因素，合理选用体育教学方法是提高体育教学质量的基础。

为了保证教学的质量，身处教学一线的体育教师，要根据体育教学的目标和各种教学因素，选择合理的体育教学方法，并在对教学过程中所涉及的各种因素认真研究的基础上，对所选择的教学方法进行合理的组合，这样才能不断地提高体育教学的质量。

教学方法是教师在进行体育教学时的手段，从这种观点上看，体育教学方法是教师行使教育权利和履行教育义务的工具。"磨刀不误砍柴工"，工具的选择决定了教学的质量。所以，每个体育教师不仅要学会各种体育教学方法，还要具备在工作实践中科学、正确地选择和应用教学方法的能力。这样才能够真正提高体育教学质量，更出色地完成体育教学任务。

### （二）选择体育教学方法的依据

体育教学方法的选择一直都是体育教学中的难点，因此，每一个体育教师都应该具备选择合理的体育教学方法的能力。再加上每一种教学内容都有其相对应的教学方法，每一种教学方法对其教学环境和主体都有着不同的要求，因此在进行教学方法的选择的过程中，要结合各方面的因素进行合理地选择和应用。笔者结合自己多年的教学经验，认为体育教学方法的选择有以下几种依据。

### 1. 根据体育课程和教学任务选择教学方法

不同的体育课程，其教学目的和教学任务需要不同的体育教学方法，因此，体育教学的课程和任务是选择体育教学方法的依据之一。比如，如果向学生介绍一些体育运动项目的知识和要求，就可以选择一般教学所用到的"讲解教学法"；如果是教授学生一些运动的技巧和方法，就需要用到"示范法"和"演示法"；如果是需要学生进行锻炼或是练习的课程，就可以使用"练习法"。如果是为了提高学生的交际能力，就可以使用"游戏法"，如果想提高学生的竞争意识，就需要多使用比赛和竞争的方法。由此可见，在进行教学方法的选择时，应该将体育课程的目的和任务作为体育教学方法的选择依据。

### 2. 根据体育教学内容的特点选择教学方法

在数学教学过程中，我们知道不同类型的题目，需要采取不同的解题方法。对于体育教学也是一样，不同类型的体育教学内容，也需要采取不同的体育教学方法。如在进行器械的基本操作的教学时，就应该使用分解教学法；在进行类似于游泳、滑冰等技术和技能动作的讲授时，所采用的也是分解教学的方法；进行诸如跑步、投掷、跳跃等连贯性要求较强且动作发生较为短暂的运动项目的教学，需要采用完整教学法；而一些对技术要求较为严格的球类运动项目，则需要使用领会教学法；对于锻炼性较强的体育项目则需要使用循环教学法。因此，体育教师要在仔细分析教材的基础上，根据体育教学的性质和相关的教学特点创造性地选择体育教学方法。

### 3. 根据学生的实际情况选择教学方法

选择和使用体育教学方法的根本目的就是让学生更好地学习，促进体育教学目标的顺利完成，它不仅仅是体育教师在教学过程中的"展示"。因此体育教学方法侧重的不是教师，而是学生学习的效果和对知识的掌握情况。在选择教学方法的时候，要看教学的方法是否符合学生的发展特点，是否有利于学生的理解和接受。要考虑学生的年龄、身体状况、智力和学习的能力等，从学生发展的实际出发、从学生的身体状况出发，选择最适合学生实际情况、最能促进学生对教学技能掌握的教学方法。

### 4. 根据教师自身的情况选择教学方法

教师是教学方法的实施者，任何一种教学方法只有和教师的自身特点紧密结合时，才能取得理想的效果。有的教学方法虽然能够达到很好的教学效果，但是如果教师的自身素质较低，无法很好地驾驭教学方法，也不能有效提高体育教学质量。因此，教师的自身素养对体育教学的方法也有较大影响。比如，有的教师的思维能力和语言表达能力较强，就应该多使用生动的语言描述体育教学的现状和问题；身体形象和运动技能较强的体育教师，就可以多采用一些演示和示范性的教学方法，在传授教学内容的同时，提高学生的学习兴趣，从而让学生更好地理解体育知识和技能。

### 5. 根据教学方法的使用范围选择教学方法

体育教学方法十分丰富，这主要是因为每一种体育教学方法都有自身的特点，有其适用的范围和条件。在教学过程中，教师对每一种教学方法的功能和适用范围是否具有深刻的了解，选择的教学方法是否能达到理想的教学效果，教学方法所需的条件是否具备等都会影响教学效果。离开了上述条件，任何一种教学方法都无法得到更好的实施。如领会教学法适用于对高年级的学生进行教学，而不适用于对低年级的学生进行教学，因为高年级的学生的认知能力已经趋于成熟的水平，低年级的学生的认知能力和思维能力都尚未充分地发展。由此可见，在教学的过程中，应该根据教学方法使用的范围选择合理的教学方法。

### 6. 根据教学时间和效率选用教学方法

每一种教学任务的教学时间和效率是不同的，如实践法比讲解法花费时间，分解教学的方法比完整教学法更花费时间。针对一些技能和技术的问题的时候，实践法比讲解法的效率更高。所以，在选择教学方法的时候，也要相应地考虑每一种教学方法的教学时间的长短和效率的高低。一种合适的教学方法应该保证时间和效率上的完美结合，能保证在规定的时间内，完成指定的教学任务，并取得理想的教学效果。这就要求体育教师要对体育教学的方法有着全面的掌握和了解，从而选择一些既省时又有效的教学方法，以达到教学效果的最优化。

## （三）体育教学方法选择和应用的几个原则

体育教学方法作为体育教师在教学过程中的工具，发挥着非常重要的作用。再加上新课程对体育教学的要求，使得体育教学法受到越来越多的体育教学工作者的重视。但是体育教学方法的选择并不是盲目的，笔者通过对体育教学的研究得出，体育教学方法的选择和应用应该严格遵守以下四个基本原则。

### 1. 目标性

教学方法是为实现教学目标而服务的，教学目标为教学方法的选择提供参考依据，教学方法又促进了教学目标的实现。因此，在进行教学方法的选择和运用时，一定要保证教学方法的目标性。所以我们在选择和运用教学方法的时候，首先应该清楚其教学目标是什么，然后再去思考如何才能应用这种教学方法完成教学学目标。只有保证教学方法具有目标性，才能保证教学的质量，顺利完成教学任务。

### 2. 有效性

我们在选择教学方法的时候，还要考虑其在教学目标完成中的有效性，实际上就是指利用这种教学方法提高教学质量，顺利完成教学目标的可能性。有些教学方法由于其所涉及的步骤较为复杂，所花费的时间过长，就会对其他的教学内容造成干扰，降低教学的效率，那么这种教学方法就失去了在教学中的有效性，不利于教学活动的顺利进行。如教师在进行跑步训练的时候，采用的是多媒体教学法和实践训练相结合的教学方法。但是由于跑步是一项较为简单的运动，仅仅需要理论结合实践的教学方法就能完成，不需要多媒体教学法。所以，采用多媒体和实践两种教学方法相结合的时候，就会降低两种教学方法的有效性。

### 3. 适宜性

每一种体育教学方法都有其相适应的教学环境和对象群体。所谓的适宜性可以分为两个方面进行论述：第一是指教学方法和学生之间的适宜性，主要指教学方法是否符合学生的身心发展的特点；第二是指教学方法和教师之间的适应性，每一种教学方法对教师的自身素质都有要求，只有两者相适应，才能最大限度地发挥教学的优势。如在对低年级的学生进行教学的时候，就应该选择一些与该学段的学生的认知能力和身体发展状况贴合较为紧密的教学方法，如讲解法、示范法等。

### 4. 多样化

体育是一门较为复杂的学科，体育教学方法也十分丰富，每一种教学方法都有其相对应的功能和作用，只有多种方法相互结合才能发挥体育教学的优势。多样化的教学方法不仅可以让体育课堂更加生动和丰满，而且还能调节课堂的气氛，激发学生的学习热情和主观能动性，使学生集中注意力，实现好的教学效果，提高教学质量。

以上四种体育教学方法选择的基本原则，是笔者根据体育教学的特点和多年对体育教学的研究总结的，是选择体育教学方法、提高体育教学质量的基础。

## 二、体育教学方法的影响因素

正确的体育教学方法不仅是确保体育教学有序开展的基础因素，更是提高体育教学效率和质量的关键，在整个教学过程中有着不可替代的重要作用。因此，教师需要做到精心设计、合理选用和科学实施。同时，体育教学方法并不是一成不变的，有很多的影响因素，研究体育教学方法的影响因素，能够为体育教学方法的设计、选用和实施提供更多的参考依据。

体育教学方式有很多的影响因素，由于各个影响因素对体育教学方法的选择和实施都产生了一定的影响，因此，从某种程度上而言，它们决定了体育教学方法的发展。根据笔者多年对体育教学的研究，将体育教学方法的影响因素总结为以下几点。

### （一）教学的目标与任务

教学目标是体育教学的起点和重点，教学任务是实现教学目标的基础和保障，教学方法是完成教学任务的条件和媒介。因此无论是体育教学方法的设计还是体育教学方法的选择都离不开教学的目标和任务的指导。再加上不同的教学目标和任务对学生的要求不同，教学工作者应当根据这种要求设计具有针对性的教学方法。一般来说，体育教学目标可分为认知、情感和技术动作这几个方面，每个方面的教学，又可以根据对知识和技能要求的不同分为若干个层次，不同的层次需要学生掌握的内容、要求不尽相同，因此所需要的教学方法也就有所不同。如果某一教学目标强调的是"培养学生对某种运动的理论了解"，那么，体育教师就可以选用讲解法进行教学；如果某一教学目标强调的是"提高学生某种运动的技能"，那么，就应该选择一些以实际操作为主的教学方法。所以，教学目标也是影响教学教学方法的因素之一。

总的来说，这要求体育教师对教学内容进行深入的研究和分析，掌握每一种教学方法所对应的知识和技能，同时，还要将教学中抽象、宏观的教学目标转变成实际可操作的具体的教学目标，并清楚地知道何时选择何种教学方法最有效。

我们以篮球教学为例，如果教师将某一课时的教学目标定为"培养学生的运球能力"，那么在本节课的教学过程中，教师就会根据篮球运球的特点、要求设计教学方法。因为篮球运球技术的培养和获得并没有任何的捷径，因此教师首先对运球的动作要领和要求进行讲解，然后通过几次的示范，让学生能够简单地了解运球的技巧和要领，并通过反复地练习和教师的不断纠正，掌握篮球运球的技巧，从而促进教学目标的达成。

## （二）教学内容特点

教学内容是体育教学的重要参考，也是体育教学方法的服务对象之一。不同课程以及科目的教学内容不同，其教学任务也就存在着明显的差异，所需要的教学方法也会有所不同。由此可见，教学内容的特点是教学方法选择和实施的参考依据。如某一体育教师在进行体操课程的教学时，就需要根据体操对学生身体特点的要求和体操运动所需要的场地、器材、目标，选择适当的教学方法。

每一种教学内容都有其相适宜的教学方法，如果需要学生掌握的教学内容是一些纯理论性的知识，如体育教学的发展历史、体育教学的起源等，类似于这样的教学内容，就可以选择讲解法进行教学，或者借助多媒体教具，通过图片或是动画的形式向学生展示体育相关的理论知识。如果所教学的内容是一些技术性较强的知识，那么就需要运用实践法进行教学，有的体育运动例如篮球、足球、乒乓球，由于此类运动具有群体性，因此应该采取小组教学的方式进行。

综上所述，教师要认真研究教学内容，把握各个教学方法的适用范围和效果，然后结合具体教学内容的特点选择合适的教学体育教学导论方法。

## （三）学生的身心发展状况

体育教学是贯穿于学生整个学习过程的教学，具有持久性，而且学生的成长和身心发展状况主要包括学生现有的知识水平、智力发展水平、学习动机状态、年龄发展阶段的心理特征、认知方式与学习习惯等因素，因此，学生的身心发展状况对体育教学会产生一定的影响。心理学研究和教学实践都表明，学生的身心发展状况与教学之间存在着相互作用。所以，教学过程中教学方法的选择受到学生的个性心理特征和他们所具有的基础知识水平的限制。同一年级的不同学生对某种教学方法的适应性可能会有很明显的差异，同时，对于不同年龄阶段的不同年级的学生，对同样一种教学方法的适应程度也不相同。这要求教师能够科学而准确地分析学生的上述特点，有针对性地选择和运用相应的教学方法，使学生在学习知识、掌握技能的同时，身心得到健康发展。

如教师在对学生进行增强其体质训练的时候，体育教学所面对的是全体的学生，由于任何个体的成长发育都具有阶段性，如果在进行训练的时候对各个阶段的学生所采用的均是同一种训练方法，那么就有可能导致有些阶段的学生无法完成。如抛铅球的练习，高年级的学生能够轻而易举地将铅球举起，但是对于低年级的学生而言，则有些困难。如安排一些简单的体育游戏，如丢手绢、捉迷藏等，就适宜在低年级学生中进行，身心发展相对成熟的高年级学生就不愿意参与这种活动。

## （四）教师自身的素养

教师是体育教学中的主导者，承担着培养学生身体素质和综合素质的使命，并有指导学生科学地学习体育教学中相关知识的责任，因此教师自身素养直接影响着教学方法的选用和实施，从而影响体育教学的质量。通过对教学的研究以及教学经验的积累分析，教师的素养主要包括学科知识、组织能力、思维品质和教学能力。体育教师只有拥有较高的自身素养，才能在教学的过程中选择科学的教学方法。这也是提高教学质量的关键，因此，教师在教学的过程中,除了关注学生的实际情况之外,还要不断地提高自身的素养和专业水平,这样才能根据自己的优势,选择适合自己的教学方法,并不断创新教学方法,逐步提升自己的教学水平。例如某一教师缺乏实践教学的经验,并且在教学的组织上存在着严重的缺陷,导致其无法保证课堂教学的效果,也无法正确地引导学生进行相关知识的学习,无法保证教学方法的实施。由此可见,教师的自身素养对教学方法的选择存在着一定的影响。

如果一个从没有接触过篮球运动的教师,让他向学生传授一些篮球运动的相关知识和技能,那么无论是在教学方法的选择还是在实施的过程中,都会让该教师产生一种无从下手的感觉,甚至不能正确地选择体育教学方法,即使能够选择出适用于该运动的教学方法,也会因为自身经验的欠缺,导致教学的过程无法按照预期进行。再如,在进行游泳运动教学的时候,教师首先要对学生进行游泳要领的讲解,然后进行示范性教学,但是一个不会游泳的教师,就无法保证这种教学方法的教学效果和质量。

### (五)教学方法本身的特性

教学方法虽然是保证教学质量的关键,但是没有一种教学方法是万能的。每一种教学方法都有其相对应的人群和所适用的环境和条件,离开这种环境和条件,这种教学方法将无法充分发挥其作用。简单来说,教学方法本身具有特性,只在特定的环境和特定的内容中才表现出亲和性和功能性,而且不同的教学方法对教学设备、教学对象和学生的身心发展特点等方面均有要求。教学方法本身就是一种多因素的有机组合,既存在着促进的关系也存在着矛盾的关系,这些多因素同时也决定了每一种教学方法都有其相适应的范围和条件。

通过上面的文字叙述,我们清楚地了解到,教学方法本身所具有的特性,也是影响教学方法的因素之一,如在进行教学的过程中,需要采用因材施教的教学法进行教学,首先应该清楚学生的特点、教学内容的特点,这是此教学法的主要要求。由于这种教学方法较为耗费人力、物力,如果教学对象群体较为庞大,选用此种教学方法就不利于此教学方法的开展了。

### (六)教学环境的要求

教学环境是教学实施的基本条件,也是保证教学正常进行的前提。任何一种教学方法都是在教学环境下产生和实施的,因此,教学环境是教学方法产生的土壤,也是教学方法赖以生存的养料。我们所指的教学环境包括教学硬件设备设施(比如教学器材和一些辅助仪器、教学所需的资料和书籍),教学空间条件(包括教学场地、实践场地)和教学所需的时间。在有利的教学环境中,会对教学起到一定的促进作用,反之,则会起到阻碍的作用。因此,在进行教学的时候,要进一步开拓教学方法的预期效果和适用范围。这样,教师在选用教学方法的时候,才能最大限度地利用教学环境,不断提升教学质量。

通过上面的文字介绍,我们了解到,教学环境也是影响教学方法的因素之一,如对一个相对落后,且没有足够教学场地的学校而言,在进行篮球、足球和乒乓球的教学时,由于相关设备的缺乏,就无法采取示范法进行教学。

### (七)体育教学的指导思想

体育教学方法的核心在于体育教学的指导思想,有什么样的指导思想就会产生什么样的教学方法。体育教学方法的选择不仅取决于对教学理论的了解程度，而且取决于已经形成的教学指导思想的时代性和科学性。

从上面介绍的影响教学方法的因素中可以看出，教学方法的选择并不是一个简单的过程，它涉及很多因素。虽然教学方法是依据教学活动中的很多因素为基本的准则确定的，但它并不是死板的教条，也不是一成不变的。在对学校教育和教学的研究中我们可以看到，使用教学方法的目的，就是借助这些方法实现教学的目的。如某一个经济条件特别落后的学校，没有专业的教学设备和设施，并且也没有足够宽敞的室外场地，那么该学校就无法开展诸如足球、篮球等对教学场地和教学设备设施要求较高的体育运动。由此可见，体育教学是一种对实践性要求极为严格的教学，也是一种相对复杂的学科，因此在选用教学方法的时候，要根据教学中所涉及的各种因素，选择合理的教学方法。

# 第四章　高校体育教学过程

## 第一节　体育教学过程的含义与性质

### 一、体育教学过程的含义

对体育教学过程的认识有三点是共同的：①体育教学过程是实现体育教学目标的过程和途径；②体育教学过程是有组织的程序和有计划的安排；③体育教学过程是学生掌握体育知识、运动技能和接受各种教育的过程。

据此，本教材对体育教学过程做出如下的定义：体育教学过程是为实现体育教学目标而计划、实施的，使学生掌握体育知识和运动技能并接受各种体育道德和行为教育的教学程序。这个程序具有学段、学年、学期、单元和课时等不同的时间概念。

### 二、体育教学过程的性质

#### （一）体育教学过程是学生掌握运动技能的过程

教师：体育教学过程首先是学生掌握运动技能的过程。知识类学科的教学过程主要是使学生识记概念以及运用判断、推理等思维方式去掌握科学知识并发展智力，而体育学科则是使学生在不断的身体练习中去掌握运动技能，并通过运动技能的掌握进行其他方面的养成教育，所以我们首先要把体育教学过程理解为一个学生掌握运动技能的过程。

#### （二）体育教学过程是提高运动素质的过程

教师：掌握运动技能需要运动素质的提高，同时大肌肉群的体育活动也能有效地提高运动素质，运动技能和提高运动素质是相互促进的关系，因此体育教学过程也是一个不断提高学生运动素质并以此增强学生体能的过程。在体育教学过程中，不仅要注重学生对运动技能的掌握，而且要关注学生运动素质的提高，要在设计教学、安排进度和选编内容等方面将二者有机地协调起来。

#### （三）体育教学过程是学习知识和形成运动认知的过程

教师：体育是涉及人文学科和自然学科的一门综合性课程，在以掌握运动技能为主的体育教学过程中，学生也会涉及许多的知识学习和运动认知获得，有时，这些知识学习和运动认知获得还是掌握运动技能和提高运动素质的基础，因此体育教学过程也必是一个掌握体育知识和进行运动认知的过程。

### （四）体育教学过程是集体学习和集体思考的过程

"集体学习"和"小集体学习"是体育教学的主要教学形式，这是由于大多数的体育运动项目是在集体和小集体的形式下完成的，因此体育的习得也需要在集体性学习和集体性思考的过程中进行。与此同时，当前的体育教学的目标也越来越指向学生的集体学习，以期获得集体教育潜性作用。体育教学中的集体学习和集体思考也可以加强师生、生生互动和沟通，是培养学生的社会交往和社会适应能力的途径，因此我们也要把体育教学理解成为一个学生集体学习和集体思考的过程。

### （五）体育教学过程是体验运动乐趣的过程

教师：学生学习体育的过程是一个在生理上伴随着苦、累、汗，甚至伤痛的过程，是身体经受生物学改造的过程，但同时也是一个在身体和心理方面体验运动固有乐趣的过程，这种乐趣是体育运动生命力的体现，也是体育教学的学习目标与内容，更是培养学生的体育参与意识的途径和手段，是终身体育的重要基础。因此，我们还要把体育教学过程理解为一个学生体验运动乐趣的过程。

# 第二节　体育教学过程中的客观规律

## 一、体育教学规律的含义

教师：规律是客观存在于事物发展过程中的本质属性和必然联系，它是事物发展过程中本身所固有的、不以人的意志为转移的客观必然。体育教学过程作为一种以体育课程内容为中介、以促进学生体育素养发展为根本目的的师生互动活动，也存在其客观的规律。我们在进行体育教学时必须认清和遵循这些客观规律，否则体育教学过程的目标实现就定会大打折扣。体育教学规律是在体育教学过程中客观存在和必然显现的、与体育教学的特殊性有着密切联系的现象及其有规则的变化。

在体育教学过程中究竟存在哪些规律呢？许多学者对此有着不同的总结和归纳。本书归纳了一些学者对体育教学过程规律的总结，依据体育教学规律的定义，提出体育教学过程中客观存在五大规律，即：运动技能形成的规律、运动负荷变化与控制的规律、体育知识学习与运动认知的规律、体育学习集体形成与变化规律、体验运动乐趣的规律等。

## 二、体育教学过程的五大规律

### （一）运动技能形成规律

体育教学要让学生学会和掌握一定的运动技能，而运动技能的形成要经历一个由不会到会、由不熟练到熟练、由不巩固到巩固的发展过程。动作技能形成、提高的过程是：①粗略掌握动作阶段；②改进与提高动作阶段；③动作的巩固与运用自如阶段。虽然在体育教学过程中，每次课只有 45 分钟，每周只有间断的 2~3 次课，体育课安排不可能明显地体现和准确地划分出动作技能掌握的这三个阶段，但从一个动作技能掌握的长链结构上看，仍然是要遵循运动技能形成的规律的。

在体育教学过程中，运动技能形成的三个阶段受一些因素的影响，如运动技能的难度、学习运动技能的总时间和时间的密度、体育教师的教学经验与教学能力、学生的前期经验积累、学生的体育基础以及学生身体素质强弱等。

## （二）运动负荷变化与控制的规律

体育教学是学生通过身体练习来完成的体育习得过程。因此，在体育教学中学生的身体必定要承受一定的生理负荷，而且从某种意义上讲，这种生理负荷越大，对学生身体产生的生物性痕迹效应越深，对体能提高的效果也越强。但是作为教育的体育教学与一般的体育锻炼和运动训练不同，其追求的并不仅仅是生理负荷和生物性改造，还有其他方面的教育意义。

根据人体生理机能活动能力变化的规律，体育教学过程中学生承受运动负荷的规律也与此相适应，运动负荷的安排要与机能变化的三个阶段相匹配，在人体机能活动最强的时段安排较大的负荷，在人体机能活动上升和下降阶段要控制运动负荷，这是一个基本规律。

但是，在具体的体育教学中，由于学生年龄特点、学生的身体健康状况、学生的体育基础水平、教材的性质、教学组织教法以及气候条件等不同，学生机能活动能力上升阶段所需要的时间、最高阶段的高度、稳定的时间，以及身体承担急剧变化负荷的能力等均有所不同。因此，学生承受运动负荷的大小要根据现实情况酌情考虑，要进行及时的调整和控制。

体育教学中的运动负荷变化与控制过程是：①热身和逐渐加强运动负荷的阶段；②根据教学的需要调整和控制运动负荷的阶段；③恢复和逐渐降低运动负荷的阶段。

## （三）体育知识学习和运动认知的规律

在体育教学中，学生学习的重要内容之一是体育运动文化和身体锻炼的知识，在体育教学中所培养的认知也是其他学科不能替代的运动认知。由于体育学科具有独特的运动认知体系，所以体育教学还要遵循体育知识学习和运动认知的规律。

体育学科特有的运动认知体系是不断提高人体对物体、对自我的速度，对时间、空间、距离、重量、力量、方位、平衡、高度等因素进行识别和控制的能力，是一种"身体—动觉"智力。所谓"身体—动觉"智力主要是指运用四肢和躯干的能力，表现为个体能否较好地控制自己的身体并使之对事件做出恰当的身体反应以及是否善于利用身体语言表达自己的情感和思想。构成"身体—动觉"智力有三个核心要素，其一是有效地控制身体运动的能力，其二是熟练地操作物体的能力，其三是体脑协调一致的能力。"身体—动觉"智力在多元智力中占有非常重要的地位。

用多元智能理论来解读体育教学，我们就可以在体育教学中，帮助学生能协调地控制身体运动、熟练地操作物体（器械、器材），培养学生的空间感知能力和对方向的判别能力，培养学生对器械的速度、重量的感知能力，从而不断地提高学生的运动认知能力。

体育教学中的运动认知过程是：①广泛进行感性认知形成感性基础的阶段；②进行理性的概括形成理性认知的阶段；③将理性的认知演绎到各种运动情景的应用阶段。

### （四）体育学习集体形成与变化规律

体育学习集体形成与变化规律主要是指在体育教学过程中，学生的学习主要是通过在集体合作、配合和相互帮助中进行的。因为体育项目和活动中大多数都是以集体形式呈现练习的，所以体育教学过程中的集体性学习体现了体育的特性和目标指向。因此，体育教学中要注重和突出学生体育学习的集体性规律。

体育学习集体形成与变化的规律要求教师在体育教学设计中，要选择体育集体性项目作为教学内容；要采用分组的小群体教学组织形式；要研究集体性学习的评价方法。只有遵循好这条规律，才能更好地把集体教育和思想道德教育融化于体育教学过程之中，体现体育学科特有的集体特性和集体教育的价值。

体育教学中的集体教育的过程是：①组成集体，形成集体因素的阶段；②集体巩固，在集体中接受教育的阶段；③集体成熟，自觉进行集体性行为的阶段；④集体分解，形成新学习集体的阶段。

### （五）体验运动乐趣的规律

在体育教学过程中，要让学生不断地体验运动的乐趣，这是培养学生体育兴趣，形成运动爱好和专长的首要条件，也是学生掌握运动技能、增强健康的前提条件，更是体育教学过程中教师自始至终要把握的客观规律。体育本身就是充满了乐趣的运动文化，学生对体育的乐趣追求也是体育学习动机的重要组成部分，重视体育中的乐趣因素可使体育教学成为活泼和充满乐趣的过程，忽视体育中的乐趣因素也可使体育教学成为"身顺心违"的过程，成为"磨难"的"畏途"。

体育教学中的乐趣体验过程是：①学生在自己原有的技能水平上充分地运动从而体验运动的乐趣的阶段；②学生向新的技能水平进行挑战从而体验运动学习乐趣的阶段；③学生在运动技能习得以后进行技术和战术的创新从而体验探究和创新乐趣的阶段。

# 第三节　体育教学过程的层次及其特点

为了更好地理解体育教学过程的概念，掌握体育教学过程的特点，我们还要对体育教学过程做进一步的分解认识，认识一下体育教学过程的层次及其特点。体育教学过程的层次可以分为：超学段体育教学过程；学段体育教学过程；学年体育教学过程；学期体育教学过程；单元体育教学过程；课时体育教学过程等。

## 一、超学段体育教学过程及其特点

所谓超学段的体育教学过程是指学生从入小学开始到大学毕业的整个体育教学的过程。在这10多年的体育教学过程中，学生所享受到的是国家规定的体育教育。超学段的体育教学过程具有以下一些特点：

### （一）国家规定性

此教学过程受到国家教育意志、社会、政治、经济发展状况和生产力发展水平等多方面的直接影响。由国家安排的超学段体育教学过程可长可短，由 12 年至 16 年。超学段的体育教学过程是由国家控制的，体现的是国家教育课程设计思想和国家对体育教育的期待，其过程的目的和目标充分地反映了国家的意志和要求，是一个宏观的、有系统性的学科教育过程。

### （二）多模式性

超学段的体育教学过程具有多模式性。超学段的体育教学过程是由若干个学段的体育教学过程组成的，而每个学段的体育教学过程又受各段教育性质的影响而时间长短不一，这使得超学段体育教学过程并不一致。特别是中国国家大、地域广、民族差异明显，使超学段体育教学过程在目标表述、教学内容、学时规定以及教学特点上均具有多模式性。

### （三）非全体性

超学段体育教学过程包含基础教育、中等教育和高等教育三个阶段，由于教育普及程度的问题，并不是每个学生都能享受到上述完整三个阶段的体育教学过程。所以它对学生来说具有非全体性的特点。

## 二、学段体育教学过程及其特点

学段体育教学过程，按当前中国教育的学制进行划分，可以分为小学、初中、高中、大学等体育教学过程；按目前《体育与健康课程标准》的划分，可分为水平一（相当于小学1~2 年级）、水平二（相当于小学 3~4 年级）、水平三（相当于小学 5~6 年级）、水平四（相当于初中阶段）、水平五和水平六（相当于高中阶段）。学段体育教学过程表现为某个学段的《课程方案》或《学段教学计划》。它的特点主要有：

### （一）发展阶段性

学段体育教学过程划分的主要依据是学生的身心发育规律，如初中生处于青春发育期，成长发育迅速，身体机能迅速健全，性发育日趋成熟；随着生理的逐步发育成长，初中生的心理也发生了较大的变化，感知能力和观察能力明显提高，记忆力处于高峰期，由形象思维向抽象逻辑思维过渡，想象能力有所提高，等等，因此初中学段体育教学过程就要体现初中生上述生长发育的特点，这就是发展的阶段性。

### （二）相互衔接性

学段体育教学过程与超学段体育教学过程相比，是进一步的细化，它是把超学段的相对多样的、宏观性的国家体育课程目标、内容和要求进一步进行分解和细化，合理地分配于几个相互连续和相互衔接的学段中，并使之有机地结合，学段的体育教学过程主要是由国家来规定原则、由各级学校具体设计的。

## 三、学年的体育教学过程及其特点

学年体育教学过程是指根据学校的体育教学情况，针对学生的特点。把学段体育教学标准和方案的内容、任务、要求等具体地分配到学年中，使之相互衔接，并付诸实施的过程。它是一种客观的体育教学过程，此过程一般由各级各类学校的体育部门来掌控，主要表现为学校的"学年教学计划"，学年体育教学过程的主要特点有：

### （一）系统性

学年体育教学过程要完成学段体育教学的要求和目标，而学段的教学目标如何分解，教学内容如何排列，教学时数如何分配，学年与学年又如何衔接等均是学年体育教学过程要着重解决的问题。因此，学年体育教学过程不仅要注意学段中各学年体育教学过程的关系，还是注意学年内两个学期间体育教学过程的关系，因此其系统性比较强。

### （二）周期性

学年体育教学过程的计划和安排要考虑体育教学内容的周期性，包括，在全年32~36周的体育教学过程中安排什么教材，安排在哪个学期，出现几次，教学内容之间的相互关系，等等。

### （三）承启性

学年体育教学过程具有明显的承上启下性，它是超学段体育教学过程、学段体育教学过程和学期体育教学过程的连接点，对上具有体现作用，对下具有指导作用，是宏观过程转向微观过程的中介环节。学年体育教学过程也是超学段、学段体育教学过程的具体化，它实施的好与差会直接影响到体育教学的质量。

## 四、学期的体育教学过程及其特点

学期体育教学过程是根据教师、场地、教材的特点、气候、教材性质等条件，把学年体育教学过程的内容、要求和任务分配到两个学期的各个教学周去。此教学过程一般由各级各类学校体育教师和体育教研室来掌控，表现为体育教研组的"学期教学计划"，其主要特点是：

### （一）季节性

学期体育教学过程的设计，要根据季节变化和当地的气候特点，把学年教学过程中所选择的教材合理安排到学期中去，使体育教学与季节相一致。如在夏季进行游泳、双杠、单杠的教学，而在冬季则可进行中长跑、滑冰以及室内运动的教学。

### （二）集散性

学年的体育教学内容确定后，就要根据学生的素质、教材的难易程度以及气候的变化等，把体育教学内容分配到学期的各周去，这样就涉及教学内容的排列（集中与分散）。有的内容要集中起来学习，有的内容则可能要在两个学期中进行间歇性的学习。

# 五、单元体育教学过程及其特点

单元体育教学过程是指教师按照学期体育教学过程的方案，按教学内容的学理性，安排一些单元，进行课时分配并实施教学的过程。单元是体育教学过程的基本单位，是由若干课时组成的"教学板块"。单元体育教学过程在体育教学中具有最重要的意义，它表现为体育教师的"单元教学计划"，它的主要特点有：

## （一）规模变化性

单元体育教学过程有大有小，有长有短，而单元教学过程的长短和大小实质上决定了教学的容量和质量。单元的大小因教学目标、教材难度、学生水平、场地设施、教师水平的差异而不同，一般情况下，技术性不太强，教材难度不大的单元可小一些，如游戏、走跑等，低年级的单元也应该小一些，而高年级随着教材的复杂程度和难度的增大，单元教学过程则会大一些。

## （二）学理性

单元体育教学过程具有较强的学理性，安排和设计主要应根据学生的学习原理，突出教学目标和任务的要求。同一教学目标可设计出不同的教学单元结构，同是篮球项目的教学，可以设计先分解教学再到整体教学的单元结构，也可先整体教学再到分解教学最后到整体教学的单元结构。而后者往往比前者在设计上要科学和先进，也就会避免我们经常能看到的"学生会篮球基本技术但不会打球"的现象，对比两种不同单元设计，更可清晰地发现其问题所在。

# 六、学时体育教学过程及其特点

学时体育教学过程是指教师根据单元体育教学过程对每节课的要求组织实施体育教学的过程，它也是我们通常意义上讲的体育教学过程。根据学段和学校情况不同，有的学时教学过程为 45 分钟，有的则为 90 分钟。学时体育教学过程实践性较强，它是超学段、学段、学年、学期和单元体育教学过程实现的主要环节。

学时体育教学过程的主要特点有：

## （一）结构性

学时体育教学过程作为体育教学的主要实践环节具有一定的结构性，这个结构遵循着课堂教学的规律，遵循着学生身体机能活动的规律，遵循着学生认知的规律。所以在学时体育教学过程中，教师的教学要有一定的结构、层次和逻辑性。如，课堂可按"三段式"结构，即开始、基本、结束来展开；也可按导入、学习、活动、结束等结构展开。

## （二）行为性

学时体育教学过程与其他阶段的体育教学过程相比，最大的特点就是行为性。它表现为一种积极的教学实践，无论从学生还是从教师的角度，都是实实在在的行为过程，是在教学时间里发生的教学行为。

### （三）方法性

学时体育教学过程作为一种教学行为存在，它非常注重教学过程中方法的应用。方法主要指教法、学法和课堂组织与管理的方法等。这些方法是完成学时体育教学过程目标和任务的关键因素，也是完成学时体育教学内容的轴心。

## 七、技术学习点教学过程及其特点

技术学习点教学过程是指在学时体育教学过程中，课堂教学的关键和核心部分，也就是课堂教学中的重点和难点部分，时间长短不等，约在 10~30 分钟之间。技术学习点教学过程也具有较强的实践性，它是学时教学过程中的重中之重，主要特点有：

### （一）技能形成的基本单位

技术学习教学过程是课堂教学的重点部分，往往课堂教学是围绕这个点展开的，所以在这个点上要突出注意学生技能的形成，在这个技术学习点时间内要突出学生学习的重点、难点和技术的关键，注意学生掌握技能的情况，使教学的其他目标和任务的实现建立在学生技能形成的过程之中，只有学生掌握了技能，才有可能实现其他领域的目标和任务。

### （二）身体负荷性

技术学习点教学过程的另一个特点是，要利用学习的重点来增加学生练习的负荷，在学习的高峰时期，注意力集中时期，增加学生的练习负荷，提高学生的生理承受能力，以达到增强体质、增进健康的目的。

# 第四节　体育教学过程的优化与管理

学习和掌握体育教学过程的主要目的不仅是了解体育教学过程的理论知识，更重要的是要把理论运用到实践中，从而提高教学效率和教学质量。但要达到此目的，我们还要学习和掌握有关体育教学过程优化和管理方面的知识。体育教学过程优化的基础理论源自苏联教育学家巴班斯基的教学过程最优化理论。

## 一、体育教学过程的优化

在当今社会信息量猛增，既讲求效率，又讲求效益的时代，特别是在新一轮基础教育课程改革实施中，体育教学过程的优化具有深远的意义。体育教学过程的优化是指体育教师通过对教学系统的分析和综合，有目的地选择和实施优化教学方案，在规定的时间内和现有的条件下获得优质的教学效果。

## （一）体育教学过程优化的观点

### 1. 用整体的观点认识体育教学过程

用整体的观点考察体育教学过程，有助于我们在教学实践中科学地把握体育教学过程的结构和活动环节。我们应该将体育教学过程看作一个系统，它由纵横两个轴向构成，纵向是由超学段、学段、学年、学期、单元和课时等教学过程组成的；横向是由当地、所在学校所有学科教学过程组成的。

用这种整体的观点才能更好地认识体育教学过程，才能对体育教学的大环境做一个具体的、整体的判断和分析。在此基础上才会实现全面优化教学目标、教学内容、教学方法、教学手段、教学组织形式和教学评价等。因此，在体育教学过程中必须整体而有序地考虑教学过程结构成分及相互联系，力求使体育教学全过程发挥最大程度的整体效益。

### 2. 用联系的观点看待体育教学过程

用联系的观点分析体育教学过程的结构和功能，可以发现教学过程存在着多种多样的内在和外在联系。其中主要有因果联系、发展联系和控制联系。

因果联系是指体育教学过程中各种行为活动与效果之间存在着一定的相互依存关系，因此，在教学过程中及其结束之后要不断地分析和研究各种现象之间的因果联系，寻求教学中的一些因素之间存在的本质的必然联系，并用这种联系取得教学效果优化的目的。

发展联系是指体育教学过程本身就是一个发展过程，而学生在教师影响下所产生的对掌握一定知识、技能、技巧的需求和满足这种需求的实际可能性之间的矛盾，是教学过程内部发展所固有的矛盾，这是推动教学过程不断前进的动力。因此，体育教学要充分发挥教师的主导作用，充分考虑学生的主体地位，精心选择教学内容、方法、形式和手段，以实现学生的身心发展。

控制联系是指教学过程是一个控制和自我控制学习认识活动的过程。表现在教师对学生学习活动的计划、组织和检查工作上，反映在体育教师教学的主导作用上。对教学过程控制太严，会压抑学生学习的主动性、独立性、创造性和学生自我控制能力的发挥；对教学过程控制太松，则会降低教师在教学中的主导作用，不利于学生主体地位的体现，影响学习效果。把握合适的尺度，寻求教与学控制之间的优化结合点是关键。

### 3. 用综合的观点处理教学中的方法和形式

体育教学内容的执行和体育教学目标的实现均建立在优选的教学方法和组织形式之上才能完成。而体育教学是一个复杂的系统，涉及的因素比较多，如教材的难度、场馆的设施、教师的亲和力、学生的基础、天气的变化、环境的清洁等，而这些因素都可能成为选择教学方法和手段的关键点，所以在体育教学过程中要以综合的观点处理这些问题，优选教学方案，优质执行方案，优化评价标准，综合思考教学过程的优化。

## （二）体育教学过程优化的策略

体育教学过程有不同的分类，但是学时体育教学过程是体育教学的具体实践环节，是体育教学的基本单位，我们在这里着重探讨此过程的一些优化策略。

### 1. 优化体育教学目标，使之具有明确性

体育教学目标是体育教学过程的起点和归宿，是首要解决的问题，因为在整个体育教学过程中它对教学内容的组织、教学方法的实施、教学结构的建构和教学手段的运用起指导和统领作用。体育教学目标的确定有一定的依据，它具体受教育目的、学校教学目标、学科整体目标等制约。确定体育教学目标时要明确、科学和可操作，不可模棱两可、含糊不清，各种目标之间要有鲜明的差异性和连贯性。体育教学目标的确定要有利于教学设计，要有利于监控教学过程，要有利于衡量教学评价等。

### 2. 优化体育教学内容，使之具有可学习性

体育教学内容是体育教学过程中最基本最主要的组成部分，是教学目标的载体。体育教学内容是教师和学生直接接触的材料，它是否受到学生的欢迎，学生是否对学习内容感兴趣都最终影响到体育教学目标的完成情况。

因此，一定要精选体育教学内容，使之更具有可学习性，能受到学生的欢迎。当前的体育教学内容往往脱离学生的实际情况，脱离学生的生活经验，过多的竞技性内容，过多的成人要求，使体育学习内容变成学生"可望而不可即"的东西。为了优化教学过程，教师必须选择那些学生喜闻乐见、锻炼形式活跃的内容，还要对竞技项目进行必要的改造，使之更具有教材性。

### 3. 优化体育的课堂教学结构，使之具有合理性

课堂结构是教学过程的主要表现形式，课堂结构不仅是在规定的时空间内教学活动的各个环节、步骤的具体安排，更是教学目标、教学内容和教学方法等的具体体现。课堂结构是一个复杂的系统，根据系统论整体大于各要素部分之和的观点，在优化体育教学课堂结构时不能只重视局部优化，而要着眼于整体，使课堂教学结构的各个组成部分相互协调，相互促进。按照课堂立体五结构的理论，进行体育课堂结构的优化。

### 4. 优化体育教学方法，使之具有实效性

体育教学方法是指在体育教学过程中，教师和学生为了实现体育课堂教学目标所采取的行为方式的总称。包括教师在课堂教学过程中的行为活动方式和学生在教师指导下学习体育知识和技能的行为方式。

优化体育教学方法要使方法的选择适应教学内容、适应学生的基础水平，使学生在尽量短的时间内掌握较多的知识和技能，并受到全面的思想道德教育，得到全面发展。体育教学方法的选用要做到科学选用、高效突出、力求创新，同时注重对学法的研究。

### 5. 优化体育教学评价，使之具有激励性

教师：体育教学评价是教学过程中重要的一个环节，是指运用科学的手段，依据教学目标，对教学（教师和学生）活动进行全面的、全方位的定量或定性的分析，做出客观公正、准确的价值判断。优化体育教学评价要注意评价的全面性、民主性和发展性，最重要的是突出评价的激励作用和功能，使评价成为教师教学和学生学习的不竭动力。

## 二、体育教学过程的管理

从管理学的角度来看，体育教学过程同时也是一个管理的过程，其中涉及计划制订、计划执行、信息反馈和计划评估等一些管理学的理论。从提高效益角度来讲，体育教学过程要非常重视管理，不仅要注重对教师教学能力的管理，而且要重视对学生学习行为和方式的管理；不仅要重视课堂秩序的管理，而且要重视课堂问题的管理；不仅要对学生进行约束，更要创设良好的学习氛围。

体育教学过程管理的内容比较多，有对体育教学计划的管理、有对体育教学场馆设施的管理、有对体育教师的管理、有对学生学习的管理、有对学生成绩的管理，等等。但我们常见的是有关体育课堂时间方面的管理。

课堂时间是有限的，如何在一堂课中让学生掌握更多的知识和技能，提高教学效率，是当前教学改革的首要问题。在体育课上怎样减少浪费的时间，提高时间利用率也是当前体育教师面临的一个难题，更是体育教学过程优化的一个标志。

体育课让学生等待的时间较长会让学生对学习失去兴趣，教师管理的时间太多，说明课堂秩序不好，组织比较零乱。所以体育教师在课堂上应尽量减少管理和等待的时间，增加学生活动和练习的时间，来提高教学效率。

为了更好地提高体育课堂教学效率，提升学生学习的积极性，体育教师首先应加强体育教学课堂的管理，合理地分配时间，掌握教学技巧，使教学达到条件许可范围内的最大程度的优化。

# 第五章　大学生体育实践能力

## 第一节　大学生体育实践能力概述

随着现代科技的迅猛发展和高校教改的不断深入，全面推进素质教育、树立健康第一的思想势在必行。高校如何在有限的体育课程计划教学中，既能让学生掌握几种运动技能，又能重视和发展学生的体育实践能力，使学生掌握科学锻炼身体的方法，养成良好锻炼身体的习惯使其终身受益，这是当前高校体育教师面临的重要课题。当今社会和学生自身对体育的要求越来越高，学生必须具备一定的体育实践能力才能适应现代化社会和生活的要求，重视和发展学生的体育实践能力是当前高校体育教学的重要内容和任务。

体育实践能力包括：从事运动的能力、体育锻炼能力、体育娱乐能力、体育观赏能力。

1. 从事运动的能力。具有与年龄相适应的体育和基本身体活动能力；具有一定的运动技能和经验；具有学习和从事适宜运动的能力。

2. 体育锻炼能力。能准确地判断自己的身体状况和锻炼的需要，为自己制定合理的锻炼计划，并安全地从事锻炼的能力。

3. 体育娱乐能力。能在各种场合和条件下，运用多种运动和身体练习，与同伴进行愉快的体育娱乐能力。

4. 体育观赏能力。能理性地、愉快地对体育竞赛和表演进行观赏；能对有关的社会背景和问题进行洞察和分析。

## 第二节　大学生体育实践能力的现状

绝大部分学生到工作岗位后无法利用所学知识、技能自觉地进行锻炼，其原因是高校体育教学忽视了培养和发展学生的体育实践能力。

1. 体育教学缺乏目标性和计划性。教学内容多，重复性偏多，枯燥无味或技术性难度大，使学生产生厌学情绪，严重影响学生形成自己的优势运动项目，不利于培养学生的锻炼习惯。

2. 增强体质偏重于生理负荷，而忽视了生理方面的训练。

3. 重技术，轻理论教学。教学拘泥于简单的运动技术教学和轻视理论知识的传授，造成学生知其然，不知其所以然，实际应用能力差。体育教学仍处在教师教什么学生就学什么，学生的思维活动没有发挥，处于被动状态。

4. 教学中研究教法多，研究学生少。在评价教学时，评价教师多而评价学生少。以教师为中心的应试教学，使学生未形成独立思考、判断、决策的主体能力意识。

5. 教学设施落后。教学设施远远满足不了教学需要，场地、器材、设备数量少，使教学达不到应有的效果，限制了教师能力的发挥，也影响了学生学习的积极性。

体育实践能力的培养具体措施：

1. 建立合理的教材体系，培养学生从事运动的能力。通过实践课的改革，开设一些新颖、实用和带有一定娱乐性质的体育项目，建立以增强学生身心健康为主的教材体系。在教学内容上避免把比较单调、枯燥的运动项目作为提高身体素质的基本练习手段，教法手段要不断创新，采用"多导式"、分层次教学等多种形式方法和手段，对培养学生从事体育能力能起到积极的促进作用。

2. 树立素质教育和终身教育观念，培养学生体育锻炼能力。高校体育教学应面向未来，树立全新素质教育观和终身观念，向学生传授自主锻炼目的、方法和手段，提高学生对自学、自练、自评、自控的认识和兴趣。教学有法，教无定法，贵在得法。只有不断完善和改进传统的教学方法，把自愿锻炼的方法引入教学，才能提高学生独立自主锻炼的能力和养成良好的终身锻炼习惯。因此，在教学中要倡导"授之以渔"，这也是学生终身从事体育锻炼、保持健康体魄的重要途径。

3. 开设一些新颖、带有时代气息、娱乐性的休闲项目，培养学生体育娱乐的能力。快乐体育、成功体育、休闲体育的教育思想和教学实践日趋显出生命力，体育教材内容、场地设计、教学方法和运动会朝着这个方向的改革已经展开，体育教学逐渐变得活泼和富有朝气。

但是，要真正使学生能够掌握体育娱乐能力，只靠增加娱乐教材和实施轻松愉快的教学是不够的，必须从根本上对体育教育和运动关系进行再认识，把"体验运动乐趣，学习创造娱乐方法"作为体育教学的重要目标，以使学生有创造性地参加体育运动，能够灵活地运用竞赛规则甚至有创新项目的能力。这样才能使学生在任何时候都能愉快地享受适合自己也适合他人的体育活动。

4. 利用声像设备开展多种形式的体育课，培养学生的体育观赏能力。充分利用体育课内、外和周末对学生进行多种形式体育活动引导，这不仅能开拓学生的视野，还能提高学生的欣赏体育比赛和体育表演的水平。

此外，利用比赛录像课、选修课等多种课型使学生学习了解那些电视上常见但暂时在学校无法普遍开展的体育运动项目的学习，从而使学生逐渐掌握多种体育知识和提高自身的体育观赏能力。

# 第三节　大学生体育实践能力的构成要素

就师范类体育专业本科学生实践能力所包含的几个方面，拟定了《师范类体育专业本科学生实践能力构成因素重要程度》调查表，经专家反馈，进行了排序。得出师范类体育专业本科学生实践能力的构成因素为七个方面，分别为课堂讲授能力、带队训练能力、思想道德能力、全民健身指导能力、创新写作能力、基本专业工具能力和运动康复能力。对于以上七个方面的实践能力，可细化为 34 个具体指标，构成实践能力结构体系。

## 一、课堂讲授能力

课堂讲授能力主要体现在教师的讲解、师范、教学组织、教法运用的能力。体育教学能力是体育教师的基本功，包含教学备课、课的教学过程及教后评价，应根据学生的具体情况，以学生为中心，选择合适的教学方法。从调查可以看出，体育师范毕业生在示范、纠错及突发事件的处理等方面能力还须加强。结果表明，授课教师的组织协调能力贯穿教学始终，具有一定的特殊性，正确的动作示范会给学生建立跃跃欲试的感觉，有助于正确的动作技能，泛化、分化、巩固自动化的形成。纠正错误能力是对能否发现错误后及时有效地进行纠正的一种能力；另外，教学过程中经常会出现一些突发事件，如何应对也是体育教师在实践中必须具备的能力。

## 二、带队训练能力

带队训练能力是体育教师带领队员训练，完成技术及训练任务的一种特殊能力，制定和实施训练计划、选择科学的训练方法、组织和管理运动队的能力，具体包含制定训练文件、专项技术能力、运用训练方法、观察分析技、战术、比赛指挥、训练评价等方面。带队训练是学校体育工作的重要组成部分，有助于发现和培养体育人才，提高运动员的运动水平。据研究显示：近几年普通高校师范类体育专业学生主要在比赛指挥能力、观察分析技战术、训练评价等几个方面存在明显差距。

## 三、思想道德能力

思想道德能力在师范类体育本科生中是很重要的因素，学高为师，德高为范，真正的教书育人，不仅仅是传授基本知识、基本技能、基本技术，更要教会学生如何做人、如何做事，然后才能更好地做学问，从现代大教育观来看，体育教育是为素质教育和终身体育服务的，教学过程中，不能忽视学生思想品德的教育。调查显示，部分体育教师在管理育人和为人师表还存在一定的差距。

## 四、全民健身指导能力

体育教师在不同的层面承担不同的角色，除了承担学校的体育教学以外，在社会中也会做一些社区体育指导的任务，比如承担对一些体育基本知识的咨询、组织竞赛、裁判工作等，调查中显示，师范类体育专业的学生专业素质和专业技术都不错，能基本胜任基层学校的体育教学和训练工作，但裁判执法能力还有些欠缺，表现在临场经验不足、裁判技能掌握比较单一，裁判的工作能力须进一步提高。

## 五、创新写作能力

创新写作能力是运用体育的规律，对已知和未知的体育领域进行研究和探索的过程，通过形成新理论，指导实践的能力。它主要体现在科学选题、文献检索、运用科研方法、撰写论文等方面。从分析中发现，科学选题起着很重要的作用。选好题是事情成功的一半，选题应体现出创新性，应与实践结合起来，来源于实践，服务于实践。

## 六、基本专业工具能力

当今社会信息纷繁复杂，面对大量信息作为体育教师必须要掌握运用工具的能力，包括课堂中使用普通话能力、语言的口头表达能力、板书能力和运用体育专业术语能力，调查显示，与其他专业相比，必须加强培养体育教师的口头表达能力。

## 七、运动康复能力

随着经济的发展、时代的进步、生活水平的提高，人们的健康意识逐渐增强，对体育促进健康的需求越来越高。人们需要了解怎样去锻炼、如何锻炼才能达到事半功倍的健身效果，对一些赛场突发事件的处理知识，如一般医务监督、制定运动处方、体质健康测试与评价等方面比较关注。

据调查可知：运动康复能力需要提高。一般医务监督是指根据体育保健学和运动医学的知识原理，对运动者的健康和机能进行监护，可以防止各种不利因素对身体的影响并促进运动能力的提高。对于比赛活动中产生的突发事件，怎样有效合理的处理非常重要。

# 第四节　大学生体育实践能力培养的影响因素

随着我国高校毕业生数量的逐年增长，大学生就业的竞争形势愈加激烈。实践能力水平的高低成为用人单位选贤纳士的重要衡量标准。然而，对于刚刚毕业的体育专业大学生而言，由于缺乏实践经验，角色转换慢，适宜过程长而成为影响就业的主要瓶颈。如何提高体育专业大学生的实践能力，适应社会人才的要求，是当今高校和社会应该关注和解决的重要问题。

影响大学生实践能力的因素繁多，其中体育专业大学生自身因素、体育专业教学因素、体育实践因素和社会因素是影响体育专业大学生实践能力提高的最主要的四个方面。

## 一、自身素质

众所周知，近十年来，随着高等教育的大众化。国家招生政策的发生了巨大变化，突出的表现为高校扩招，体育专业也不例外，大量的扩招导致体育专业的学生在文化基础、运动技能、身体素质和实践能力等方面都存在较大的差异。在对体育院校专家的访谈中了解到，40%的体育专业学生无明显的体育特长，而是在高中阶段因文化成绩差而报考体育专业的。这部分学生进入高校后，由于综合素质较差，自我意识较弱，运动成绩低下，主要精力难以用在学习上，更不会有意识地去提高自身的实践能力，即使勉强参与实践活动，由于缺乏动力，得不到成功的体验以及同学、教师、实践单位的认可，极大地挫伤了这部分学生的积极性，这种危险是潜在的，应该引起高度重视。

## 二、教学因素

长期以来，我国高校体育教育专业受传统的体育教学思想的影响，比较偏重于学生运动技能的掌握，忽略了学生实践能力的培养。由于体育专业课程设置和评价不完善，教学中多以掌握竞技运动技能为主，专业性强。知识面窄，灵活性差，缺乏和忽略对实践能力的培养。尽管近几年高校体育教育专业改革力度较大，但在人才培养方案的制定上，为了加大选修课的比例，导致许多课程凑学分、占模块。实践课程所占比例仍然较小，这在很大程度上反映出对学生实践能力的培养仍然没有引起足够的重视。

## 三、实践因素

从现实情况看，各个学校虽然对教育实习、见习、实验教学、毕业设计都安排一定的时间，但是由于缺乏应有的指导和引导而流于形式，这些现象在许多学校普遍存在。为此，许多教育专家呼吁，大学应尽力创造条件让学生参加社会活动，以增强其了解社会、关注社会、并将所学知识服务社会的能力。社会实践活动是学生实践能力养成的重要渠道。一方面，社会实践活动可以开阔学生的眼界，尽力缩短书本知识与社会实践之间的距离，促进学生完善知识结构，增进学生的自学能力；另一方面，社会实践又可以检验学生间接经验和书本知识是否正确。同时还可以养成一些服务社会的能力，找出已形成的能力与社会需要的能力之间的差距，以便有针对性地完善自己的能力结构。同时通过社会实践还可以检验学生的道德品质状况，丰富学生的道德知识，培养学生的道德情感，增强学生的道德能力。

## 四、社会因素

近几年，大学生就业形势严峻，加之从业制度不健全，工作失范，有职无位给体育专业大学生带来很大的影响。随着社会政治、经济、文化的不断发展，人们健身观念的不断提高，社会需要大批的体育专业人才。然而，在现实中，大量的体育专业毕业生由于实践能力差，很难适应社会诸多特色体育项目的需要，相当一部分毕业生很难在专业岗位中"对号入座"，所以"另谋高就"用非所长。这在很大程度上挫伤了部分体育专业大学生的学习积极性和参与实践能力的自觉性。从这个层面上充分反映出当今社会对体育人才的需求呈现多元化，同时对体育专业人才培养提出了更高的要求。

# 第六章　大学生体育实践能力培养的体系构建

## 第一节　高校体育赛事体系构建

体育赛事是一种特殊的体育事件，它是以竞赛为形式，运动为内容，以健身娱乐为目的，其规模和形式，受传统习俗的影响，具有组织文化背景和市场潜力，提供竞赛产品和相关服务，迎合不同参与体的需要达到多种目的，会对社会的文化环境、城市建设、旅游经济等各个领域产生影响。体育赛事包括赛事的参与者与赛事的组成规则。赛事的参与者包括了比赛运动员、管理人员、服务人员、赞助商等人的因素，以及比赛中的场地、器材等物的投入。体育赛事是一次性的完整性的体育活动，具有不可重复性，作为赛事而言，赛事的内容、赛事的时间、赛事的地点都具有唯一性，比如中国大学生篮球联赛（CUBA）、大学生超级联赛、中国大学生运动会，每一届都具有不可重复性。

### 一、高校体育的误区

#### （一）高校体育运动会的误区

体育竞赛是体育赛事的最主要组成元素，竞赛本质是按照一定的规则进行比较，决出胜负。以竞赛为本质的高校体育运动会，随着时代的发展已暴露诸多的问题，主要表现在高校运动会在项目设置上偏重田径运动会，其一，一些项目的设置如标枪、铁饼、跨栏、铅球等项目轻娱乐重技击，非专业性学生在学习过程中很少接触到这些项目，参与程度不高。其二，运动技术水平不高，比赛水平低，缺乏观赏性，使得一些项目在体育活动中逐渐淡出学生的视野。其三，田径运动会的周期一般分为半年、一年，不利于同学们经常性检验自己的运动成绩。其四，田径运动会中集体协作项目缺乏，这也不能体现社会发展中培养团结协作精神的要求，体育运动中的协作价值没能充分发掘。体育运动会在营造校园文化、调动同学参与、树立健康体育价值观方面还存在着缺失。

#### （二）西方文化背景下体育对中国传统体育的冲击

我国具有悠久的民族传统体育的遗产，在强身健体、娱乐教育方面有着独特的秉性，但在面对强大的西方竞技体育的冲击之下，中国的传统体育赛事已经从高校中淡出，传统体育项目在学校体育教学与活动开展中占的空间比重越来越小。学校的武术正在被跆拳道、空手道替代，中国的民族舞蹈，被欧美的街舞占据等。这一系列的体育入侵，不利于高校学生的民族情结、民族精神、爱国情操的培养。中国的民族传统体育应该加快"进化"过程，与现代世界体育接轨,与奥运精神、全民健身、科学体育理念结合,挖掘民族体育的文化底蕴,充实到学校体育教学、比赛中来。

## 二、现代大众媒介改变了当代大学生了解体育赛事的方式

研究表明大学在校生主要是通过平面符号媒介、电子符号媒介,以及数字符号媒介的方式了解体育赛事,其代表的是报纸书刊、影视、网络这三种形式,因具有很强的时效性,备受大学生消费群体的青睐。特别是信息网络,集快捷、方便、交互性等多种优势于一身,其利用率也是最高的。大众传播的发展离不开体育,体育是运动与文化的结合体,当今的体育赛事不仅仅是运动员与运动员之间的竞赛,已成为一种带有双重身份的社会实体。而文化是媒介最重要的传播内容,体育与媒介之间有着必然的联系。NBA、足球世界杯、F1方程式、欧锦赛、大师杯网球赛等一系列的世界级别的赛事,在大众媒介推波助澜的作用下,影响了一大批校园体育爱好者。

## 三、开拓多种渠道为高校体育服务

### (一)积极开发校内体育场馆资源

随着国家不断对学校体育事业投入的加大,各个高校已经建立起设施齐全的体育场馆。而全国现有体育场馆的66.7%在学校,随着教育部的考核,学校体育场馆设施还将进一步完善。虽然高校拥有完备的体育场馆,但其开放率、利用率却不高,未能充分发挥应有功能。如何让闲置封闭的学校体育场馆不再闲置和封闭,在完成教学任务的同时,按市场要求,有计划有步骤地面向社会开放,获取适当资金收益,实现高校体育资源社会共享,不仅是全民健身的一个重要组成部分,也是学校体育资源参与到市场开发运作的必然。

### (二)加大高校体育赛事市场的培育

我国高校体育赛事市场的开发要充分利用体育社会体育产业化的契机,转换大学体育管理机制的改革,使学校由组织方变为管理方,以学校社团俱乐部的形式推动赛事运作的市场化。以形式多样、灵活多变的竞赛体制,增加竞赛数量,提高竞赛质量。形成不同层次、不同水平、不同风格的赛事体系,加大各高校之间的赛事联系,以赛事促沟通,以赛事促建设。突破过去各个高校、各个院系单独办赛的形势,走出了小打小闹自娱自乐的尴尬境地。以赛事为突破,推动学校体育的发展。

### (三)增强体育赛事营销

高校中体育赛事的营销主要是赛事的组织者通过校内外的媒体对体育赛事的宣传,吸引更多的学生参加到赛事活动中来,吸引更多的观众来观看比赛,以缜密的策划、精彩的活动吸引传媒,增强与学校的沟通,取得学校的支持,寻求企业、赞助商的注意。另一方面体育赛事的营销包括了企业在赛事中的活动,主要表现在企业通过对学校赛事的赞助以冠名、广告、提供服务的形式来推广自己,完成企业自身的营销。李宁、可口可乐、特步、匹克、红牛、农夫山泉等一些国内知名大企业,都把目光投到体育赛事市场,他们认为体育赛事是广告的最好载体。

## （四）创立高校体育赛事品牌

高校体育赛事品牌的创立是一个系统化的工程，是由赛事组织水平、项目、场地设施、宣传策划等诸多因素共同铸造而成的。高校体育赛走"商业化运作"与"学校支持"相结合之路，将各种资源包括人才、市场、资金等，有机地整合到一起，赛事投资赞助采取多元化方式，提高赞助商的参与热情，增强体育赛事的商业氛围。作为高校体育赛事品牌的建立主要遵循了以下原则：其一，进行准确的定位，坚持以学生为中心的原则，赛事品牌的建立是要让在校学生接受认可的，在项目的选择上要符合青年学生身心发展所需要的、社会基础条件好、方便活动开展的项目，做到有的放矢。其二，标新立异原则，要塑造出独特的校园体育赛事，体现鲜明的学校文化形象。其三，能够正确引导学生的终身体育价值观念，培养人文素质，坚持科学合理参与、合理训练的原则。

# 四、指导高校体育赛事的发展原则

## （一）科学发展观原则

高校大学生在校生主要任务是完成学业，培养高素质人才。以身心锻炼为主要的体育运动，坚持科学发展原则，提升以人为本的素质教育，全面贯彻党的教育方针和进行爱国主义、集体主义教育，培养学生终身体育意识、良好的体育道德品质及心理素质和协作竞争意识。

## （二）赛事的组织与管理实现制度化、规范化、可持续化的原则

体育赛事的不可恢复性，要求体育赛事的组织必须注意微小细节，广泛地沟通集合大家的力量，使比赛更加成功。只有多尝试多总结精心策划每个环节，做到制度化、规范化，机动灵活地操作，才能满足消费者的不同需求。

## （三）运动项目设置合理化原则

根据项目的季节性特点，合理设置比赛时间，根据学校的特色、传统设立个性化项目，同时根据男女平等的原则，兼顾男女项目平衡参与。高校中的体育赛事只有真正成为普通大学生自己的运动，才能赢得更多大学体育爱好者的青睐，最终获得无穷的生命力。

高校大学生是一个充满生机与活力的群体。准确定位高校赛事，正确处理竞技、表演与参与的关系，使高校体育赛事成为全民健身计划实施的催化剂，坚持健身休闲体育与竞技体育协调发展的方针，以 2008 年世界最大赛事北京奥运会为契机，以大众传媒的广泛宣传为手段，引导高校体育理念，使当代在校大学生形成良好的体育价值观，服务校园体育文化建设，不断推动体育事业蓬勃发展。

# 第二节 高校体育管理制度体系构建

## 一、高校体育管理的原则

根据学校体育工作和学校体育工作的特点与规律，学校体育管理的基本原则有整体性原则、周期性原则、有序性原则、规范性原则、教育性原则和有效性原则。

### （一）整体性原则

学校体育管理的整体性原则包括两层含义。

①学校教育管理是一个有机的整体系统，它由若干个子系统组成，按工作任务可以分为智力教育管理、道德教育管理、体育教育管理等子系统。学校体育管理作为学校教育管理的子系统，首先应服从并服务于学校教育管理这个整体，处理好局部和全局的关系，使之与学校教育管理相适应，为培养德、智、体全面发展的一代新人做出应有的贡献。其次，学校的领导者、有关部门、组织与人员，也应该处理好全局与局部的关系，在抓学校教育管理的时候，将体育管理列入其中，使学校体育管理在学校教育管理中有相应的位置，并给予应有的重视和关心。

②学校体育管理作为学校教育管理的子系统，它自身又有一个由若干个更小的子系统组成的整体系统。就学校体育管理的内容分，可以分为体育教学管理、课外体育活动管理、运动队训练管理、体育竞赛管理等子系统。这些子系统虽然各自管理对象的内容与特点不同，而所采用的管理手段和方法也存在着区别，但它们之间又是相互联系、相互促进、相互制约的，并形成了学校体育管理的整体，为完成学校体育的总目标服务。

### （二）周期性原则

学校育人活动的周期性特点和规律，决定了学校体育管理的周期性。学生从进入小学开始到获得一定的学历毕业走上社会，这是一个通过多少年教育培养的全周期。而小学、初中、高中、大学，各学段又相对独立为一个大周期；每一学段又是以年级来划分，每一个学年又构成学年度周期；每一学期、每一周，均构成学期周期或周的周期；直至每一天、每一次课、每一次活动，形成最基本的教学和活动单元。这种周而复始、循环往复、不断提升的过程，决定了学校教育管理的周期性，也决定了学校体育管理的周期性。

学校体育管理的周期性，要求在设计、决策、各级各类学校体育发展战略、学校体育目标、体育教学大纲、体育锻炼标准和体育合格标准等事关学校体育全局的事项时，有一个科学的、通盘的思路和架构，使不同学段之间、不同年级和学期之间，既互相衔接，又不断提高要求，以期达到理想的效果。学校体育管理的周期性，还要求实施学校体育的计划管理。计划管理是学校体育管理的极为重要的表现形式。计划的制订和执行，是学校体育质量的重要保证。可以这样说，没有计划，就不称其为管理，也就谈不上学校体育工作的质量。而计划的制订，又是以学校体育教育的周期性特点为依据的，如：学校体育工作计划，就是以学年度和学期为时限的；体育教学计划，分为学年体育教学工作计划和学期体育教学工作计划；运动队训练计划，也是以学年度来划分训练周期的；等等。

学校体育的周期性，还表现在学校体育工作和活动的季节性。我国四季分明，南北气候相差悬殊，因而在活动内容的安排上，总是考虑季节因素，因季节而异，如春季的校田径运动会，秋季的各种球类比赛，夏季的游泳，冬季南方的长跑活动和北方的冰雪运动，等等。

### （三）有序性原则

管理是一种有序的活动，学校体育管理也不例外。

学校体育工作是一项复杂的工作。由于其对象的广泛性、工作内容的多样性和任务的繁重性等特点，决定了学校体育管理工作的复杂性。贯彻学校体育管理的有序性原则，就能保证各项工作忙而不乱，井然有序地进行。学校体育管理的有序性，首先表现在学校体育管理系统是一种多层次的有序结构，学校主管体育工作的校长、体育卫生领导小组（体育运动委员会）、教务处（体卫处）和总务处、体育教研组（室、部）、体育教师、班主任。这种管理系统，反映了管理的层次性特征，形成决策层、管理层、执行层等三个层次。不同层次应明确职责和分工，上级管下级，一级管一级，领导做领导的事，各层做各层的事。这样分层次的有序活动，就能使管理产生最佳的综合整体效应。学校体育管理的有序性，还表现在管理过程的有序性。管理过程的三个基本环节，即计划、实施、检验，也反映了管理活动的有序性。不论是学校体育工作，还是体育课教学、课外体育活动、课余体育训练、体育竞赛在实施管理时，都要按照这三个基本环节进行。如果违背了管理过程的有序性，就会造成工作杂乱无序，事倍功半，影响或削弱管理的效果。学校体育管理的有序性，还表现在处理学校体育的具体工作时，要分清主次、轻重、缓急。主要工作应始终抓住不放，以此带动全局；重点工作着力办，以保证重点任务的完成；急事急办或特办，以期短期内收到显著的成效。

### （四）规范性原则

学校教育是一种有目的、有组织的活动。学校是在党的教育方针、国家有关教育的法律和法规的指导和约束下进行教育活动的。教育方针和法规，就是一种最具有约束力、最基本的规范和准则。作为学校教育组成部分的学校体育，同样也应受制于这种最基本的规范和准则之下。任何轻视、忽视、削弱、排斥学校体育的行为，都是对上述规范和准则的背离；同样，任何只顾体育成绩，不问、不抓德育与文化学习的行为，也是对上述规范和准则的背离。学校体育管理的规范性，要求学校体育建立必要的规章制度和工作规程。合理的规章制度和工作规程，既可保证学校体育管理者的正常的、稳定的工作秩序，又可使受管理者自觉地遵守，以维护和保证学校各类体育活动的正常的、合理地进行。学校体育管理的规范性，还要求学校有良好的校风和学风，良好的体育传统、风气和体育道德作风。校风和学风不仅对道德教育、智力教育有约束力和影响力，而且对体育教育也同样有约束力和影响力。良好的体育传统、风气和体育道德作风不仅从一个侧面反映出一所学校体育的质量、水平和体育的精神风貌，而且还在一定意义上反映出一所学校的教育质量和精神面貌的水平。

### （五）教育性原则

学校体育是学校教育的重要组成部分，其本身就属于一种教育活动。学校教育决定了学校体育管理必须遵循教育性原则。搞好学校体育管理，就能更有效地增进学生身心健康、增强学生体质；使学生掌握体育基本知识，培养学生体育运动的能力和习惯；培养学生道德品质等诸方面的效果，全面地完成学校体育工作的基本任务。

学校体育管理，其本身也是一种教育。合理的体育管理制度，有效的管理措施，严格的管理要求等，对学生的体育行为和道德行为起到很好的规范作用，因而能发挥积极的教育效果。加强体育课教学的管理，不仅能更好地完成体育教学的任务，也能教育学生树立为"四化"锻炼身体的思想；搞好课外体育活动的管理，能增强学生集体主义精神；做好体育竞赛的管理，能使参加者树立公平竞争的思想，养成遵守规则、尊重对方、尊重裁判的习惯。因此，"管理也是教育""管理育人"的提法，是很有道理的。学校体育管理的教育学原则，还体现在学校体育管理者和体育教师的表率作用方面。学校体育管理者和体育教师在管理中严格要求，一丝不苟，以身作则，为人师表，其对学生的感召力和影响力是不可估量的。

（6）有效性原则

管理的目的是在实施管理过程中，合理地使用人力、财力、物力、时间、空间和信息，使之获得最佳的效益。体育管理的有效性以管理效率（或经济性）和效果作为评价的主要标准。管理效率是指人、财、物、时间、空间、信息的耗量与单位效果之比。讲管理效率，就是要用最少的人、财、物、时间、空间和信息获得最佳的效果。因而管理效率，也可称作管理的经济性。贯彻有效性原则，还要求在实施学校体育管理时，对管理工作的效率和效果进行科学的评价。上述各项原则是相互联系的有机整体，它们组成了学校体育管理的原则体系。贯彻这些原则，要在实际工作中，根据学校的具体情况和工作实际，合理而有机地加以运用并使之具体化。

## 二、学校体育管理的方法

学校体育管理的一般方法有：法律法、行政法、教育法、奖惩法等。

### （一）法律法

学校体育管理的法律法是运用法律、法规对学校体育进行管理的方法。它又可称作法律法规法。由于法律与法规具有普遍性、规范性和强制性等特点，故在其适用范围内具有普遍的约束力。教育与体育的法律法规、学校体育的法规，是进行学校体育管理的法律、法规依据，它有利于维护学校体育管理秩序，调整各种管理关系，以促进学校体育事业的发展。

### （二）行政法

学校体育管理的行政法，是运用行政组织的职能与手段，对学校体育实施管理的方法。由于行政法具有权威性、指令性、针对性和自上而下的纵向性等特点，能有效地发挥组织、指挥、控制、调节的作用，是一种常用的管理方法。

### （三）教育法

学校体育管理的教育法是运用宣传教育的手段和形式，对学校体育进行管理的方法。教育法也可称作宣传教育法。由于教育法具有说理性、引导性、多样性、灵活性和表率性等特点，能使管理者和被管理者知其然，也知其所以然，启发自觉性和积极性，使管理制度和办法得以顺利地贯彻和推行，并使管理具有教育性意义。

## （四）奖惩法

学校体育管理的奖惩法是表彰、奖励先进，批评或惩戒后进的激励办法。因而也可以称作激励法。是学校体育管理中常用的行之有效的方法，也符合体育是一种竞争性活动的特点。表彰、奖励是对集体和个人的体育工作和成绩进行肯定、褒扬的方法，能起到激励、示范和推动学校体育工作的积极效果。表彰和奖励，可分为精神奖和物质奖两类。物质奖的奖品或奖金应适当，并有教育意义。某些地方对优秀体育教师在工资待遇方面给予一定的晋升，也是可取的。批评和惩戒，是对学校体育工作后进的集体或个人进行批评教育、惩罚处理的方法，能起到教育、告诫、鞭策的作用。实施本方法时，要求批评应实事求是，以理服人，惩戒应依据罚则实事求是，适度掌握，惩前毖后。

# 第七章　大学生体育实践能力培养的途径与策略

## 第一节　大学生体育意识的培养

### 一、体育意识的概念

从自身和社会的需要出发，按照自己的兴趣和爱好自觉自发地从事体育锻炼。体育意识是对自己存在的观察，奥林匹克运动会创始人顾拜旦在对体育的剖析中讲："未来的体育是个人的自由运动原则，个人的分散的体育锻炼。"[①] 大学生的体育意识对其学习体育、了解体育和自身体育锻炼有很大的推动作用。

### 二、体育意识的分类和特点

体育意识同人的其他意识一样，都是人在实践活动、社会交往过程中形成和发展起来的，是人们同外部世界联系的一个重要环节，它的形成和发展是为了指导人们更有效地进行具体的实践活动。因此，大学生体育意识的形成和发展与他们的自身素质、文化修养、道德规范和体育基础直接相关联。大学生体育意识分类主要有以下两种类型。

#### （一）积极主动参与型

这类学生参与体育活动积极主动，且对体育活动有浓厚的兴趣，其中一部分学生曾经是或希望成为学校运动员，喜欢参与对抗性强的体育竞赛，将参与体育比赛作为培养社会竞争意识的手段和个体社会化形成的有力措施。另一部分学生是以娱乐健身为目的而参与体育锻炼，把体育锻炼当成提高自己身体素质、促进身心健康及培养社交能力和保持旺盛学习精力的有效方法。通过体育锻炼，他们强健了体魄，磨炼了意志，提高了克服困难的能力，缓解了学习压力，为今后工作和创业奠定了良好的基础。

#### （一）消极被动参与型

这类学生由于身体条件的原因或思想原因，对体育活动没兴趣，从而被动参加体育锻炼，是体育锻炼的弱势群体。他们参加体育锻炼的兴趣不高，对体育锻炼的作用也缺乏足够的认识，更缺少必要的体育知识和技能。这类学生可以通过参加集体体育活动，逐步培养起

---

① 皮尔·第·顾拜旦（Pierre de Coubertin）. 奥林匹克主义选集（*Olympism Selected Writings*）[M]. 国际奥委会，1984.

对体育的兴趣及体育意识。

### 三、体育意识的培养

大学生要清楚地认识到，健康的身体是生命的本钱，是国家、社会对全面发展综合素质人才的要求。体育锻炼不仅对形态结构、生理功能、身体素质和适应能力有良好的影响，而且在丰富精神文化生活中也起到了不可忽视的作用。加强对体育的理解，领悟体育的真谛，是培养良好体育意识的根本途径。

激发体育兴趣，是培养体育意识的重要环节。兴趣是学生从事体育锻炼的驱动力，体育教学的知识性、趣味性、娱乐性可引导和激发学生的兴趣，使之养成长期参与体育锻炼的习惯，增强体育意识。

大学生体育活动既包括竞技性强、技术性高的运动，也包括传统的健身运动，这些多样化的锻炼形式让各种身体状况的学生都能找到适合自己特点的运动形式，从而不断提高学生自我价值认定和自学、自练的信心，培养良好的体育意识。

## 第二节　大学生基础体育实践能力的培养

### 一、建立合理的教材体系，培养学生从事运动的能力

通过实践课的改革，开设一些新颖、实用和带有一定娱乐性质的体育项目，建立以增强学生身心健康为主的教材体系。在教学内容上避免把比较单调、枯燥的运动项目作为提高身体素质的基本练习手段，教法手段要不断创新，采用"多导式"、分层次教学等多种形式方法和手段，对培养学生从事体育能力能起到积极的促进作用。

### 二、树立素质教育和终身教育观念，培养学生体育锻炼能力

高校体育教学应面向未来，树立全新素质教育观和终身观念，向学生传授自主锻炼目的、方法和手段，提高学生对自学、自练、自评、自控的认识和兴趣。教学有法，教无定法，贵在得法。只有不断完善和改进传统的教学方法，把自愿锻炼的方法引入教学，才能提高学生独立自主锻炼的能力，养成良好的终身锻炼习惯。因此，在教学中要倡导"授之以渔"，这也是学生终身从事体育锻炼、保持健康体魄的重要途径。

### 三、开设一些新颖、带有时代气息、娱乐性的休闲项目，培养学生体育娱乐的能力

快乐体育、成功体育、休闲体育的教育思想和教学实践日趋显出生命力，体育教材内容、

场地设计、教学方法和运动会朝着这个方向的改革已经展开，体育教学逐渐变得活泼和富有朝气。

但是，要真正使学生能够掌握体育娱乐能力，只靠增加娱乐教材和实施轻松愉快的教学是不够的，必须从根本上对体育教育和运动关系进行再认识，把"体验运动乐趣，学习创造娱乐方法"作为体育教学的重要目标，让学生有创造性地参加体育运动，能够灵活地运用竞赛规则，甚至有创新项目的能力。这样才能使学生在任何时候都能愉快地享受适合自己的体育活动。

## 四、利用声像设备开展多种形式的体育课，培养学生的体育观赏能力

充分利用体育课内、外和周末对学生进行多种形式体育活动引导，这不仅能开拓学生的视野，还能提高学生的欣赏体育比赛和体育表演的水平。

此外，利用比赛录像课、选修课等多种课型使学生学习了解那些电视上常见但暂时在学校无法普遍开展的体育运动项目的学习，从而使学生逐渐掌握多种体育知识和提高自身的体育观赏能力。

# 第三节　大学生专项体育技能的培养

目前普通高校体育课类型体系上分两大类，一类是普通体育课体系，即第一年基础课，第二年专项课（或半年基础课、一年半专项课以及一年半基础课、半年专项课）；二类是两年专项课体系，即新生一入校就按照专项课形式进行上课。普通体育课体系和专项体育课体系，其目标是一致的，只是在教学内容上，实现目标的手段上有分歧。普通体育课体系强调从所学体育项目的"多"上和"面"上，让学生认识体育的全部内涵和掌握各种运动锻炼技术，而专项体育课则强调从"专"上和"深"上认识掌握体育健身专项知识和技能。普通体育课体系教材繁多，教学单元短小，因此只能是蜻蜓点水，而不可能使学生系统深刻的体验体育锻炼身体的内部规律与含义，无法从根本上解决学生的认识问题，故学生不喜欢学习。人们逐渐认识到此类体育课虽比传统课有较大进步，但仍属改良的传统课，进步不彻底不符合学生的锻炼需要。而两年专项体育课体系正是在克服以上不足的基础上，于20世纪90年代以后提出来的。专项体育课体系经过七八年的改革实践，充分显示了它的强大生命力和优越性。同时也暴露了不足，特别是一次选择项目定两年学习和终生锻炼的问题，以及不利于学生转换锻炼项目，学习新项目的锻炼方法等。

## 一、课堂管理机制的不断完善

### （一）制定科学的课堂管理机制

一个有序的教学管理，务必有一个合理的课堂规则。体育是注重参与性的一种文化，

体育课堂规则尽可能由师生共同讨论制定，以利于增强学生主人翁的意识。规则应涉及课前，如服装及场地器材的准备等；课中，如集合上课、上课礼节、请假见习、组织要求、上课态度、考核纪律、按时下课等；课后，如布置作业和收回器材等。教师要正面陈述规则，并且简明扼要，让每位学生都理解、熟悉。体育课堂设一名体育委员，具体人选由全体成员民主商议产生，体育委员作为任课教师的助手督促全体成员执行规则。课结束时主动向任课教师反馈执行情况，架起一座与学生直接沟通的桥梁。建立课堂态度行为记录考评机制，谁违规谁扣分。学期结束时根据每位学生的扣分情况，出体育课堂态度行为得分并纳入体育评价总分。

### （二）规则执行的一致性和连续性

教学管理是教师为了保证课堂教学秩序和效益，协调课堂中的人和事、时间和空间等各种因素及其相互关系的过程。在整个过程中教师要转换多种角色，如教学者、管理者、问题的评判与处理者等。在各种角色的演绎中要注意规则执行的一致性和连续性。否则也会造成一种无序的杂乱环境，会产生"破窗效应"。破窗效应是国外的学者提出来，主要是讲一种心理暗示，如果一个人搞破坏，则对其他人有一种心理暗示，使破坏更严重。

## 二、教师的教学内容、组织和方法的不断完善

从宏观上看，贯彻一种体育思想，无论怎样致力于体育教材教学内容的改革、教学的改进，还是体育教学模式的整体变革，都要通过一定的体育教学组织形式去实施，而体育教学组织形式的改革总是同教学方法乃至整个教学模式的改革融为一体。因此，体育教学组织形式的合理与否，直接影响着教学活动的进程和效果。有效的教学的组织涉及教学方法、教学内容、课程要素和教学组织形式的选择。教师会利用各种教学手段和方法在课堂中吸引学生的注意力。在新课程标准实施以后，可以预见，传统的、统一的体育教学组织形式将发生改变，取而代之的是丰富多彩的教学组织形式。

### （一）体育教学组织形式的多样化

目前体育教师普遍采用的教学组织形式有：严密的教学组织形式、以教师为中心的教学组织形式、一成不变的课堂教学程序、以行政班为主的教学形式、男女分班的教学组织形式、分项教学的组织形式等。笔者认为，体育教师在选择教学组织的时候，应该考虑体育课是以活动为主的实践性很强课程，理应让学生在有限的时间充分和愉快地活动，过多复杂的约束和限制，只能导致学生失去对体育课的兴趣，进而不再参与体育活动，如果这样的情形出现，终身体育锻炼就不可能实现。

### （二）改变传统的体育教学方法和模式

所谓传统式学校，也就是教师经常说的大家跟我做，全体学生动作要整齐划一，这种教学过于注重教师的"教"的实现，忽视了学生主动地学习也使一些学生过分依赖老师，不会自己发明创造，是典型的以教师为中心的教学模式。以教师为中心，或者以学生为中心，这两种模式在教学中也存在问题。那么系统教学法又如何呢？系统教学法非常重视学生技术动作学习的系统性。支持这种教学方法的教师，一般都是按部就班地教学，他们不愿意打破教学程序和步骤，系统教学教育出基本功扎实的少数学生，但是大部分学生却厌烦这

样的学习，无怪时下对于体育课的评价"学生喜欢体育，但是不喜欢上体育课"。

## 三、合理的教学评价

在教学中，客观公平地评价学生是非常重要的，体育教学评价是体育教学活动的一个基本环节，是对学生学习效果和教师教学工作的效果的价值判断，它可以调节和控制教学活动，并且知道教学的方向。它设计学生的健康成长、教学的合理改进、学生家长和社会对学生的了解与评价，所以在评价中要使用合理的评价方法和手段。目前学校体育的评价很多，也日趋成熟，总体来说，评价是对一种动态评价过程，不可以割裂看，对学生的评价，要进行动态评价，可以学生自己评价、学生相互评价、老师对学生评价、学生对教师的评价，也可以阶段评价和长期评价结合等。

普通高校体育课堂教学中有关的各个子系统，要紧密配合体育教师教学的进行，使学校、体育教师、学生等因素和谐、协调一致。体育教学管理应该遵循素质教育"以人为本"的理念，以发展学生主体性教育为主，管理为辅的指导思想，构建和谐的体育教学管理环境与氛围。体育教学评价应公正、客观、合理，有利于调动学生参与体育教学的积极性，促进体育教师的教学质量，达到高校体育教学培养学生终身体育锻炼的目标。对于传统的体育教学应该有正确的认识，继承和发扬优秀的传统体育教学思想，同时要运用新的体育教学思想进行教学改革。

# 第四节　大学生自主体育锻炼能力的培养

## 一、大学生自主体育锻炼的目的和影响因素

### （一）自主锻炼的目的

大学生锻炼身体的目的主要包括三类。第一类为强身健体，为这个目的而锻炼的同学占了较大比重；第二类是为了考试、考勤，只占了小部分的比重；第三类是瘦身，有部分同学是为了瘦身而进行体育锻炼。强身健体是最终目的，考试、考勤只是手段，如果选择了减肥而锻炼，那么他们一定是痛并快乐着。

### （二）自主锻炼的态度

绝大部分同学是抱着积极愉快的态度参加体育锻炼的。如与同学一起相约打球、跑步，既增进感情，又锻炼身体。但仍有部分同学抱着消极应付甚至排斥的态度，例如打卡考勤后去做其他事情，敷衍应付了事，而不是实事求是地进行体育锻炼，仅仅为了刷满每个学期要求的体育锻炼的考勤时间。因此，以这样态度去参加"锻炼"的学生，他们自然也就寻找不到锻炼的快乐，在一定程度上也影响自己积极向上的动力以及做事的毅力。

### （三）影响自主体育锻炼的因素

影响大学生自主体育锻炼的因素是多方面的，比如，沉迷于网络、繁重的学业以及锻

炼伙伴的缺乏，有的未能及时争取到体育活动资源，还有小部分同学因没有喜欢的项目而影响了参加锻炼的积极性。

### 1. 沉迷网络忽视锻炼

课后沉迷网络，这是影响自主体育锻炼动力的最主要因素。很多同学除了上课就是坐在电脑前，或是捧着手机废寝忘食。把原先本应当参加体育运动的时间，以上网或聊天替代了。偶尔有想去运动的冲动，因找不到一起运动的同伴而又一次回到了电脑前。

### 2. 学业繁重放弃锻炼

繁忙的学习是影响自主体育锻炼的一项重要因素，尤其是课程量比较大的低年级学生。当然，学业繁忙有时也只是一些学生放弃锻炼的借口，觉得一天学习下来已经很累了，不想再去运动。殊不知一张一弛乃是文武之道，劳逸结合才能提高学习效率。事实上，只有注重平时的锻炼，才能在一天的紧张学习之后依旧保持精力充沛。

### 3. 没有养成锻炼的良好习惯

在校大学生的体育锻炼不少是随意而为之。今天有兴趣了，就去锻炼一下，没兴趣，就不锻炼了。锻炼的随意性不利于良好运动习惯的形成以及对身体素质的真正改善。常言说，冰冻三尺非一日之寒，只有养成良好的锻炼习惯、有计划地坚持锻炼，才能真正拥有健康强壮的身体。

## 二、加强大学生自主体育锻炼的建议

### （一）树立正确的自主体育锻炼观念

学生自主锻炼是关键。对于学生本身，必须培养自己锻炼的兴趣，增强自己的锻炼意识。有科学家研究发现，进行体育锻炼不仅起到增强体魄的作用，而且可以有助于学生对自己情感与情绪的控制，还可以在一定程度上起到增强智力的作用。两者相辅相成，不仅可以提高学生的锻炼积极性，还可以提高学习能力、控制能力以及创造能力。树立科学的锻炼精神和正确的自主锻炼观念，去除为了考勤而锻炼的被动消极意识，让自主锻炼的意识永记心中。

### （二）打造浓厚的自主体育锻炼氛围

学校为学生创建一个良好的锻炼平台是基础。对于学校而言，应该大力支持并积极督促学生的自主体育锻炼。加强对校内的体育俱乐部和体育社团的建设与宣传，让更多的学生了解并加入到体育锻炼平台，解决缺乏锻炼伙伴难题，结识更多志同道合的锻炼者，强化浓厚的体育锻炼氛围，提升学生参加体育锻炼的兴趣。加强体育设施建设与投入，保障学生体育锻炼的场地与器材，充分利用体育锻炼资源。组织丰富多彩、切实可行的体育比赛或趣味运动会，让全体学生都能够在锻炼中找到快乐和自信。

### （三）加强大学生自主体育锻炼管理

加强自主体育锻炼管理是提升大学生身体素质的保障。人都有惰性，科学的管理与考核制度是增强大学生自主体育锻炼成效的重要环节。进一步科学合理规范设置体育锻炼考核标准，避免学生弄虚作假，在评奖、评优中明确体育素质与体育成绩要求，从而共同促进学生德智体全面发展。

# 第五节　体育教师对培养大学生体育实践能力的促进

## 一、体育教师的发展

当前，我国体育教师资源是较为匮乏的，而且体育教师的整体素质不高。因此在今后，应积极采取有效的措施提高体育教师的素质，促进体育教师的进一步发展。

### （一）积极培养体育教师的自学能力

终身学习理念的主要思想是指学习应该贯穿每个人的一生。学会自学，提高自学能力是体育教师终身学习的基础。首先，要在思想和观念上认识到自学的重要性；其次，要掌握科学的自学方法；再次，充分利用身边的网络资源、同伴资源和专家资源进行知识扩充，了解体育学科发展动态或学习别人的长处；最后，要养成良好的自学习惯。

### （二）有效开展体育教师教育

教师作为一种专门化的职业，努力提高其专业化水平将是今后教师教育发展的趋势。也就是说，在今后开展体育教师教育时，必须将体育教师的专业化发展作为重要目标，并要特别注意以下两个方面。

#### 1.更新体育教师教育观念

传统的体育教师教育围绕的课堂中心、课本中心、教师中心的"知本位"，注重的是对体育知识进行传输。传统观念认为，对体育教学的相关知识与技能进行传授便是体育教师教育的根本实质，体育教师只要具备了一定的体育知识和体育技能专业水准便能够从事体育教学工作。而在新的体育教育理念下，体育教师在教学中不仅要教给学生体育知识和体育技能，还要积极促进学生的全面发展。也就是说，体育教师必须由"知本位"转变为"人本位"，在确保体育教师各方面综合发展的基础上推动学生的全面、健康发展。

#### 2.建立一体化体育教师教育模式

所谓一体化体育教师教育，即是为了适应学习化社会的需要，以终生教育思想为指导，根据教师专业化发展的理论，对教师入职前、入职和在职教育进行全程的规划设计，把基础教育师资的培养和在职教师的培训渠道打通、融合，建立起教师教育各个阶段相互衔接的，既各有侧重，又有内在联系的教师教育体系。

建立一体化的体育教师教育模式，要特别注意体育教师教育目标一体化、体育教师教育政策体制一体化、体育教师教育内容一体化、体育教师教育管理与评价体系一体化等。

### （三）加强体育教师教学技能考核

体育教师专业技能考核对于促进体育教师的发展具有重要意义。体育教师具备扎实的基本功很重要，这些基本功是作为名教师、培养高质量体育教师队伍的必备素质。体育教师需要靠这些基本功使学生掌握基本的运动技能、养成坚持锻炼身体的良好习惯，这是作为一名合格的体育教师的必备条件，是全面推进素质教育的基本要求，是一名高素质体育教师的真本事。因此，强化体育教师教学技能，既是对学校体育教学质量和体育教师素质进行检查和评估的一项重要措施，也是促进体育教师不断发展的一项重要举措。

### （四）加强对体育教师的管理

加强对体育教师的管理，从竞争中挑选人才，在动态中稳定队伍，将在自我约束和竞争激励机制中求管理作为宗旨，能够有效促进体育教师队伍的健康发展。

作为体育教学管理中的重要环节，体育教师管理目的是贯彻体育教育方针，通过对体育教师进行管理来促使其思想和业务素质的提高，调动体育教师工作的积极性。同时，体育教师管理包括体育教师规划管理、体育教师选拔管理、体育教师聘任管理、体育教师培训管理、体育教师考核与评价管理等内容。

## 二、学生的发展

开展现代体育教学，归根结底是为了促进学生的全面发展。为了达到这一目的，就必须采取一些促进学生发展的措施。

### （一）以先进的教学思想为指导开展体育教学

体育教师在开展体育教学时，只有以先进的教学思想为指导，才能确保体育教学取得良好的效果，继而促进学生的全面发展。在我国的体育教学中，"以人为本""终身体育"已成为重要的教学指导思想。在"以人为本"思想观念的影响下，在体育教学中必须要树立起以学生为中心的体育教学观念，使学生根据自己的兴趣和具体需要来对教学内容进行选择，并将对学生综合素质的培养作为教学目的。"终身体育"思想是将参与体育锻炼这一理念融入学生的日常生活。通过教学观念的转变，调动学生的主动性和积极性，使学生的智力得到开发，鼓励学生进行自主学习和创新学习，激发学生的学习热情和最佳状态，达到教学的最佳效果。

### （二）不断深化体育教学改革

促进学生的全面发展，需要切实依据社会发展的实际状况进行体育教学改革。而进行体育教学改革，最为重要的是不断丰富、完善体育教学的内容，并自觉地在教学过程中对新的教学方法和现代化的教学手段进行有效运用。

丰富体育教学内容就是要将一些新兴的、开展较为广泛的体育项目纳入体育教学，这既能够有效激发学生参与体育运动的兴趣、提高学生学习体育的积极性和主动性，又能够促进体育项目得以更好地开展和发展，继而推动全面健身运动和终身体育的发展。对教学方法和教学手段进行丰富与完善，最为重要的是在吸收传统教学方法与教学手段优势的基础上，有效运用新的体育教学方法和教学手段，从而使体育教学课堂变得更加生动、直观且富有趣味性，继而有效提高体育教学的质量。

### （三）不断提高体育教师的综合素质

在现代体育教学中，教师的综合素质会对教学效果产生重要的影响。体育教师需要在教学中向学生传授知识，为学生答疑解惑。同时，体育教师需要在学生的学习中发挥潜移默化的引导与示范作用。体育教师拥有良好的综合素质，便能及时、有效地向学生传授体育知识和体育技能，引导学生全面发展。

## 第六节　高校体育社团对培养大学生体育实践能力的促进

高校体育社团在提升能力方面得到大多数学生的认可，下面分析其对大学生实践能力、沟通能力、竞争能力与抗挫折能力的影响。

我国传统的教育体制中，高校更多关注大学生掌握系统科学文化知识，忽视大学生的实践环节。认为高校的主要任务是传授知识，教师教，学生被动地学，教学常常远离生活，学生学习后不会学以致用，不会用理论来思考社会问题，也很难解决一些社会现实问题。有时把实践能力的培养理解为单纯的技能培养，认为大学生实践能力的培养是辅助的。

由于大学生受中小学应试教育的影响，存在重理论、轻实践的认识倾向，加上高等学校对大学生实践能力的培养认识不足，对大学生实践能力内涵的理解不全面，带有一定的片面性，对大学生实践能力培养的关键环节把握不准，也没有形成完整的考评体系，这是实践能力不强的原因之一。

随着知识经济时代的到来，我国现代化建设对人才的能力提出了越来越高的要求，从目前社会对大学毕业生能力的评价来看，社会用人单位普遍认为当代大学生的实践能力较低，不仅专业实践能力不强，一般实践能力也很薄弱，更缺乏综合实践能力。

这反映了高校人才的培养规格、质量不符合社会和经济发展的需求。社会企业看重大学生的实践能力与大学生的实践能力不强形成鲜明的对比，从我国现代化建设所需人才角度考虑，这确实是一个令人担忧的现状。那么，如何解决大学生实践能力较弱的现状呢？

综合访谈的大学生的想法，他们认为实践能力的提升需要具体的锻炼平台，他们觉得各类社团就是很好的锻炼平台，并且参加体育社团所组织的活动可以使他们多接触很多学习以外的实践环境，像招新宣传、组织讲座等，体育社团活动给大学生提供了实践的机会，增加了实践经验，促进了大学生的实践能力所包含的各要素的发展，从而锻炼着大学生的实践能力。

大学生一般实践能力是指大学生从事各种社会实践活动都必须具备的基本能力，是大学生在社会实践活动过程中必不可少的能力。从一般意义来说，一般实践能力主要包括交际能力、表达能力、学习能力、社会适应能力、组织管理能力和动手能力等。高校体育社团对于大学生一般实践能力的影响主要体现在体育社团活动对于一般实践能力所包含要素的影响。

首先，一般实践能力之一的人际交往能力是指人们之间情感和理智沟通的能力。当大学生走上社会将会与各种各样的人打交道，在与人交往中，大学生能否得到别人的理解、支持和帮助，这里同样会涉及交往能力问题。我们知道高校体育社团是兴趣与爱好相近的学生组成的，他们经常在一起谈论相关话题，各种活动使他们接触到更多的社团成员。虽然这种现象很自然，但它却在无形中提升着大学生的交际能力，体育社团组织的赛事更是让他们将交友圈得以扩大。

其次，表达能力就是指以口头与书面的形式来表达自己的思想、认识和情感的能力。作为当代大学生来说，这两种能力是不可缺少的，必须加强培养。学习，学是读书，习是动手，学习是两者的结合。但目前存在的问题是学生学习能力不够，造成知识面的局限，从而适应不了当前的社会经济发展需要。学习能力包含着课堂上学习书本知识和在实际操作中自学去掌握实践经验和知识。一个人学习书本知识的时间有限，关键在于以后的不断自学。体育社团对学生自学能力的影响主要体现在体育技能方面的知识和体育比赛有关的知识，知识不是很广，有利于学生学习。

现在的社会千变万化，一个人不可能靠在学校里学的那点东西把一生都保证下来，学生必须能够适应千变万化的社会。大学生入校后，面临着学习、生活环境的新变化，大学生远离了父母和亲友的关心和爱护，需要在较短时间内在生理、心理和行为能力方面逐渐成熟，养成适应环境的独立生活能力。然而，现在有些高校出现学生自杀事件，就是对学生的适应能力培养重视不足。当大学生不适应他们所处的环境时，可能会做出过激的举动。因此，学校应鼓励学生多参加一些新环境下的活动，作为大学生本人，应该利用课余或节假日多参加一些实践活动，像体育社团所组织的实践活动。

最后，组织管理能力和动手能力的综合运用。其包括计划能力、组织能力、决策能力协调能力等。其中计划能力是组织管理能力的核心。大学生参加体育社团后，有的从事过社团的招新宣传策划，有的经历过社团组织比赛的过程，有的则设计过社团讲座等，这些活动对于大学生的组织能力与管理能力都是一种历练，正是这些锻炼和经历使大学生认为他们的组织管理能力得到了提高，由此可见，体育社团活动对于大学生组织管理能力有一定的影响。

# 第七节　运动类 App 对培养大学生的<br>体育实践能力的促进

App 是指移动设备上的第三方应用，App 软件通常安装在手机或平板电脑上。手机终端是运动类 App 的传播载体，它可以全面记录使用者的健身数据，帮助使用者进行锻炼和指导运动类型，促使使用者进行健康的生活方式。但从目前上看，这一类的运动类 App 并没有统一的定义，目前在市曲上较为大众和流行的运动类型 App 包括：Keep、行者、悦动圈等。

## 一、运动类 App 的作用

随若人们生活质量的提升，越来越注重自身得健康，这使得目前我国很多运动类型软件得到了大量且广泛的运用。相关资料表明，高校大学生是使用运动类型 App 最主要的人群，通过运动类型的 App 能够帮助他们养成良好的运动习惯，运动类型的 App 主要有以下几种：

第一，体育运动类 App 能够清楚地记录使用者的运动轨迹，同时记录使用者的运动数据，使用者在运动之后可以将运动结果进行分享。第二，体育运动类 App 具备一定的咨询功能。

App 上会有专门的板块，例如亚健康人体对自身伤病如何运动、肥胖人群合理善食调节等，同时也可以在体育运动类 App 及时了解到最新的体坛动态，可以在一边享受运动的同时，一边了解自己关心的比赛事项和实况等。第三，就是目前大部分体育运动类 App 都存在社交功能，当使用者在完成运动后，都会提示"是否分享"，这同样也是体育运动类 App 的一种宣传手段。体育运动类 App 更具有评价以及交流功能，可以在同城预约动友，结识更多的热爱运动的朋友，增加了运动的乐趣。

## 二、体育运动类 App 对大学生体育行为影响

在大学体育教学中，体育运动类 App 的应用，能够避免枯燥的锻炼影响学生的体育激情的情况出现。同时还需要建立对应的考核机制、评价体系等，加大学生参与学校体育锻炼的鼓励力度。例如：可以将体育运动类 App 中学生的锻炼次数、运动成绩列入学期体育考核内，通过采取以竞赛为主、考核为辅的行为，不断激励学生参与到体育锻炼中。针对学校内的运动员，必须要制定专门的等级评价体系，为学生后期的发展提供参考依据。

### 1. 体育锻炼项目的影响

体育运动类 App 的应用，能够促使体育教师转变教学观念，明确在新课改下学生才是课堂主体，只有让学生意识到体育锻炼的价值，才能够实现学生参与体育竞赛积极性的调动，更好地激发学生参与体育活动的兴趣。在体育运动类 App 应用中，针对基础弱的学生在体育锻炼中，能够激发学生体育锻炼的积极性，给学生带来全新的体育体验，使得学生能够充分感受到体育活动的乐趣，并逐步爱上体育锻炼，以此实现自身的全面发展。在体育项目上能够提升多样化的锻炼项目，不断提升学生在锻炼中的兴趣，降低锻炼中的枯燥性。

### 2. 体育锻炼频率的影响

在使用体育运动类 App 前，大学生需要针对不同的运动项目、运动内容等，在特定的时间段内开展体育锻炼，针对学业压力大、学业繁重的学生，体育运动类 App 可以提供：徒步健身、腹肌锻炼、7 分钟锻炼的应用，大学生可以在起床后、课间休息时间开展身体锻炼。通过实践调查得知，在应用体育运动类 App 后大学生每周的体育锻炼频率相比未应用前有显著的提升。

### 3. 体育锻炼强度的影响

体育运动类 App 一般服务的是小强度的训练，自动将用户的物理指标、生理指标记录在软件内，并储存起来在体育运动类 App 内，能够为学生提供更加科学的锻炼指导，学生能够清楚查阅到自身在体育锻炼中的能量消耗，实施掌握锻炼中自身的机能消耗状况，大学生可以输入自己的锻炼需求，体育运动类 App 会依据需求制订出更加科学的体育锻炼计划，在满足学生锻炼强度需求的基础上，全面确保其锻炼效果。

### 4. 体育锻炼场所的影响

传统体育锻炼一般采用的是学校的公共性体育场所，由于场所面积有限，难以满足大范围学生的锻炼需求。通过应用体育运动类 App 软件，能够解决这一问题，在室内就能够实现身体锻炼。体育运动类 App 在其应用中能够制订科学的运动计划，并实现学生运动计步。在体育运动类 App 软件内与非农计划包括：锻炼肌肉、减肥、减脂、塑形等，主要指导为：

体能训练、瑜伽、健身操训练等。

体育运动类 App 能够自行开展体育锻炼记录与引导，大学生在室内就能够满足锻炼目的，针对跑步、走路运动性不强的锻炼，体育运动类 App 能够在智能机内读取锻炼数据，并实时检测运动各心率、体温、血氧，促使大学生能够在闲暇时间开展体育锻炼。结合自身的实际情况，开展适量运动，提供科学的运动强度指导，确保健身运动的合理性与科学性。

### 5. 体育锻炼组织的影响

大学生在参加体育锻炼时，会在一定程度上将学生的体育行为、体育特征反映出来，若是大学生采取个人锻炼方式，由于缺乏锻炼氛围很难坚持下去，在身体锻炼上具备不稳定性、不持续性的特点。体育运动类 App 最为典型的功能在于，能够为运动者呈现热门动态、朋友圈等，还可以开展群组挑战属于一类较为丰富的社交功能。能够帮助大学生树立强烈的锻炼意识，促使大学生能够积极、自主参与到体育锻炼中。大学生借助体育运动类 App 可以开展群体锻炼，在学生的锻炼中能够提升自身的沟通能力、合作能力、交流能力，并实现学生团队精神、协作精神的培养。

## 三、体育运动类 App 的应用优势

1. 使用的便捷性，运动者只需要携带安装有体育运动类 App 的终端设备与智能手机即可，体育运动类 App 能够实现对运动者运动负荷、轨迹、身体数据的详细记录，确保记录数据的精准性与有效性。体育运动类 App 能够在运动者的各项数据基础上，依据运动者的年龄、体重、身高、性别、运动次数、运动量等，科学计算健身成果，能够实现运动者横向、纵向之间的密切联系，为运动者提供科学、合理的健身计划。

2. 体育运动类 App 在其应用中，不会受到时间与地点的限制，在时间安排上具备很强的灵活性、随时性，运动者能够从传统的体育运动锻炼模式上释放出发，运动者只要有时间、有网络就能够实现身体锻炼，依据体育运动类 App 开展锻炼，将传统的运动方式颠覆，运动者只需要借助午休时间，课余时间开展锻炼身体即可，以此确保体育锻炼的灵活性与多样性。

3. 锻炼方式更加科学，在传统的体育锻炼中运动者均是基于自身的习惯、喜好开展体育锻炼，在体育锻炼中具备很强的随意性，难以依据自身的身体状况开展有效的锻炼。通过应用体育运动类 App，运动者能够依据自身的生理特征、运动需求，提供科学的体育健身指导，同时为运动者提供最佳的饮食方案，运动强度、运动负荷锻炼，使得身体锻炼更具有科学性。

4. 体育运动类 App 在其训练中，能够提升内容的广泛性，体育运动类 App 本身具备很多的项目，不仅包含了基础训练，还将耐力、柔韧度训练纳入其中；能够提升项目的具体性，包括：球类项、搏击、骑行、跆拳道等；能够提升项目应用的广泛性，不断扩展锻炼人群。

综上所述，体育运动类 App 的应用是时代发展需求，能够推动全面健身风潮的发展，激发更多大学生参与到体育锻炼中。运动者只要合理应用体育运动类 App，就能够实现自身身体素质的提升，养成良好的锻炼习惯。

# 第八章 高校体育教学实践研究

## 第一节 体育本质实践理论

体育的本质问题即体育是什么的问题，不同的研究视角会有不同的认识，如体育是（身体或体质）教育、体育是社会（文化）现象（或活动）、体育是（社会）实践、体育是身体（人体）活动，等等。概观以往研究，存在两个问题：一是低位的立足点窄化了体育本质的定位；二是纵使高位立足，也对其缘由梳理不清，使研究因缺乏充分的论据而立论不足。

实践的观点和思维方式是马克思主义哲学首要的基本观点和基本思维方式，是当代中国哲学研究对马克思主义哲学的实质的正确认识所取得的成就之一，这就要求们站在哲学的高度审视体育的本质问题。它为人们认识体育本质另辟蹊径，并提升了认识高度。

体育具有实践活动的客观实在性，体育作为人类创造性的物质实践活动，既不同于动物本能活动，也有别于人的主观意识活动，具有直观现实性的特点。体育的客观实在性具有以下两层含义：

### 一、体育的特殊物质运动形式表现体育实践活动的客观实在性

体育首先是一种生命运动，以生命运动为基础，而生命运动是物质运动的高级形式。然而，体育不仅表现为生命的物质运动，而且是对一般生命物质运动的超越，是对于维持人体相对静态的正常生命运动和人们日常生活、生产、劳动等一般性、强度阈水平较低的生命运动的超越。

在生命物质运动范围内，体育将运动发挥到极致，是一种视觉上以外显的大肌肉群运动方式表现出来的、通过身体运动能够留下深刻运动体验的特殊的物质运动形式，是对物质运动的动态层次的最高诠释，这是从体育作为一种特殊的物质运动形式的角度对体育客观实在性的理解。

此外，体育还将自然界的各种运动形式集于一身：体育中的运动学、动力学、转动力学等是机械运动在体育运动中的体现，因为力学是研究物体机械运动规律的科学。体育中的脑电、心电、视网膜电的传导，声音刺激鼓膜及耳蜗的振动与传播，以及体内生物磁与地磁的能量交换等是物理运动在体育中的体现；体育中的糖和脂肪以及氨基酸的分解代谢、各种供能代谢、肌肉收缩与松弛的分子机又因体育是人体运动，而人体归属于生物体，所以，诸如蛋白质、核酸等生命物质的协同统一是生物运动在体育中的体现。另外，体育与社会运动联系的紧密性决定了它的社会历史性。这是从体育与其他物质运动的关系上对体育客观

实在性的理解。由此可见，体育同其他实践活动一样，具有直接现实性，是感性的具体活动。这种活动是物质的一种特殊运动形式，它同其他自然物质运动过程一样，是一种具有客观实在性的活动。

## 二、体育实践活动的主体、客体和中介系统的客观性

### 1. 体育实践的客观性

体育实践的客观性不仅表现为实践的主体、客体及其中介系统是一种物质存在和物质运动过程，而且还表现为体育实践活动所依据的规律性内容。体育的主体和客体具有一致性，这一主、客体的承担者是运动者，后者是体育实践活动的人，按照一般的唯物主义观点，物质是一切变化的主体。人的肉体组织就是人活动的物质主体，这是具有生命力、自然力的能动的物质主体。而人的肉体组织所具有的生命力、自然力，就是人的物质实践力量的自然天赋基础。

这就是说，人体的物质性成为体育实践的滥觞。恩格斯告诉们："生命是蛋白体的存在方式，这种存在方式本质上就在于蛋白体的化学组成部分的不断自更新。"[1]而现代生物学进一步揭示：所谓蛋白体，实际上是包括蛋白质和核酸两大类生命分子所组成的物质体系，它是生命运动的物质承担者。

这样，就从生命起源上论证了体育实践活动的主、客体的物质基础，这是从体育实践活动的承担者的物质起点的角度来理解体育实践的客观性。体育实践活动的共时性与历时性运动是以体育的物质中介系统为核心运转的，后者主要指支撑体育实践活动的、相关的外界物质运动条件和手段，如加以实施体育活动的体育自然环境和体育物质环境等，其亦均以物质性为特征。

把握了体育的主客体和中介系统所构架的物质性基础，是对体育实践活动的基础把握。体育实践活动所依据的规律性内容的客观性。人作为对象性的、感性的存在物，是一个受动的存在物。所谓受动性，即合规律性。体育作为一种属人的实践活动，必然受制于体育实践活动本身内在的规律。相对于人的活动来看，对象本身就是一种外在或自在，它表现为自然的自在和社会的自在。从体育的两重性来看，体育实践活动受动于自然规律和社会规律。

自然规律是"对象性世界"所有的，就体育的特殊性而言，一方面，从广义的自然现象出发，体育实践活动必受动于一般自然物质运动规律，这是由它的高级运动形式所决定的，因此，诸如生物运动、化学运动、物理运动及力学运动等规律在体育运动中都有所体现；体育实践活动自然规律的。

另一方面还表现在特殊的"客体"人体上，对人体的改造是建立在对人体的生理、心理发展规律的基础之上的，任何无视客体对象性规律的实践活动，都是盲目的、缺乏针对性的鲁莽行为，体育实践活动若想取得成功，一切工作的起点必视"客体"活动规律而定，毕竟，对那些较低级的自然物质运动规律的遵循也是建立在对生命物质运动自然规律的基础之上的。

体育实践活动过程的特殊性凸显体育自然规律的特殊性，前者必受制于后者。物质生活的生产方式对体育的发展变化起着决定作用，并由此制约着人类社会各历史时期体育的

---

① 恩格斯. 自然辩证法 [M]. 郑易里，译. 北京：生活·读书·新知三联书店，1950.

内容、性质、特征及对体育的需求。

原始社会生产力水平低下，以狩猎和采集为主的生活方式使体育与日常劳动生活融为一体，是为"潜体育"；奴隶社会金属工具的使用，促使生产方式改变，对体育的需要从单纯谋生的手段扩展到更广泛的需要，如：军事的、教育的、娱乐的、审美的等等，体育得以从生产劳动中分离出来；封建社会历经粗耕农业、畜牧业和精耕农业的发展，全身性的体力劳动方式与游牧生活制约着体育的发展，很难脱离其生产方式的局限；直到资本主义社会，大工业化的生产方式"生产"出对体育的需求，促使体育得以快速发展。

体育发展的历史就是社会发展的历史，是受动于社会发展的规律的，有其客观必然性。客观性是规律的最基本的性质，体育受制于自然规律和社会规律的特性有力地证明了体育实践活动的客观性。

体育作为一种改造人类自身的实践活动有其特殊性身体"运动"的特殊性。任何一种实践活动包括日常生活的一举一动都是身体活动的表现，都要借助于身体的活动来完成。我们所说的身体活动通常是指人体外在的运动，是肢体活动的总称。比较而言，身体运动因强调了"运动"的元素而使其具有如下特征肢体活动幅度大；需要有大肌肉群参与；能量消耗多；具有非劳动性质。

对照下来，体育是符合上述所有条目的，而在人类改造自身的实践活动中，这种突出身体运动特色的实践活动是寥寥无几的，这就使得体育实践活动因其"运动"的色彩而在改造人类自身活动的实践中显得非常"另类"，相比之下，其他大部分实践活动都属于比较"温和"的身体活动而非"激烈"的身体运动，身体运动使得体育实践在改造人类自身实践活动的范围内与一般身体活动实践得以划界。

### 2. 身体运动目的的特殊性

然而，就身体运动的特征而言，我们还是能够直觉地找到一些符合这些特征的实践活动，如：舞蹈、杂技等，它们均属于艺术活动的范畴，这也就是说，除体育实践活动外，艺术实践活动也有身体运动的特征（体力劳动因具有生产实践的性质已被排除在改造人类自身的实践活动之外）。

那么，怎样区分这最后细微的、重要的差别以从容地确立体育的本质呢？从艺术与体育来讲，两者融合的趋势在时代的发展中越来越明显，基本上是"你中有我""我中有你"的态势，然而，不管两者如何交错、渗透，仍然是体育是体育，艺术是艺术，两者之间存在一种永不可能完全重叠的东西，那就是它们各自的"本质属性"，它是该事务所具有的必不可少的特征，是"某类对象的有决定意义的特有属性"。

体育与艺术虽然均以身体运动为特征，在外在表现形式上有着极大的相似性，以至于有混人耳目的危险，但只要从它们身体运动的目的上即可将两者区分开来。体育是以提升身体健康水平为目标，在体育实践中，以人的身体为核心，是"为"的境界，所创造的价值与意义均在身内，直指身体，身体是目的，也是手段，有手段与目的同一性的特点；而艺术则以抒发情感为靶心，在艺术实践中，以角色为核心，是"无"的虚拟世界，要求演员"忘我"地投入艺术创作，其中，身体只是以抒情达意为目的的手段，价值指向精神世界。

这就从身体运动目的的特殊性上将体育实践与相近的实践活动进一步区分开。根据以上对体育实践活动的论证，我们从实践的角度为体育下一个定义，因为概念是本质的反映，也就为人们理解"体育是什么"奠定了认识的基础。根据逻辑学上"被定义项＝种差＋邻近的属"的原则，我们认为，体育是"以提升人的物质属性意义上的身体健康水平为主旨的改造人类自身的实践活动"。

其中，"改造人类自身的实践活动"是体育的"属"，即体育所属的临近的类别，反映出体育概念的外延。"以提升人的物质属性意义上的身体健康水平为主旨"是体育的"种差"，是不同于同类事物的本质属性，反映出体育概念的内涵，是体育的种概念在"改造人类自身的实践活动"这一邻近的属概念下面同其他并列的种概念之间的本质差别。

对这一体育概念，可以从以下3个层次来解读：

（1）体育是一种实践活动。因为实践是"属人"的，这就从根本上与动物的运动区别开来，并具有与一般生产实践活动的特点，即客观实在性、自觉能动性和社会历史性；

（2）体育是一种改造人类自身的实践活动。改造人类自身的实践活动很多，如：人口生产、救死扶伤、科学研究、教学活动、艺术活动等，体育具有与这些活动相同的特点，那就是改造人类自身，这一生活实践的形式从实践的对象、目的、过程和结果等方面区别于一般生产实践；

（3）体育是以提升人的物质属性。意义上的身体健康水平为主旨的改造人类自身的实践活动。身体运动使得体育实践在改造人类自身实践活动的范围内与一般身体活动实践得以划界，而身体运动的目的性又成为体育实践与艺术实践的分水岭，这就从体育的源头找到体育最基本、最直接的东西——体育的本质。

总之，基于实践的观点和实践的思维方式，们从实践的角度审视体育本质，就保证了研究体育本质的基础性和科学性，不仅如此，还从不同层次论证了体育作为一种实践的特殊性，为人们更好地认识"体育是什么"提供了实践视野中的充分判据与思辨理路。

# 第二节　大学体育教育实践研究

近几年来，我国高校体育教学随着教育体制改革的逐步深化不断得到完善与发展，无论是从重视程度还是理论实践上都取得了明显的成效，这对高校高素质人才的培养起到了积极推动作用。现阶段我国高校体育教学注重在工作上进行创新，逐步将终身体育的理念贯穿到理论教学中，并通过采用不同形式激发学生对体育的热爱与热情，使得高校体育教育呈现出生机与活力。但是目前我国高校体育教学仍然存有很多问题，需要及时解决。

比如教学形式不够灵活、内容不够丰富、方法相对死板单一、针对性不强，体育考评机制不够科学合理，缺乏正确的体育观念，未能根据学生生理与心理特征进行区别对待等一系列问题普遍存在。

## 一、大学体育教育的教学方式

大学体育教育是高等教育系统的重要组成部分，其目的是为了促进学生的身心健康，培养具有综合能力的复合型人才。目前很多大学体育的教学方式和手段，已经不能适应其大学体育教育的发展和创新需求。只有进行大学体育教育改革，改变传统的教学观念和教学手段，才能调动大学生学习体育的积极性，才能促进素质教育的开展。

在教学中信息反馈形式多种多样，教师根据多年的教学可以提出一个富有吸引力、具有奋斗意义的目标，鼓励学生去追求、去完成，这个目标可以是建设性的及探索性的，也可以是创新性的。例如，教师要注重学生的能力培养，把教学中的准备部分让学生领做，写出准备部分的教案。通过学生领操返回信息的方法，加强学生自锻炼能力的培养，这样能给学生一个很大的自由度，学生可根据自己掌握的知识、生活积累、爱好程度、想象空间等畅所欲言，把自己内心的想法充分、全面地展现出来，通过回收信息可以发现许多新奇、有趣、可行的方案和想法，这样教师就能够掌握第一手材料，了解学生的内心感受及合理要求，从而更好地完成教学任务。

教师要想发挥每个学生的创新性，就不能不考虑发展他们的个性特长，宽容其育种不同的思想和言论，允许不成熟和失误，允许不同思路的做法，允许自由竞争，按照学生的性别、体质和技能进行分组教学。例如，在女生健美操教学中，如何安排见习生，即让她们达到锻炼身体的目的，又能有良好的心理健康意识。

## 二、体育实践课是贯穿体育教学的主体

一方面通过体育教学传授技术技能，达到熟练掌握运用的能力；另一方面，体育理论的补充是对实践起到引导作用，教师可充分利用雨、雪天在室内传授体育理论知识，使学生掌握各门课程的规则、裁判法及体育保健。通过理论的补充，使学生平时能自己承担小型比赛裁判，促使学生体育知识的积累和保健锻炼的重视程度，扩大学生的视野和信息储备量，从而使学生关心体育教学、关心健康。

通过体育教学实践发现，快乐教学可分为深、浅两个层次，把教材练习游戏化、情景化、直观化只是浅层次的，而只有引导学生独立思考，对学习锻炼本身真正感兴趣，有所创新，既有纵的深入了解，又有横的知识积累，这样才能使学生走进高层次的学习乐趣当中，在不断的知识积累中有所创新，这是一种自我实现的过程，这是建设型快乐，会使一切享受型的快乐黯然失色。

体育教学中教和学是师生的双边活动，教学中不仅要有教师的教法，而且还应该引导学生去研究掌握学法，可以明确规定哪些是可以由学生自己做主的，教师不干涉，比如，健身操组合教完，学生必须达到熟练掌握，要将学法落实到实处，教师要采取措施，提出要求。课后布置作业、课前检查，让学生以教师的角色检查学生。在日常的教学中可以将课时教案简要地讲给学生。这样就可以使课的开始部分的宣读内容，变为新颖的师生讨论本课的学习方法，并且使课处处体现学生自主作用的创新能力。

## 三、发展学生创新思维能力

教育家赞可夫指出：在各科教学中要始终注意发展学生的逻辑思维，培养学生的思维灵活性和创造性。[①] 心理学研究表明：如果抓住学生创新思维能力发展的阶段进行训练，将得到事半功倍的效果，也能够为学生的终身学习打下坚实的基础。

如何对学生进行有目的、有计划地长期培养与训练，使学生随着年龄的增长，创新思

① （苏）赞可夫.教学与发展[M].杜殿坤，张世臣等译.北京：人民教育出版社，1985.

维能力得到充分发展。创新思维能力是提高社会实践能力的基础，是开发人的潜能的需要，也是提高学生创新意识和创新能力的根本保证。因此，不断增强学生的创新思维能力，对实现知识向能力的转变，能力向素质的转变，具有十分重要的意义。

培养学生的创造性思维能力首先是开发教师的创造力。俗话说得好"名师出高徒"。如果教师自身不具备创造力，那么学生的创造思维能力的培养就成了无源之水、无本之木。

作为新世纪的体育教师：

首先要更新观念，正确理解素质教育的内涵，充分树立以学生为主体的思想，紧紧围绕培养学生创新素质这一核心；

其次，教师要不断总结、钻研，掌握现代各种教育教学方法，探索、创新适合学生的教学模式，以培养学生创新能力为出发点，改进评价内容和方法，以进一步激发学生学习的主动性，促进学生创造性思维能力的发展；

再次，教师要结合时代、学生未来技能的实际需要，对教材、场地、器材科学合理地挖掘、分配和组合，以创造良好的课堂育人氛围；

最后，广大体育教师需终身学习，不断充电，锐意改革，努力开发自身的创新思维，顺应新世纪学校体育发展的需要。

# 第三节　体育教学与大学生体育实践

21世纪高校体育教育面临着新的机遇和挑战，社会体育创新型人才需求量更大要求更高，社会的无形压力致使学校体育教学改革迫在眉睫，转变传统教学观念，更新现代教学理念。提高学生的创新能力，体现"健康第一"的教育思想和终身体育思想的建立，是目前体育教学的基本目标，从目前高校体育教学的现状看，高校体育教学的传统教学模式还大量存在于实体教学中，如何转变这种现状是目前体育系统教育教学改革的关键。

不少研究学者对教学改革出谋划策，提出：以素质教育为核心，提高人学生的创造能力，培养学生运用知识创造知识的能力；改变课程的单一设置，丰富教学内容，及时引入科学发展的最新知识；改革教学于段和教学方法，注重学生主观能动性的培养，提高教学的科学性有效性，运用多种教学方法巧妙的启迪诱导学生的学习活动，调动学生的创造思维；完善教学评价体系或建立高校教育管理体制和运行机制等等。教育的最根本任务是面向未来，给社会输送人才，为社会的现代化服务，体育是整个教育的重要组成部分，是为教育的总体目标而服务的，因此体育教育关系着整个教育系统的兴衰成败。

## 一、体育教育改革的创新

体育教育改革要求学校改变教育观念，注重学生创造思维的培养。创造思维的培养主要体现在体育教学的内容、方法、手段与教学过程中对学生思维、意识和能力的开发。体育教育要求改变传统灌输式教育思想，教会学生掌握知识，获取知识，启发学生探索问题，独立思考技术知识的运用与开发，在教学方法上要求教师开展各种形式的教学活动，导向性教学、实践观摩性教学、技术技能交流等，让学生成为课堂的主体。

学生对知识的掌握需要教师的传授，对知识的运用与创新需要教师启发式的疏导与提示，如：健美操教学中，"V"字步、恰恰步，这些基本步法的技术要点需要教师的讲解与示范，对于动作运用与创新，老师可以启发学生如何让"V"字步、恰恰步合二为一以另一种基本步法展现出来，教师还可以引导学生如何创新健美操基本步法的展现，由此启发，在掌握知识的同时思想意识开始创新，学生的思维空间得到提升。

高校体育教育的改革有利于创新型人才创造性思维的培养，拓展学生的知识库源。传统体育教学内容主要以体操、田径、球类等基础性项目为主，强调技术技能的普及，有助于学生体育文化素养和运动技能及技术的掌握，但随着社会对体育人才全面发展的需求，高校体育教育改革在内容上必须呈现多元化。

教学内容的多元化主要体现在课程设置、教材和器材的购置、教学方法和手段、实践教学和教学评价等方面的多样化。不少高校在体育教学改革上将社会体育、民族体育、社会体育学、体育市场营销、民族特色体育等纳入高校体育教学，让学生具备体育文化的创新创造能力和社会体育适应能力。

### （一）学生在高校体育知识掌握

改传统体育教学初、高中、入学技术技能的重复学习，从体育理论知识点的扩展学习，再到技术技能多样化的学习，除让学生具备最基本的体育锻炼的能力之外，也适应现代社会体育人才多方位的需求。

在过去，传统体育教学思想局限学生体育知识的视野，只是简单重复体育技术技能的掌握，对学生的创新创造能力方面培养欠缺，没有丰富的知识底蕴，学校体育不适应社会的发展。高校体育教育改革应该看到多元化教学内容带给学生体育学习的社会价值，不断优化教改内容拓展学生体育的知识库源。

在体育教学过程中，体育教学不仅是传授体育的基本知识、技能和方法，培养学生终身体育锻炼思想，还有一个重要目的就是促进学生身心健康发展，培养学生的团结协作等道德品质。个性品质在生物学、生理学上的要求是强健的体质、敏捷的速度和灵敏的反心、强大的抗挫折耐力和承受力等，是后天培养的习惯，它包括积极和消极两方面个性品质。

丰富的体育知识的学习与锻炼，可以磨炼学生的意志力，增强学生的心理承受能力，培养学生优良个性品质的形成，体育教育的改革对于入学生高尚情感的形成也有积极的促进作用。各种多样的教学形式的改革，是提高学生体育知识学习和参与体育锻炼的关键。

例如，设计体育竞赛课堂，教师制定竞赛内容、方法和目标，组织学生分组参与竞赛，在这个课堂竞赛过程中，不仅能锻炼学生的身体素质，提升意志力，又能培养学生之间团结协作、互助友爱的品质，以及为达到共同目标的高尚情感的形成，体育教育从内容、手段、评价等各方面进行创新改革，有利于完整个性品质和高尚情感的形成。

### （二）体育教学教师授课模式的创新

教育过程是教师言传身教的施教过程，创新人才的培养需要教师对学生创新意识、创新思维、创新能力与创新人格全方位的启发与培养，这不是一个老师所能造就的，他需要知识体系方方面面的引导与创造。教学团队作为一种全新的教学组织形式，将各专业具有不同背景的教师有机地联系起来，有利于多元化创新思维的教学研究。因此学校应该打造一批具备体育创新人才培养的教学师资团队，从学生的文化意识创新、实践操作创新，思想觉悟创新、社会洞察能力的创新能力方面，培养社会需求的体育创新人才。

目前，各高校都在创建高学历和学术性教学团队，在人才引进方面注重学术和学历能力，缺乏教育创新专业性训练人才，这影响着高校体育创新教育能力的提升。因此，学校在人才引进和教育培养中，要紧紧围绕以打造创意型教师教学团队建设为中心，注重高学历、高学术、以及教学实践创新人才的合理搭配，明确体育教育的人才培养目标，选拔和培养创新师资团队领带人，培养团队成员创意教学能力的反思和互助创新意识。注重体育课程体系的开发，构建开放创新的课程体系。

近年来，国家进行学校教育的改革创新，高校高等教育在课程结构、教学内容及教学方法上而都有了不少的变化和改进，但对于创新人才的培养机制上而存在教学内容的除旧、教学方法单调、课程结构传统等一系列问题。

课程的各种构成要素决定学生收获怎样的知识结构，因此培养创新性体育人才，必须在课程的结构方面，以培养社会需求的创新型人才进行科学化处理，开发课程结构的优化创新，设置多样化教学内容，采用现代教育技术相结合的教学方法等。

给学生传授什么样的知识和研究成果，直接关系人才的培养方向，要培养体育创新人才，加强学生的实践参与创新能力的提升很重要，学校应设置开放创新的课程体系，联系政府或企事业单位，搭建学生社会实践的锻炼平台，培养社会需求的体育创新人才，改变传统教学的课堂形式，推进探索研究性教学方式。

在国家人力发展学校体育教育改革的措施下，传统的教学模式引起各教育研究专家的批判。这种只注重教师讲授，不注重调动学生学习的积极性、主动性，只注重传授书本知识，不注重学生探索书本外知识的培养，考核标准没有从学生思维的差异性和多样性考察，制定统一和标准化的评价等一系列不合理教学形式，严重影响学生知识的更好掌握和创造思维的开发。改革传统的教学方式，探索新的能启发学生创造思维的教学方式是目前体育创新教育改革的当务之急。

### （三）如何改革教学方式

教学方式的改革，主要可以从以下几个方面体现：

第一，调动学生学习的积极性、主动性，激发学生的求知欲，让学生形成自觉思考学习知识的意识；第二，教师不仅需要传授知识，还应培养学生探索知识与创新知识的能力；第三，注重学生全面发展的同时，培养学生鲜明的个性特点，让其主观能动得到充分发挥。

探索性教育方式能激发学生独立思考和创新思维能力，在现代高校教改措施中应大力推行。加强体育知识的文化交流，营造创新型校园文化活动文化交流有利于促进文化发展，提升知识的文化内涵，因此，高校教育应注重体育相关文化交流活动的开展。

## 二、新体育观念的人文基础教育融于体育教学

### （一）校园文化促进人才培养

校园是一个浓缩的小社会，校园文化是这小社会中精神和物质文化的体现，它是落实素质教育和增强创新实践能力的重要渠道，体育创新人才的培养需要借助这小社会作载体，实现知识的扩充与创新思维的开拓，这种群体文化的交流与学习是人学生的第二课堂，它

是各学科之间文化观念、创新思维、行为特征和方式的交流桥梁，例如：文娱、体育绘画、英语、体舞等各社团的文化交流。

学校、政府或是其他机构在校园里进行的活动展演与交流，如：歌手大赛、健身大赛、学科知识的展示赛、各类晚会、知识抢答赛等，这些校园文化伴随学生的学习和生活，对学生隐性知识的学习与掌握具有很大的作用。文化的创新来自掌握丰富的知识库源和具备对文化开拓创新的思维意识，高校应该看到校园文化活动的价值所在，营造丰富多样的校园文化活动，促进创新人才的培养。

## （二）体育教育与素质教育息息相关

素质教育是当代教育的主旋律，体育教育在当代高校教育中占据着重要的位置，高校的体育教学是素质教育实施的一个重要途径，人才的全面发展与体育教育的质量好坏息息相关，因此，提高高校体育教学质量，增强学生素质，是当代高校体育教学的重要内容。

高校体育教学，是学生接受体育教育的最后一个时期，是形成优秀身体意识的关键时期，因此，作为体育教师，一定要综合运用学生的心理素质和身体素质的关系，提高学生的体育素质。

### 1. 激发学生兴趣是体育教学的关键

在当代高校的体育教学中，激发学生兴趣是提高体育教学质量的关键所在，加强学生对体育课的正确认识，增强学生的积极性，是提高体育教学质量的有效途径。现阶段，我国体育教学所面临的主要问题就是简单的组织教学方法，使得学生对体育课失去了兴趣。很多高校的教学设备陈旧，教学方法和内容单一，体育课也只能进行简单的跳远、铅球、篮球等传统的体育项目，无法激起学生对体育课的兴趣。

另外，高校的体育教学不同于中学，更应该注重的是心理素质的形成，当学习不能成为兴趣的时候，就失去了这门学科的意义。落后的体育设备无法满足学生需要，高校学生处于青春期，对任何事情都追求新意，并且紧跟时代潮流，尤其是女学生比较在意一些美体塑形等运动，但是当代高校的体育教学仍然保持着传统的活动，陈旧的设备不能满足学生对体育课的要求，在无形中就压抑了学生对体育课的兴趣和欲望，减少了学生对体育课的热情，导致高校的体育教学久久不能达到满意的效果。

### 2. 僵硬的师生关系会导致学生失去上体育课的兴趣

体育课本是教师与学生共同活动的一门课程，但是很多从事体育教学的教师，不能够与学生形成和谐的师生关系，行为举止欠妥，仍然以教师的姿态要求学生，不能与学生共同运动，久而久之使得体育课发展成与传统课堂没有区别的生硬的一门课程，使得学生对体育课失去兴趣，也使得高校体育教学不能形成和谐的师生关系，导致高校体育教学得不到良好发展。

### 3. 建立对体育课的兴趣爱好

很多高校对体育课的重视程度不够，几乎没有真正认清体育课对学生的发展有着重要的意义。要提高学生对体育课的认识，端正其学习态度。为了提升体育课教学质量，教师首先应让学生在思想上转变对体育课重要性的认识，同时教师应着眼于体育教学的生动性，让学生产生兴趣。在体育课教学之前要了解学生的爱好，根据学生的兴趣爱好选择一些项目，因材施教，让学生在自己喜欢的运动中发挥特长。

如体育教师的教学呆板无趣或放任自流则一定为学生所不屑，只有在正面教育的同时，把课上得生动活泼，活而不乱，做到寓教于乐，方为提高体育课教学质量的有效方法，培养学生对体育的兴趣爱好，养成体育锻炼的习惯培养学生对体育的兴趣，爱好，养成体育锻炼的习惯是体育教学成果的一个重要标志，忽视培养学生对从事体育活动的兴趣，爱好和养成锻炼的习惯就不可能奠定学生终身体育的基础。

体育的兴趣、爱好和习惯，在体育活动实践中有其不同的意义，兴趣是一种心理倾向，爱好是一种行为的积极表现，而习惯则成为生活中的"自然"行为，在体育教学过程中，教师一般是在提高人们对体育活动意义认识的基础上促进他们对此发生兴趣、爱好，以至形成了经常从事体育锻炼的习惯，成为生活节奏的一个不可缺少的重要组成部分。

### 4. 培养学生良好的意志品质

在体育课教学中，对怕遭受挫折、缺乏勇气、不肯吃苦和意志品质较差的学生，教师要加强教育，建立起自信心，多采用一些培养意志品质的练习，多利用正面典型例子，多鼓励，多表扬，让其体验成功的喜悦，不要以惩罚为法宝强制性地对学生进行意志品质的培养。在体育教学中协调好师生关系师生关系和谐，对体育教学有积极的意义，对体育教学的顺利进行和体育教学质量的提高将产生直接的影响。

教师应善于调控学生的情绪变化，使他们保持愉快、积极上进的心境，这对师生之间的感情交流有着重要的意义，一个有良好情绪的人容易让人接近，也有利于倾心交谈，教师只有多接触学生，多了解学生，多关心学生，以情感人，倾注"母亲"般的爱去关怀他们，真诚相待，学生才会理解教师，信赖教师。教师只有关心和爱护学生，师生之间才能够建立起信任，师生之间才会有共同的语言，才能在一种感情融洽、团结友爱的气氛中一起学习。

### 5. 体育课组织形式多样化

传统的体育课教学组织形式通常有两种，一种是以自然班组为单位，进行集体指导和训练：另一种是在性别分组的前提下按自然小组开展训练。可以说这两种形式都片面强调从教学内容和要求考虑，活动形式显得单调、机械、重复，甚至带有强制性，忽视了同一组学生在体能及体育爱好上的差异，把其局限在"永久式"的小组活动中。

这样必然出现有些学生"吃不饱"，另一些学生又"吃不了"的现象，随着教学改革的深入，各校应根据场地的实际情况，根据学生的体质和教材的不同，按照新的分组形式进行教学，在教学过程中实施灵活的组合，比如友伴分组、能力分组、兴趣分组、性格分组、体质分组，目标分组等。

加强教学内容的改革，突出学生的主体地位体育课程教学内容的改革是当前高校体育教育改革的突破口。高校在修订体育课程教学内容时，要以强身育人为目标，以学生对体育锻炼的需要而编制，要力求贴近学生未来的职业生活，以适应社会发展的需要。要突出个性化的培养，力争减少整齐划一的活动，从健身、娱乐、康体、休闲等角度综合选择和运用教学内容。

首先要更新调整竞技运动项目的课程内容。逐渐改革纯竞技式的、成人化的运动项目的教学，以提高学生的体育能力，使其终身受益，增加综合性或针对性、趣味性的运动处方课程内容，以提高课程教学的实用性。其次要增加实用的健身体育，民族传统体育、现代生活体育、娱乐休闲体育和乡上体育课程内容，以提高学生的锻炼的积极性和主动性。

### （三）更新和充实体育理论课程

要更新和充实体育理论课程的内容，如体育社会人文学，运动人体科学以及体育养身保健等体育文化和体育素质方面的知识内容，以提高学生的体育文化素养。因此，高校的体育教学要转变理念，把握与时俱进的思想，把更新体育观念的人文基础教育融于体育教学之中，把以运动素质和运动技术能力为主的思想观念，向健康素质为主转移，坚持"以人为本，健康第一"的教学原则，建立以追求"每个人的自由发展是一切人的自由发展的条件"的新理念。

随着知识经济的迅猛发展，新的体育教学模式正在迈进学校校园，高校体育只有充分发挥自己在生存教育、生活教育、道德教育、个性教育等方面的功能，才能够跟上素质教育发展的步伐，教师只有抓住学生的特点，用现代教学方法、手段和思路进行体育教学，才能适应当前教育发展的需要，让高校体育教学在推进素质教育中发挥更大的作用。

## 三、培养大学生的创新能力

创新是一个民族进步的灵魂，是一个国家兴旺发达的不竭动力。一个拥有创新能力和大量高素质人力资源的国家，将具备发展知识经济的巨大潜力；一个缺少雄厚科学储备和创新能力的国家将失去知识经济带来的机遇。培养大学生创新能力十分必要和紧迫。

大学生创新能力的培养，不论对国家、民族，还是对大学生自身的发展都具有极其重要的意义。因此，培养适应新时期要求的、具有创新能力的大学生显得尤为重要。21世纪是一个创新的世纪，未来社会迫切需要的是具有创新能力的人才。大学生作为高等教育的主体，作为社会向前发展的原动力，必须与知识经济时代发展要求相适应，具有较强的创新能力。创新能力是指个人提出新理论、新概念或发明新技术、新产品的能力。

### （一）培养大学生创新能力的有效载体

经济时代和信息时代的到来，不仅对大学生的创新能力提出了严峻的挑战，也孕育着大学生创新能力培养的珍贵契机。创新能力是创造性人才的核心。根据培养创新型人才对高等教育提出的要求，在现代教育观念的指导下，我们必须以学生为本，以全面革新人才培养模式为宗旨，积极探寻培养大学生创新能力的有效载体和对策。

#### 1. 培养大学生创新能力是缓解不断扩大的社会就业压力的需要

近年来，大学毕业生就业难成为人们关注的焦点。曾经被誉为天之骄子的大学生成为社会就业的弱势群体。国家教育部学生司司长林蕙青早在2004年就指出，虽然毕业生数量增幅较大，但社会整体就业岗位没有明显大增加的趋势。[①] 在毕业生数量年年大幅度增长的同时，离校毕业生待业的现象开始出现，数量逐年上升。

面对日趋严峻的就业形势，在大学生中开展创新、创业教育，树立大学生正确的职业

① 谢宗豹，林蕙青 . 医学思维与创新 [M]. 上海：上海科学技术出版社，2005.

理想和择业观念，开发创造性思维，提高综合素质和创业能力，对于大学生参与社会竞争，具有很强的现实意义。高校毕业生大多在 20 ~ 25 岁之间，这个年龄的人具有强烈的求知欲和好奇心，他们要求独立地、有主见地处理自己的事情，依赖父母的心理逐渐消失，社会责任感和道德感明显增强，同时又处在人生的重大转折和突变时期，有很大的可塑性，是开发潜力、发展创造力的最佳时期。

### 2. 培养大学生创新能力是适应社会主义市场经济发展的需要

随着市场经济的发展，城乡产业结构将依据市场的不断变化进行相应调整，从而带来劳动力的转移和职业岗位的转换，而且还应该具备新技术、新工艺的实施以及新产品的开发和创造能力，也就是要求未来的劳动者不仅要具备从业能力，还必须具备创新能力。因此，不断加强大学生创新能力的培养正是适应了社会主义市场经济对人才培养方面的诸多要求，同时也能促进高等教育自身的改革与发展。

大学生创新应该是国家创新体系重要的组成部分，高校应抓住发展机遇，确立现代的办学理念和办学特色，积极探索适合未来社会发展需求的人才培养模式，培养更多的具有创新能力的高素质人才，为社会发展服务。

### 3. 培养大学生创新能力是推动创新型国家建设的需要

创新是一个民族进步的灵魂，是一个国家兴旺发达的不竭动力。一个拥有创新能力和大量高素质人力资源的国家，将具备发展知识经济的巨大潜力；一个缺少雄厚科学储备和创新能力的国家将失去知识经济带来的机遇。

21 世纪的竞争是经济和综合国力的竞争，实际是科技和教育的竞争，归根到底是高素质人才的竞争。高校是人才培养的摇篮，培养和造就基础宽厚、富有创新精神、能够应付未来社会中国大学生就业发展和挑战的人才，是各类高校在教育创新中担负的首要任务。大力培养大学生创新能力是建立高校创新体系的关键性环节和基础性内容，能有效地支持和推动国家创新体系的建立，对建设创新型国家也会起到积极的作用。

21 世纪，人类迎来了一个崭新的时代，这就是以知识创新，高新技术产业化为根本特征的知识经济时代。在新的形势下加强大学生创新精神和创业能力的培养是高校人才培养的战略性问题，关系到高等教育培养的人才是否具有创新能力、是否适应经济社会发展、是否能够承担起振兴民族大业的重要课题。在这一时代中，知识、信息将取代劳动力成为经济发展的主要战略资源，但无论是知识、信息的生产、传播和应用，还是知识的创新和发展，都有赖于高素质的人才。

大学生通过参加各种专业竞赛和科研活动，如"挑战杯"中国大学生课外科技作品竞赛和创业计划竞赛创业计划大赛，对于增强创新意识，锻炼和提高观察力、思维力、想象力和动手操作能力都是十分有益的。只有在大学生中营造浓厚的科技创新氛围，才能使更多的创新人才脱颖而出。实践最能锻炼和培养一个人的才能，只有在实践中多看、多思、多问、多记，反复检验、反复调查、不断总结、吸取教训，才能从实践中摸索出真知。

当前"创新"已经成为国际性的共识，而教育创新则是国际社会以及各个国家所关注的对象，判断教育是否成功的一个重要标准就是能否培养出创新人才。创新能力的培养，需要教育的创新。

随着社会的发展，高校体育教育也应顺应时代的发展不断地更新观念，力争为社会发展培育出高水平高素质的创新型人才。与之相适应，培养体育创新型人才，体育教学改革势在必行。大学校园是一个全新的开放式的空间，是对大学生价值观、人生观以及世界观的教育的最佳场所。不过当前的各大高校对学生的教育都是填鸭式的，这样的评价体系和教育模式很难培养出创新型人才。

## （二）体育创新型人才的培育

### 1. 培养学生积极参与意识

发展学生的创新能力以前传统的教学，注重的是老师的个人讲解与示范，而忽略了学生学习创造的自觉性。当前各大高校的体育教师普遍受到传统教学模式的禁锢，以教师个人表演为主的教学无法满足学生，使得学生丧失了独立创造独立思考的机会，严重阻碍了学生创新能力的进一步发展。在体育教学中，教师既要给学生广阔的自由创新空间，又要使学生们明白体育创新是没有极限的，让学生感觉到自己本身的潜能的无限，这样就保证了学生创新的灵感和自信。

通过体育教学使学生明白体育终身锻炼的意义，明白体育锻炼的保健性、活动内容的娱乐性、活动时间的业余性、锻炼广泛性等特点，既可以调节学生的情绪，丰富学生的业余生活，对学生的作风、品质、意志、思想锻炼也有很大益处。随着日益繁荣的科学技术以及运动技术的不断发展，学生们对本身能力的大小也有了新认识。因此在体育教学中必须使学生树立创新意识，只有树立了创新的意识、更好的发展创新能力，才有可能实现自身的目标。

### 2. 培养学生学习意识

发展学生的创新思维体育的创新思维指的是通过人的思维活动来认识体育活动中相关事物的本质，且在利用想象创造的基础上，进一步提供具有社会价值的独特而新颖的体育创新思维的心理活动。创新思维的实质就是求变、求异、求新，要想培育学生的体育创新思维就要先培育学生独立的人格，激励学生对体育的好奇心。

在体育教学中要营造学生热烈讨论、自由发表独创见解的课堂气氛，努力建立平等、良好的师生关系，以利于学生创新思维的进一步发展。在体育教学中，体育老师必须要把学生当作体育活动的主人、教学的主体，引导学生通过小组合作学习，主动探索，掌握体育、理解体育。要从传统的"传道、授业、解惑"向创造合适的学习环境转变，让学生成为体育教学活动真正的主体。体育老师只是体育教学活动中的合作伙伴和顾问，学生和教师在教学中彼此交流情感、思想，彼此分享见解、知识，并依据学生的经验和学习活动的进程及时地调整课程计划，创新教学内容。

### 3. 培养学生的个人潜能

教师只有激励的激发学生的内在动力和兴趣，才能充分地调动学生的创新思维，也就能进一步地激发学生的潜能，进而发展学生的创新人格。在体育教学中体育老师必须要注重激发学生个人潜能，努力提高学生教学效果。

当然学生身体素质都不一样，共性与个性的差别很大，教师首先要突出学生个性的发展。教学中要利用层次教学法，探索出适应学生个性发展的教学方法。体育教师还要善于鼓励和引导学生互相帮助、互相尊重，在教学中树立友爱、团结的学习风气，使学生体会到集体的温暖，感受到同伴的友情和关爱，以培养学生们健康的创新的独立人格。

总之，体育创新型人才的培育是一个尤为复杂的系统工程，各大高校必须进行整体改革，适时地更新观念，以适应时代和社会对创新型人才的需要，顺应时代的潮流，以此赢得更广阔的发展空间。

大学生作为社会上一支重要力量，在将来的社会建设中将会发挥越来越大的作用，而如何培养大学生的创新能力便成为一个亟待解决的问题。创新是一个民族进步的灵魂，是一个国家兴旺发达的不竭动力，建设创新型国家，重要的是提高社会成员的创新能力和素质，只有这样，创新才能永葆活力！

### （三）"知识经济"与创新

知识经济现已成为世界经济发展的主流，知识经济的本质在于创造和传播知识并将其转化为技术，使知识成为生产力的核心要素。"知识经济"中的知识，指的是创新知识，而这类知识的获得离不开具有创新精神和创新能力的创新型人才。

知识经济的成败与教育的成败紧密相关，而教育的成功之一是培养出具有创新意识、创新精神和创新能力的创新型人才。因此，实施创新性教育，在体育教育专业领域培养出一大批具有创新能力的创新性人才，符合知识经济时代发展的背景。

体育教育专业学生，作为未来国家体育教育的主力军，理应大力发扬创新精神，提升创新能力；将培养创新能力融入体育教育专业学生教育的整个学习生涯过程中，在一定程度上，大大帮助了学生自身不断完善发展，同时也是体育教育专业学生适应知识经济时代发展的必然趋势。

培养高校体育教育专业学生创新能力的体系与当今中小学体育教学工作严重脱节。培养高校体育教育专业学生的目标发生了变化，由之前的培养高级体育专门人才现今成功转化为适应社会多样化需求的通用型人才。如果谈到有关培养高校体育教育专业学生的创新能力这个话题，一定会涉及高校专业体育课程体系和中小学基础教育体育课程改革。

我国培养的具有创新能力的体育教育专业学生，是中小学体育与健康课程基础教育课程改革的实践者，他们是组织者和实施者，最终会有力推动课程改革的发展。

## 四、高校体育教育存在的问题

当前高校体育教育方面存在的问题，集中体现在以下几个方面：

### 1. 体育教育理念的落后

体育教育由于受到传统的应试教育思想的影响发展缓慢，"育人"和"育体"相对分离。高等教育过于强调学生内在的发展，忽略了学生的个性化的发展，体育教学在促进学生外在能力个性化的发展以及学生综合素质的培养方面受到了严重阻碍。

目前各大高校的体育教师也受到传统教学思想的禁锢，这样体育教学很难发挥出其应有的作用。与此同时，高校的体育教育也没有把以人为本的理念发挥到位，体育教学仅仅局限于理论课读读念念、实践课学生自由活动，教师讲解带练的时间相对较少。这种体育教育理念落后的种种表现在一定程度上阻碍了学生参与体育的主动性和积极性。

### 2. 体育教学模式单一化

虽然经历了多年的教学改革发展，高校的体育教育已经有了很大的发展和进步，但是以应试教育为核心的传统教育模式依然没有得到根本的改观。在体育教学中教师注重理论知识的讲解，忽略了对学生体育兴趣的培养和引导。当前依然是以教师个人唱独角戏为主，教学的方法以及模式没有改变，没有得到创新，千篇一律。

相关的体育运动项目也是机械化操作，没有新意，教师对于传统的教学模式依赖程度较大，而对以多媒体、为网络主现代化的教学技能尚不能熟练掌握，更别说去教育学生，这种死板、单一的体育教学模式难以满足新时代、新时期大学生对体育的需求，进而使学生逐渐丧失了对体育的兴趣。

### 3. 体育师资力量薄弱

当前各大高校的逐年扩招使得学校本身的师生比例严重失调，囿于编制的原因教师队伍数量很难大幅增长。此外，高校的体育教师以及教练知识老化，年龄结构不合理，训练、教学质量偏低，也不能适应当前新形势的发展。体育教师的区域配置也不均衡，师资比例的局限，一定程度上造成教师投入教学研究的精力和时间过少，如此一来体育教师的个人素质难以得到很大的提高。

当前高校中能文能武的体育教师略显匮乏，一些老师比较擅长于理论知识的传授，另外一些老师则比较擅长于技术示范教学，高校能够参与学校科研创新教学的教师较少。教师个人素质的严重失调，在一定程度上严重阻碍着各大高校体育教育的可持续发展，

### 4. 学生实践能力欠缺

学生的实践能力是评价学生创新学习能力最客观、最直接的指标，同时也是体育教育创新型人才培育的重要目标。而学生的实践能力大多来源于实习与见习。但遗憾的是，与一些发达国家相比，我国体育教育本科专业学生实习见习的时间还有很大差距。

我国的这种体育教育培养模式不利于学生知识的应用和强化。为适应社会对创新型人才的高要求，各大高校必须努力改进教育教学环境，培育学生的创新思维，培养学生的创新能力，营造良好的育人环境，促进学生良好的创造意识的发展。

强调体育教育的主体性教育注重尊重并承认学生在教育中的主体地位，这样把学生培育为能动、独立而富有社会性的创造型人才。要充分发挥学生在教育中的主体作用，大力开展素质教育，努力为学生的成长和发展服务。因此教育教学就必须理解、关心、信任和尊重每一个学生，尊重学生人格，竭力满足其个人需要，使学生作为教育活动的主人而非学习的奴隶，使其逐步地体会到学习的乐趣，促使每个学生充分、自由而全面的发展。

# 第四节　高校人文体育之实践

高校人文体育是以人为本、体现人文关怀、培养人文精神、完善人性人格的体育。它面向全体大学生，突出健身性、休闲娱乐性，尊重学生的价值取向，培养学生的体育能力，使学生掌握一些实用的、休闲的现代健身方法和理念；培养学生主体的创新精神，完善学

生的人格，使学生的身心得到健康发展，能适应日益多样化、全球化的社会生活。

# 一、高校人文体育

高校人文体育的教育主体和对象是大学生从教育主体和对象看，高校人文体育是大学生的体育，以大学生为本，以大学生为出发点和归宿，其目标、内容、形式、活动方式等都是为大学生"量身定做"的，适合并体现大学生的身心发展特点，并且通过大学生的主动参与来实践和体现。

高校人文体育是高校教育的公共的、基本的部分，也是校园文化的重要部分。高校人文体育和高校的德育、智育、美育等共同构成高校教育，并在其中居于基础地位，因为体乃心之基、人之本，育心育人都离不开育体。

校园文化是由包括高校人文体育设施、制度、精神在内的物质文化、制度文化和精神文化构成的，其中作为校园文化的重要部分的人文体育是校园文化之躯和践行之道，是实践校园文化的有效载体，能集中而鲜明地展现校园文化，体现其精神，能够和校园文化的其他方面形成有效互动，并通过这种互动而发展。

高校人文体育内容广泛，有科学教育为依托的高校人文体育，是"以人为中心，以人为目的的文化世界"中的一种复杂的文化现象，它是关于人的整体发展的应用科学；也是追求人的身心和谐发展的教育科学；更是具有极大社会影响和哲理性的人文社会科学，是一门融生理学、心理学、社会学和行为学为一体，兼有自然、社会、人文等科学的综合性学科，并广泛渗透于自然、社会、人文各学科，从而能够和自然科学教育、社会科学教育、人文科学教育紧密地结合起来，并以它们为依托，利用高校的各种特有资源开展的教育活动。因此，它不仅是高校体育实践平台，也是高校人文教育、科学教育和社会教育相统一的有效平台。

人文体育的主渠道是体育教学和校园文化环境的熏陶，高校体育教学是高校人文体育教育实践的最基本、最直接的方式和途径。

体育教学结合具体教学内容，通过具体的活动方式，让学生在参与活动过程中得到体育理性的启迪，领悟体育规则的科学和严谨，获取人生体验和自感悟，从而使体育人文精神内化到自身素质中去；学生在此过程中，可以学中做、做中学，有效地获取体育人文知识，增强体育技能，提升创造素质。

校园文化环境也是高校人文体育有效实践的主要渠道和基本保障，具有熏陶、导向、激励凝聚等作用，直接或间接地影响学生人文素质的培养和提高。高校人文体育具有综合教育优势和功能高校人文体育的广泛内容和强大的科学教育依托赋予了高校人文体育特有的综合教育优势和功能，使它不仅能育体，还能育心育人，能健体、健美、健心、健脑，换言之，它不仅能造就学生的身体基础，还能培养其主体意识、完善人格、发展能力，促进其社会化。

并且，这种教育优势和功能，对培养学生健全的人格、人品，认知能力、独立生存能力、协同合作精神和实践动手能力有较强的可操作性和迁移性。比如，高校人文体育竞赛活动中的胜败直接关系着学校、团体、组织及个人的荣辱和威望。

这就要求参与的学生尽力挑战、创新、竞争，从而激发和培养不断挑战自我和人类极限的进取精神、创新意识、竞争意识，培养团队意识、协作精神和荣誉感，并使学生学会正确地面对成败。又如，在人文体育活动中，每个参与者都占有一定的位置、充任一定的角色、具备一定的职责，都要遵循一定的规则，都要和其他成员交往、合作、协调并关注团体的状况，从而能认识和遵循体育活动的特定规则和原则，创造成绩受奖，违反规则受罚，这是对社会契约精神及其文明生活方式的了解和学习过程。

人文体育能够培养学生的社会公德、促使学生形成并完善社会行为规范，培育公平公正意识和民主法治观念、加强社会责任感、增强自控制能力、提高社会活动能力和组织能力乃至艺术欣赏能力、培养人文关怀等。可见，高校人文体育是育人的真正沃土。

## 二、高校体育理念

高校人文体育理念是对高校体育终极目标和基本路径的设定，是高校体育的一种应然状态。更新高校体育理念，确立人文体育理念这是高校人文体育实践的首要条件。教育理念决定教育行为，有什么样的高校体育理念，就有什么样的高校体育行为。

我国高校传统体育理念是物本观的，片面地强调体育的生物功能和体育技能，忽视体育的社会人文价值。这种体育理念严重制约了体育全面育人功能的发挥，削弱以致消解了体育的社会人文价值，因此应予以更新，代之以人文体育理念。

高校体育应以促进学生的全面发展、塑造完整的人为指归，以人为本、尊重学生的主体性，关注学生生命情感体验，体现体育对人的终极关怀，使体育成为学生关照人自身的一种方式，使学生学会运用体育合理地使用自己的身体并借以发展自己；高校体育是直面学生个体的人的身体、心智和精神发展的过程，应将体育运动与文化和教育融为一体，建立一种使人的身、心和精神方面的各种品质均衡地结合起来，并得到提高的生活方式，作为学生作为人的一种生活方式，应回归人的生活世界。

高校体育是融贯自然、社会、人文三大科学领域的一个中介和高校教育实践的基本平台。这种体育理念的核心和本质精神在于"健体、塑心、育人"，践行这种体育理念的高校体育不满足于对学生进行体育技术、技能、知识的传输和增强学生体质，更注重通过体育文化特质中蕴含的人文精神对学生进行体身心智美的完整塑造，既强健学生体魄，又肯定其作为人的价值，完善其心智、发展其个性、健全其人格。既坚持人文主义、恪守人本立场，又体现科学精神、注重社会价值，力求通过融合科学与人文造就身心和谐、体智平衡的有主体人格的人。

### （一）"易、久、广"原则

合理安排教育内容，构建科学的课程体系，优化课程设置实践中的高校人文体育并不是空洞的理念，而是现实的教育活动，必须借助具体的教育内容来实现。高校教育是一种全面育人的教育，其教育内容首先要全面、完整，也就是要在人本原则指导下，将科学教育、社会教育和人文教育的相关内容纳入自身，将身体健康教育、心理健康教育、社会健康教育的相关内容融于一体。

教育内容的选择要以易（易于学习和开展）、久（有持久教育价值）、广（有广泛意义）为原则，适当减少过于细化和机械化的达标内容，具体安排要体现人本精神、要人性化，由易到难、由浅到深，区别"文化""知识""能力""技术"等不同意义上的体育内涵，试行体育文化——体育知识——体能训练——运动技术的四组合体系与系统，以大寓小，以点带面，使体格培育与人格教育能够统一起来。

这样的内容及其安排更有助于发展学生个性，培养体育能力，形成锻炼习惯，在不轻视体育生物功能的同时，重视体育对人的社会化作用和文化传递功能，能够突出健康目标，强调体育不仅锻炼身体，更重要的是让学生学会适应环境、学会生存，提高生活质量和生活品位，为终身体育打下良好基础。

与此相应，体育课程体系应涵盖人文体育学、体育文化学、体育哲学、体育美学、体育人类学、体育社会学、体育心理学、体育英语、体育欣赏等学科，体现科学、社会和人文教育的交融，课程体系的构建应坚持必修与选修相结合、课内与课目结合、生理与心理相结合、理论与实践相结合、观赏参与相结合、健身性与文化性相结合、娱乐性与实效性相结合、科技性和接受性相结合、民族性与世界性相结合，要将显性课程和隐性课程有机地结合起来。

### （二）个性化和多样化统一

课程设置应坚持易、久、广的原则，还应保证个性化和多样化相统一。

一方面要个性化地设置课程，即面向全体学生的不同需求，充分利用高校不断完善的体育设施，给学生创造开放的环境，尽可能让学生根据个人爱好、个人需要、专业特点等自主地选择感兴趣的体育项目进行学习，充分发挥学生学习的自主权和自觉性。

另一方面要多样化地设置课程，即遵循学生身心发展规律和体育课程自身的规律，根据学生的兴趣爱好和学校教育的总体要求，面向全体学生开设不同项目的初级班、提高班，减少必修课，增设选修课，使体育课程体系有一定的弹性和灵活性，以满足不同层次、不同水平、不同兴趣的学生的需要。

积极构建和运用人本观的人文体育教育教学方法在高校体育教育教学中，要落实人本教育教学理念，以教师为主导、学生为主体，教师对学生要引导而不是灌输，要充分尊重学生的主体性，从课程或项目的选择到具体展开，要给学生自主活动的空间，让学生主动参与。要落实人性化的教育教学理念，提倡师生之间、生生之间的多边互动，建立和谐的师生关系和教学关系，根据具体教育教学内容和学生的个性及体质特点，因材施教，分层递进，逐步深化。

具体说来，高校体育教学要以学生为切入点，以学生为主体组织教学过程，做到个别教学与集体教学兼顾，多种教学模式和方法的综合运用、相互配合，将娱乐体育、快乐体育、成功体育、休闲体育等结合起来。教育教学方法要统一又要灵活，要个性化也要有多样性。在整个教育教学活动中要尽可能合理安排不同性质的体育活动，注意竞技性和娱乐性、紧张性和放松活动的合理搭配，尽量运用不同的有趣的方式方法，如游戏、组织竞赛等，避免单一运动技术教学。

特别地，体育活动其实就是游戏，游戏在体育教学中，内容丰富、生动活泼、组织形式有趣，深受广大学生欢迎。它不仅可以调动学生的学习积极性，同时能有效地促进学生的身心健康，以及能结合课的主题使每一堂体育课、每一个学生在活泼愉快的气氛中掌握动作技术，锻炼身体，提高素质。此外，还要高度重视现代化教学媒体的研究开发和使用，要充分利用现代多媒体，把有声与无声、有像与无像、声像有机地结合在一起，使抽象的概念外化、物化，减轻学生认知上的难度以有效地激发学生的体育兴趣。

优化体育组织和运行机制，完善体育监控与评价高校人文体育也是一个系统，其教育内容由诸多学科教育构成，其教育主体除了教师和学生，还包括学校各院系所（不只是体育系部）以及学生班级、社团等。这种教育也只有以一定的组织形式落实到实践中才能发挥育人作用，也就是说，它要通过各种形式的体育活动，激发全体学生的参与热情，使学生感受体育所带来的乐趣，欣赏体育运动中力与美的角逐、智慧的较量，体验体育过程中的成功与失败、团结与奋进，使体育成为学生的一种生活方式。

而系统的组织决定系统功能的发挥，良好的运行机制是人文体育卓有成效地开展的重要保证。因此，在体育实践中，不能单独由体育系部组织各种体育活动，而是要确立以体育系部为主导的、学校各院系所轮流承办的、各学生社团协办的、全体学生和教师广泛参与的各种体育活动的运行机制。

学校对各院系所和学生社团组织的各种体育活动，在场地和器材上应给予大力支持，加强管理和指导，对于以学校各院系所为单位参加的体育活动，要围绕活动的主题，建立从班级到年级再到院系所的选拔制度，以使全体学生都能参与到自己喜爱的体育活动中来，保证其体育主体地位。

# 第五节　大学生体育实践能力与终身锻炼

体育教学是学校体育的一个重要组成部分。在全面贯彻教育方针、落实素质教育、以提高学生身心发展为根本宗旨的今天，如何体现学生的主体地位、提高大学生终身体育锻炼的意识，是 21 世纪我国学校体育发展的趋势。笔者认为，在教学中有效地激发学生的学习兴趣，培养学生自我锻炼能力，才能更好地促进对大学生终身进行体育锻炼的培养。

## 一、满足大学生对运动的多方面要求，有效激发学生的学习兴趣

激发培养大学生对体育运动的兴趣，是实现终身体育的前提和基础。要在体育教学中培养大学生对体育活动的兴趣、爱好，以及终身体育锻炼的习惯，选择与确定体育活动内容就显得十分重要。体育课对大部分学生来说是有兴趣的，而且能够选择一两项来进行身体锻炼。但是，由于传统的体育课的教学时间固定，内容单调重复，缺乏新意，学生不能自由选择教学内容和进度，学生渐渐对体育课的感受性降低，慢慢失去了兴趣。体育教学要不断的改革创新，根据现代社会发展的需求，以满足大学生对运动的多方面要求，在有效提高身体素质的前提下，给大学生以较大的自主权和选择权。在课程设置上要灵活，开设多种形式和内容的必修体育课、任选体育课以及体育理论，满足学生多方面兴趣爱好的需要。在课程内容和时间的设置上，学生可以随时自由选择，自己决定上课的时间、活动内容、活动进度和锻炼方式等，以基本上满足学生对体育活动的要求。在这种情况下，学生能够积极地参与体育活动，主动锻炼身体，学习体育知识，养成锻炼习惯，在运动中获得快乐，得到乐趣，激发体育锻炼的兴趣。

## 二、加强学生自我锻炼能力的培养

培养学生的自我锻炼能力，是学校体育教学的重要内容之一，也是养成与掌握终身进行体育锻炼身体的意识、习惯和能力的重要方面。大学生只有在学校期间打下自我科学锻炼的基础，形成终身体育观念，我们的全民健身运动才能得以健康稳定发展。我们知道，大学期间的体育锻炼主要以自我锻炼为主导，与体育老师的指导相结合。在体育教学中着重培养大学生的认识能力，使学生真正懂得体育锻炼的意义、作用和有关的体育知识，充分激励大学生的学习动机，发挥大学生的主观能动性，调动大学生的运动兴趣，促进大学生锻炼的积极性、自觉性。同时，在体育教学中要特别培养大学生能在独立锻炼过程中，对练习的次数、运动时间、运动强度、动作的自我纠正等有较好的自我调控能力，主动积极地锻炼，从而使大学生自我锻炼成为真正的自主活动，身心在不知不觉中得到发展，这对以后学生的终身体育打下良好的基础，使学生终身受益。这也符合现阶段"体育与健康"所提倡的：学生能够掌握体育与健康的基本知识和运动技能，学会学习体育的基本方法，形成终身锻炼的意识和习惯。教学方法的多元化，使教学效果更加突出。

### 1.转变教学观念，使锻炼由被动变为主动

当今的教学观念是以学生发展为本，使学生生动活泼、创造性地进行学习，培养学生的创新精神和实践能力。这对教师各方面提出了更高的要求。教师在教学方法和教学观念上要有转变，在教学过程中强调以大学生的"学"为主，从"要我学"到"我要学"、从"学会"到"会学"的转变，充分挖掘大学生的学习潜力，使他们从被动的学习状态变为积极思维、主动实践。从教师的教授、指导到同学之间的互相学习和指导练习，培养主动探讨学习和怎样学习的能力。教师应该给大学生更多选择的权利，让他们对于"学什么、学多少和怎样学"享有发言权，可以根据自己的兴趣能力选择学习方式，有自主选择、自主练习、自我评价的空间，使大学生真正成为课堂的"主人"，更好地培养他们的创新能力和实践能力，以达到良好的教学效果。

### 2.采用现代化的教学工具

体育教学是教师和学生为实现体育教学目标采用的教学活动方式和手段的总称。在体育教学中，传统的体育教学方法有很多，如发现法、探究法、范例教学法、问题教学法、自主学习教学法等。但随着现代化多媒体教学逐渐渗透到各学科里，多媒体也引进到体育教学的课堂，体育方法的改革也随着教学教育的现代发展而紧跟时代不断推陈出新，其科技含金量不断增加。体育教学可利用现代化设备，采用多种方法进行教学，如教师在一节课中交替使用讲解示范，并利用多媒体平台进行教学。这样，体育教学方法的合理交叉使用，使教学方法呈现多样性。又如，现代多媒体的体育教学方法是由多种因素构成的，它是用光、声、音像等多种手段取代传统的言传身教的教学方法，作为体育科目，特别在体育理论课上，教师可以利用现代技术和教学方法，更加形象、生动的进行讲解、示范和演示，并将近期发生的体育事情更直观地搬上讲台。如体育保健知识、奥运知识、各项大型比赛等体育信息、知识，及时传播给学生，充分体现现代技术教学的应用，发挥其整体功能。因此，丰富的教学方法培养和激发了大学生参加体育锻炼的兴趣，使他们由被动锻炼变为主动锻炼，

从而获取更多的体育知识、技术技能，教学效果比以往更加突出。

## 三、教师教学观念的转变，为学生终身体育培养建立良好的基础

体育教育要进一步加强教师终身体育教育意识，并努力更新知识，建立新的知识结构与能力结构，由过去的侧重传授运动技术转变为加强现代化体育科学理论与方法的传授，由"技术型"向"智能型"转变，由传习运动技艺向终身受益的体育教学转变。教师成为大学生进行体育实践的组织者，大学生科学锻炼的咨询者和指导者。在体育教育过程中，教师还要善于应用多样化教学手段，多媒体、网络信息化进入课堂，发挥学校体育的多种功能。在教学中，教师能够因材施教，让大学生身体得到全面的发展。同时，把进行思想品德教育与为大学生终身体育打基础有机地联系起来，在教学中克服只重视身体锻炼能力的培养而轻视科学体育理论指导的思想，结合身体教育与心理教育进行教学，加强课堂体育教学和课外体育活动相结合，加深学生对终身体育的理解，培养大学生终身体育的正确观念、兴趣、习惯与能力，特别强调培养他们因地制宜地进行体育锻炼的能力。在学校体育全面推行素质教育改革的今天，体育教师教学观念的转变，为大学生终身体育的培养建立良好的基础。

总之，终身体育不仅是人们个体发展的需要，也是提高全民族体质的需要，更是全人类社会发展的共同需要。终身体育思想指导下的学校体育，不仅对学校体育作用、目的以及对教师产生深刻的影响，同时也将对学校体育课程、体育教材产生深刻的影响。体育教育对大学生实施了终身体育锻炼的培养，能更好地发展学生从事体育活动的能力和学习的主体积极性，使大学生在学生时代学会有"一技之长"或有"多技之长"，达到锻炼身体、提高身体素质的目的，从而养成并掌握终身进行体育锻炼的意识习惯和能力。

# 第九章　高校体育教学改革研究

## 第一节　高校体育教学改革的发展趋势

### 一、高校体育教学的现状

高校体育教育资源是指高校所拥有的能够增强学生体质、增进健康水平、掌握体育基本知识、丰富文化生活、提高运动技术水平的多种有形和无形的支撑状态，即开展体育教育和体育活动所利用或可利用的各类条件及要素。

体育馆、运动场地和各种体育器材、体育工作者和学校体育人口数量等属于有形的物质资源。学校对体育的投入力度、学校的发展水平、体育课的质量、体育科学研究、师资力量、体育传统和习惯等属于无形的非物质资源。高校体育教育资源的配置问题是高校体育教育改革过程中不可回避的问题，尤其是扩招背景下，如何以现行体育教育改革为目标，选择合适的体育资源存量结构调整和增量资源的优化配置方案，是很有现实意义的问题。

面对 21 世纪经济社会和新的入学人口高峰的到来，1999 年 6 月党中央、国务院做出了进一步扩大高等学校招生规模的重大决策，进一步扩大高等教育，通过多种形式积极发展高等教育，这是国高等教育由精英教育阶段向大众教育阶段转型的重要策略，但是，高校扩招也带来了种种发展中的问题，其中学生数量的快速增长与教学资源紧缺的矛盾尤为突出。在这种背景下，高校原来就比较紧缺的体育教学资源与日益增加的学生数之间的矛盾更加突出。为了完成体育教学的任务，实现体育教学的目标，要积极开发与利用教学资源，缓解这一突出矛盾。

随着高等教育改革的不断深入，教育的作用和功能也在不断地发生变化。高校应把培养主动面向 21 世纪，适应现代化建设所需要的德、智、体全面发展，基础扎实、知识面宽、能力强、高素质的创新人才作为头等任务来抓。所谓创新教育，是指根据创新的原理和规律，依据社会主义现代化发展对人的要求，有目的地培养学生的创新意识、创新精神、创新思维、创新能力以及创新个性的教育。

简言之，创新教育是指培养创新性人才的教育，是学生在系统、牢固地掌握科学文化知识的同时充分地发展自己的创新能力。在高校体育教育、教学中，强调培养学生创新能力和创新精神方面显得明显不足，缺乏行之有效的培养手段，开展创新教育的机制与环境建设尚待完善。在高校体育教学过程中，学生的创新能力是最为缺乏的能力之一。创新人才的培养依然是高校体育教学改革的一个薄弱环节。

具体表现为：高校体育课程与教学的指导思想不明确，课程体系结构单一，内容陈旧，考试形式单一，教学设备落后，人文教育薄弱，培养模式单一，创新氛围不浓，创新教育措施不完善。

造成这种现象的原因：一是体育教学目标过于单一，仅仅把学生体质是否增强作为评价高校体育教学工作的唯一标准。二是体育教学方法简单，以单一灌输为主，教学过程趋于程序化，过分地突出了教师在体育教学过程中的主导作用，忽视了学生的主体作用，导致学生的创造性思维能力难以得到培养和锻炼。三是体育教材内容陈旧，还没有形成一套适用于创新人才培养的大学体育教材体系。四是创新氛围不浓，由于学生较注重专业课的学习，对体育的认识不足，而教师也缺乏创新意识和创新能力，影响了学生创新能力的发展。应试教育是阻碍培养高素质创新人才的直接根源。长期以来，从小学到大学过分注重应试教育，没有把培养、检验学生的独立思考和创造能力放在首位，这是造成学生创新意识和创造能力较差的直接原因之一。

## （一）高校体育教学资源

目前高校体育教学资源可以分为四大类，人力资源、财力资源、物力资源和信息资源。

### 1.人力资源

人力资源是教育的主体，由教育者和受教育者两部分组成。受教育者受人口变化影响，直接影响学校体育教育的规模和质量。教育者在教育中占有主要地位，一定规模的学校教育需要一定数量的教师，同时，教育者的质量也是影响教育健康发展的重要因素。学生数量的多少，决定体育教育的质量和体育教育的平衡问题。

影响学生数量变化的直接因素是教育系统本身所拥有的各种资源，如体育教育经费、体育设施、师资队伍等，而这些因素又受到社会经济发展水平以及教育政策等各种因素的制约。学生数量的多少，决定体育教育的质量和体育教育的平衡问题。影响学生数量变化的直接因素是教育系统本身所拥有的各种资源，如体育教育经费、体育设施、师资队伍等，而这些因素又受到社会经济发展水平以及教育政策等各种因素的制约。

1999年扩招以前，高校体育教育基本保持相对平衡状态，学校体育教育紧紧围绕着相对固定的受教育者展开，各项体育工作都能够很好地正常运行。从1999年扩招至今，高校受体育教育人口剧增，原有的体育教育平衡被打破，学生数量超过了体育教育系统所能承载的最大容量。体育教育系统有其自身的特点，在体育教育资源供应量跟不上受体育教育人口数量增加时，必然会影响系统内部各结构的功能状态和协调程度，原有的体育教育系统失去平衡。

但是，在强调体育教育系统本身平衡的同时，并不意味着要牺牲那些超过教育人口容量的受教育人口接受教育的权利和机会。这就要求社会和学校加大体育教育的投入，加快体育教育的软件和硬件建设，改善育人环境，促使高校体育教育事业健康发展。

高校体育教育系统中，体育教师处于主导地位，是决定体育教学质量的关键因素。教师的数量、本身素质、教学活动等都直接影响着学生的学习效果。学生人数的剧增给高校体育教师的工作带来一定的影响，并对这一群体在新背景下提出了新的要求，当实际情况在短期内不能满足新要求、新标准时，二者便发生矛盾，供求关系处于失衡状态。扩招后体育教师与学生比例失调。

这种比例的失调，必然导致体育教师的超负荷工作，大部分教师不得不应付过多的教学工作量，这样体育教师有限的精力和体力就很难保证每一节课的教学质量，从而导致大学生体育学习的效果也出现不平衡。年龄结构在一定程度上反映了师资队伍体育教学和科研状况的发展趋势，是师资结构的重要组成部分。扩招后由于体育教师缺编，为缓解教学压力，高校短期内引进大批年轻教师，原有的年龄结构、职称结构和教师的专项结构被破坏。

### 2. 财力资源

财力资源是一切教学活动的根本，财力资源不足，就会限制教育的规模、数量和质量。体育教学中，体育经费的投入问题是困扰和影响高校体育工作开展的突出问题，经费投入不足，体育设施和器材的建设受到制约，同时也影响到体育教学质量。在体育教学中，财力资源主要是体育教学经费。如果体育教学经费不足以满足扩招后高校一切体育教学活动，那么将影响体育教育系统的平衡。

高校扩招为其自身的发展提供了难得的机遇，但高校为解决扩招后基础设施（如教学楼、学生宿舍、学生食堂等）的燃眉之急，往往首先将扩招后增加的经费投入到这些地方。高校体育经费主要靠学校拨款，与扩招前相比，多数高校的体育经费都有所增加，相对于增加的学生数量，经费的增加仍不能同步。

### 3. 物力资源

学校教育的物力资源，在很大程度上是财力资源的物化，它构成了学校和课堂的物质环境。物力资源低于基本的需求时，必然限制教育系统的规模、数量和质量。在高校的体育教育中，物力资源是指高校的场馆、器材和体育教材。体育场馆、器材是体育教育的物质基础，是体育教学的重要保障，其数量的多少和质量的好坏，直接影响体育教学的效果。我国高校持续扩招对高校体育场地和器材等形成了很大的压力，各种场地所容载的学生大幅度增加，有的高校学生数量达到扩招前的近十倍。

在如此拥挤的场地里安排体育教学和课外活动、运动训练，势必影响到体育教师和大学生的积极性，最终导致体育教学质量的下降，出现学生数量和质量的矛盾。另一方面，高校体育场地不仅在数量上不能满足扩招后的需要，而且在质量上也不尽如人意。体育场地、器材本身就属于耗损比较严重的一类资产，扩招后学生人数的剧增，学生对场地及器械的使用频率加快，则加剧了场地、器材的耗损程度和速度。

然而高校体育教育经费既要维护场地器材，还要大量增添新的场地和器材，所以在有限的体育教育经费下，场地器材的养护、维修和增补很难保证体育教学及其他活动的需要。

体育教材是高校体育教育功能实现的保障，是重要的物力资源之一。体育教材不仅保证了高校体育教育的均衡发展，又保证了高校体育与社会的协调发展。体育教材跟不上社会的进步和发展，就会导致与社会的冲突和矛盾，导致教育自身的功能失衡。

### 4. 信息资源

教育是一个开放的系统，离不开信息的传递。通过信息传递把系统内各组成部分紧密联系在一起，使系统处于有序的动态平衡状态。体育教育存在于自然环境、社会环境和文化环境中，要保证体育教育系统的生存和发展，就必须与所处环境进行信息的交换，针对不断进步的社会需要，及时调整内部结构和功能，保证与社会的协调发展。连续扩招使体育教学环境发生了明显的变化，较大程度地影响了信息发送者、传递途径、信息本身和信息接受者四个要素之间的畅通。

在我国现阶段的高校体育教育中还存在着许多问题，为了适应社会对高质量人才的需要，必须构建新的高校体育教学的体系，促进教育的有效实施和学生综合素质的发展，通过对传统教学模式存在的不足进行细致的分析，提出一些建设性的思路，希望给高校的体育教学带来新的方向。

## （二）现代高校的体育教学中存在的不足

因为教育的效果作用于未来，所以，高校教育要具有良好的超前性和预见性。在目前我国的高校体育教学中，教学的中心依然偏向于传统的教学模式，没有发展和创新，这样一来不仅限制了我国高等体育教学的发展，更给培养社会需要的高质量人才带来了不利影响。就具体分析对于现在体育教育的影响比较大的问题，教育指导思想上的陈旧观念。在高校的体育教育过程中有一部分是受传统教育模式影响，教学方式束缚性大，不利于学生发展。在应试教育思想的影响之下，高校不能够端正教育办学思想，不论是学生还是老师都处于重视文化教育而轻视体育教育的思想中。

这使得体育教育发展困难——在体育的教学模式之中，沿袭了传统的教学方法，教学过程中以老师为中心，开展以课堂为主线，实施体育教学，而忽略了新课标下以学生为主体的教育指导目标束缚了学生体育学习的主动性与积极性，抑制了学生的体育兴趣发展，影响了学生在个性、人格、人生价值观和社会的适应能力等方面的培养，出现了片面性人才的现象。

### 1. 教学计划制订的不合理

在体育教学的过程中，体育教学计划和评价是重要的组成部分，没有一个合理的计划就不能更好地。实施教学，没有一个合理的评价就无法对学生阶段性的发展进行细致的掌握。然而现阶段的体育教学的计划根本不能满足培养学生体育兴趣、综合能力等目的。依然是将课程、学期和学年紧紧地围绕在技能教学与考核教学的基础上来制订教学计划和方案，这在很大程度上忽略了体育教育的本质，无法使学生在身体素质和体育兴趣上得到良好的培养。

### 2. 教学方法单一不变，机械僵硬，模式化严重，使教学变得枯燥乏味

在教学方法上不够灵活。在目前的高校体育教学的过程，基本上继承了以运动技术为主的传统的教学模式，在实施教学的过程中，乏新鲜感与活力老师机械地讲，学生机械地听，老师机械地示范，学生机械地模仿，一切都变得生硬而缺乏生机。渐渐地学生对于学习体育感到厌倦，而老师也教得乏味。单一枯燥的教学方式，让学生们感受和体验不到运动和健身的乐趣，进而失去对学习体育的兴趣，导致教学质量无法提高，教学目标难以达成。

### 3. 教学内容上的陈旧

从小学到初中，从初中到高中，从高中再到大学，体育教学内容永远是足球、篮球、长短跑、跳远。只是在要求和标准上做了提高和改变，一味地延续这种陈旧的教学内容，使得体育教学没有新鲜感，而学生对于达标任务感到十分厌倦已经无法引起学生们对体育的学习兴趣，更别提激发他们的体育积极性。这样一来，体育教学就无法取得应有的效果。

### （三）教学创新体系的构建所包含的内容与措施

在教学方法和评价体系方面进行创新，在教学方法上的改革与创新，是培养学生创新能力对体育的积极性和主动性的关键所在也是高校创建创新体系，实施教学改革的重要依据，体育教学在方法上主要有一方面的体现，分别是教、学、考三个环节在传统的教学模式中，高校的体育教学的考试内容主要还是以测量学生的科目指标和考核技术为主，而实际上就是以成绩为主，这样根本不利于学生体育兴趣、能力和运动素质的发展，而在新的教育背景下，体育考试应该以提高学生运动能力、培养学生身体素质为中心，构建以考"过程"为主，考"成绩"为辅的"成绩"与"过程"相结合的创新教育体系，在评价的过程中，老师不能只重视学生的考评成绩，要将评价贯穿于体育教学过程中的每一个环节。改革评价主体上的模式，全员参与评价，丰富评价内容，将老师的评价、学生的自评价、学生们互相评价。

在评价的内容上，不仅要有技能上的达标学习的态度，还要有学生的生理测试和身体测试。总之，要淡化分数在考核中的重要性，从学生的整体素质来评判，把考核评价的重心放在。对体育教学的过程性与能力性的评价上来，促进学生培养建立终身体育的良好思想，只有这样，才能在本质上实现评价的最终目的，提高高校体育的教学质量，让学生在身心上都能得到良好的发展。

### （四）全面增进学生的身体素质和社会发展的需要

首先，体育教学必须与健康教育相结合。现代高校的体育教学要想从传统的以技术为中心的教学模式转变到以增强学生体质和学习能力与兴趣的新的教育方式上来，就必须把体育教育与健康教育有机地结合起来，构建出新的、能够满足培养学生体育能力和综合素质的教学内容体系。在新的教学体系中，以增进学生的体质与健康为目的，将心理、生理和社会健康三个方面有机地统一在一起，对于学生体质与健康的培养，教师可以提高他们对社会的适应能力，使他们能在步入社会之后得到更好的发展。

其次，增加新的教学内容，培养学生体育能力。新的教育标准是以培养学生的体育能力为主，所以在教学内容上，老师不仅要将技能传授给学生，还要重视对学生能力的培养。在内容上增加一些能够吸引学生主动参与和乐于参与的新项目，激发他们的学习兴趣，进而在运动中学习知识，提高能力与综合素质。

最后，体育教学要面向未来。传统的体育教育中，主要是以解决过去和现在的体育问题为主，而未来高校的体育教学在内容改革与创新上，应该要放眼学生身体素质的未来，解决他们身体上未来的体育问题，提高他们的身体素质，以应对未来的社会发展对高质量人才的需求，只有这样，才能提高高校体育教学水平，满足社会发展的需要。

总之，体育是一个复杂而又漫长的过程，体育教学就是这个过程的开端，高校的体育教学体系本身就是一个层次多、维度多的复杂结构，其中包含了各种因素，他们相互独立又彼此依存，所以，要加强提高校体育教学的体系创新，就要从实际出发，敢于发现问题，敢于提出问题，进而去解决问题，创新思考，以培养学生学习能力和综合素质为基础，全面提高高校体育的教学质量，促进学生整体发展。

### （五）建设高校体育师资队伍

需要加强师资队伍建设培养合格的社会主义建设者，必须配备合格的师资队伍。学校领导要高度重视，统一认识，把高校公共体育师资队伍建设当作一项长远的战略工作。尤其扩招后出现的师资紧缺、年龄结构、学历结构、职称结构不合理的现象，学校要加大力度投入资金、提供条件、改善环境、制定科学合理的师资队伍建设规划，使高校公共体育师资队伍建设有目标、有计划、有步骤、有成效。

#### 1. 扩大经费来源

一方面学校相应地增加体育教学经费；另一方面面对市场经济，高校体育教育本身要建立多元投资体系，增加自身的"造血"功能，在不影响体育教学和正常体育活动的前提下，充分利用好人力资源和物力资源，逐步扩大体育教育产业活动，缓解扩招后体育经费的不足。

（1）高校可以利用体育师资力量雄厚的优势，对社会和学生举办有关项目的体育培训班，运动技术指导、承接各种体育比赛等。有条件的高校，还可以进行科技成果的产出和转换，以及人力资源的输出。

（2）在不影响正常体育工作的前提下，利用闲暇日和课余时间，向社会提供娱乐消费，为群众性的体育活动提供场所，进行适当的有偿服务。充分利用人际关系，争取政府对体育教育的支持和帮助，争取厂矿企业资金投入和赞助。

#### 2. 合理开发高校体育人力资源

在学生数量急骤增加、教学内容不断丰富的情况下，仅靠增加年轻教师的数量，不利于学校师资队伍长期规划建设。高校体育教师进行校际、省际甚至国际的合理流动，是高校体育教师社会化的重要标志，是今后高校师资队伍建设的发展趋势。学校间体育教师的交流和交换，实现人才的合理搭配，有利于社会资源的合理利用，有利于人才资源发挥最大的社会效能，有利于高校间人才资源的共享。

返聘退休教师、校外专家、教练和体育指导员担任部分教学工作，缓解教学压力和人员编制。挖掘体育教学内容。针对目前体育教学形式，必须丰富体育教学内容，增添新教材，改革旧教材。教学内容应跨越时间、空间的界域，继承与发展相结合，民族的与世界的相交融。在利用好学校体育资源的同时，积极开拓自然资源和社会资源。

减少竞技体育内容，增加趣味性、娱乐性强的自然体育和休闲体育内容。合理利用场馆资源。目前部分高校的体育馆仅供学校体育代表队和经营使用，在教学场馆紧缺情况下，应合理调配场馆的使用时间，提高场馆的利用率。同时还可适当利用校外体育设施资源，缓解校内场馆不足的压力。

加大信息数量和种类的投入。高校要不断扩大信息来源渠道，提高学生输入信息的数量和质量，结合不同的学生群体，输入不同类型的信息，便于学生选择和吸收。积极创造条件，保证信息传递通道的通畅，以提高信息传递的效果。教师应加强自律，不断学习提高自己的科研水平、信息更新能力和教学水平，保证信息传递质量。

## 二、高校体育教学发展的趋势与改革

目前，随着全球性教育改革的深入，我国教育也发生着重大的变化。革新传统的教育面貌，研究和探索未来的教育已是摆在人们面前的紧要问题之一。美国及其他发达国家，纷纷对21世纪教育提出了新的要求。学校教育要由应试教育转向全面提高国民素质的轨道，面向全体学生全面提高学生的思想道德、文化科学、劳动技能和身心健康，促进学生生动活泼的发展，办出各自的特色。

纵观世界教育改革，尽管各国国情不同，教育改革也必然各异，但具有鲜明的共性特征。这种共性特征就是强调人的全面发展，尤其在提高人的身心素质方面。由此看来，体育教育在学校教育中占有重要位置，对教育改革的作用极大。

### （一）学校体育教育的培养目标

早在1917年蔡元培先生就提倡体育教育为"完全人格"教育。

体育教育在培养人的方面无疑起着重要作用。而以往的学校体育教育只强调身体训练，忽视对身体的合理养护和健康指导，培养出来的学生只会简单的运动技能，而不懂保健知识，不懂体育原理的体育盲加健康盲。但可喜的是中国教育界已认识到了这一点，中国学校体育教育正在与健康教育逐步结合。

在学校教育中，体育教育过程最长，从幼儿园到大学直至研究生都进行着体育教育，学校体育教育的发展是与社会历史的发展和传统文化的继承息息相关的。因此目前我国学校体育教育的发展也必须与国情、社会的需要相适应。学校体育教育应是促进人的全面发展，使人人享有体育和健康教育，实现服务于国家现代化建设的目的。

教师和学生共同在素质体育教育思想的指导下，以健康体育教育为基础，教师遵循科学的教育规律，学生遵循科学的学习规律，以创造体育教育和愉快体育教育为过程，以终身体育教育为目的，最终达到身体、心理的全面发展，成为一个健康和富有创造力的人。

素质体育教育是素质教育思想的一个分支。全体学生参加体育锻炼的意识如何、全体学生的体质如何、终身运用锻炼身体的手段如何、健康体育教育如何等都是其内涵所在。因此，学校体育教育必须面向全体学生，全面提高学生的身心健康，对学生进行体育文化教育，使学生具有健康的体魄、健康的心理、健全的人格，即身体和心理都得到健康发展。

何为身心健康素质，怎样贯穿到学校体育教育中呢？身心健康素质，即身体健康素质和心理健康素质。身心健康素质是发展其他素质的物质基础。毛泽东在《体育之研究》中指出："体育一道，配德育与智育，而德育皆寄于体，无体是无德智也。"[1]身心健康素质对于发展智力、保持稳定和支持个体正常工作学习，具有特别重要的意义，高考第十名现象正是说明了这一点。身心健康素质包括：体态健康素质（体型体重），体质健康素质（器官发育对疾病的免疫力），体能健康素质肌体器官的生理功能（力量、耐力、速度、协调、灵敏等）以及人体对各种刺激的反射、适应和耐受能力等。

通过实践证明，身心健康素质的教育就是指影响和提高学生身体心理健康水平的活动过程。具体地说，身心健康素质教育所要达到的目标是：在先天身心健康素质的基础上，使受教育者具有健美的体态、良好的体质、充满生机与活力的体能并养成稳定的心态和优

---

① 毛泽东.体育之研究[M].北京：人民体育出版社，1979.

良的体育锻炼生活习惯，使受教育者身体的各个部分、各个系统都获得和谐统一的发展，增强对外界环境的适应能力和运动能力，能够适应紧张的学习工作节奏以及复杂形势的各种挑战。

早在 1800 年美国教育家霍列斯曼首先提出健康教育和学校健康教育的概念。世界联合国教科文组织发表的《综合学校健康教育：行动指南》①指出：接受健康教育是每位儿童青年的基本权力，提高他们的健康价值观和实践能力，推动全世界人民的健康水平。学校健康教育经历了从强调知识传播到强调行为培养进而强调环境支持的发展过程。新时期的体育教育通过体育教学向学生进行体育卫生保健教育，增强学生体质、促进身心健康发展，培养德、智、体、美全面发展的社会主义的建设者。

所以，二者紧密结合、互相促进，其主要目的都是为了保持健康，故又称保健体育。笔者对部分学校的问卷调查结果显示，目前健康体育教育不能适应学校教育的需要，经过近几年的教学实践，笔者总结认为健康体育教育是增强学生体质，面向全体学生促进学生身心健康发展。突出健康第一，注重体育与健康教育的结合，使学生懂得健康的意义，学会保健的方法，形成对体育的兴趣爱好。

### （二）创造体育是由现代创造教育应运而生

创造教育长久以来不曾引起人们的重视，近代的教育更倾向于传授教育，但其有较大的弊端，即浓厚的保守性。而人类的生存和发展所依赖的是其发明和创造的能力，人类发展的历史就是一条发明创造的长河，于是就产生了培养发明创造能力的创造教育。在素质教育的今天，创造教育又赋予它新的生命力。在实践中，也总结出了相应的创造体育教育。创造体育教育的作用是改变人的思维方法和思维素质。

在此过程中，教师和学生在遵循科学的教育和学习规律的前提下，积极开动脑筋，创造各种生活环境，培养学生的创造意识、能力、精神，训练学生的创造性思维，培养学生通过各种体育活动发现问题、分析问题、解决问题的能力。挖掘学生的创造潜能，开发学生的创造力。为此，在体育课堂教学中老师必须具有创造精神，这样才能培养学生的创造意识。如篮球的一分制，四门足球赛，反五十米跑等创造教学的成功运用都说明了唯有创造精神，才能取得良好的教学效果。

在体育教学中，让学生自己创编徒手操，教师把编排徒手操的原则和方法教授给学生，学生通过思考把学习的理论知识，运用到实践中去，使每一节体育课都充满了创造，结合愉快健康体育园地的开展，充满了趣味。作为教师的创造能力日益为人们所关注，并被视为未来教师素质的核心，只有创造型的教师才能教育出创造型的学生、创造型的人才。

1965 年法国成人教育家保罗·朗格朗提出"终身体育"的思想。接着苏联学者提出"终身体育"是培养与发展学生从事体育活动的能力和学习的主导能力，让学生在学习时代学会"一技之长"，养成与掌握终身进行体育锻炼身体的习惯和方法，使之终身受益。终身体育教育通过身心的调节，达到人与自然的和谐、统一。

通过教学实践和部分学生的反馈信息也证明了这一点。终身体育简而言之，就是体育运动不应该成为人生某一阶段的内容，而应该是伴随人们终身的。换句话说，人们在自身的生活中，有按照自己的兴趣、爱好选择合适自己参加的运动项目去享受运动中乐趣，不断提高完善自身锻炼方式和从锻炼中受益，持之以恒终身从事体育运动。在教学中尽量以

① 龚坚，张新.体育教育学 [M].重庆：西南大学出版社，2009.

愉快体育的方式进行身体锻炼，使之出现条件反射性的兴奋状态，以利于顺应终身体育的产生条件，成为学生们走向终身体育的起点或一个过程。

许多受过体育教育的人，也许能够说出一些体育的理论，但很少有人能够真正地理解它。只有熟练地掌握了这些知识，并能够灵活运用到生活实践中去，这种教育才算是成功的教育。而终身体育教育使受教育者达到最高层次。

根据受教育者的程度可分为三个层次：一为初级阶段，即学会了某些运动的活动形式、技术，没有充分认识体育的价值；二为中级阶段，即体育活动对身体产生了很好的促进作用，人的身心调适到某种良好状态，但缺乏主观能动性；三为高级阶段，意识到自身对运动的需要，并形成良好的锻炼习惯，逐渐地使身心状态得到较大的改善。

达到第三阶段的体育教育，受教育者充分认识到体育作为生活不可缺少的部分，便自己通过运动达成身心统一，持之以恒。

### （三）协同的概念

最早提出协同概念的是德国学者哈肯（Haken）。他认为协同是把各种事物分为可以相互转化的有序和无序，两者辩证统一，无序就是他们之间可以相互转化，无序就是混乱，模糊不清，有序就是协调一致、团结统一。"协同"在《辞海》里被解释为协调一致，团结统一，互相配合。所谓协同，就是指协调两个或者两个以上的不同资源，团结统一，互相配合地完成某一目标的过程或能力。

创新是指人们为了发展的需要，不断突破旧的规律，创造出新的东西协同创新。通常意义上是指产学研的协同创新，即大学、企业、科研机构以及其他创新组织等为了实现利益最大化，大学和企业投入自己的优势资源，科研机构与创新组织提供技术支持，在相关主体的协同支持下，共同进行的协同创新活动。

协同创新是指通过一种富有创造力的新方式将优势资源结合在一起，突破创新主体间的壁垒限制，充分利用各自的优势资源和技术来进行深度合作，从而优化资源配置，实现共同的协同创新目标。协同创新就是一个沟通—协调—合作—共享的过程。高校协同创新就是促进各参与协同创新的高校之间优质师资资源、场地设施资源、信息资源、传统优势资源等的有效整合，大力提升高校的创新能力，为资源的有效协同和共享奠定基础。

资源是指一定的社会历史条件下存在着，不同群体能够开发利用，在社会活动中能够产生经济价值，以提高人类当前和将来福利的各种要素的总和。根据资源的概念，所谓体育教学资源主要是指一定社会历史条件下发展起来的、人类能够开发利用的、在社会体育活动中发挥重要作用的、能够产生经济价值、以提高人类福利的各种要素的总和。大学体育课程教学资源是体育教学资源概念上的衍生。

从大学各类体育教学资源要素出发，将大学体育课程教学资源定义为：与大学体育活动密切关联的各种教学场地、仪器、设备、建筑物、图书资料、教工数量以及各项管理活动等所有人财物的总合。大学体育课程教学资源可以根据形态特征划分为物质和非物质形态两大体育教学资源。物质形态体育教学资源包括体育场地设施、体育师资、体育经费等等与体育课及体育活动有关的体育硬件条件。

非物质形态体育教学资源包括体育信息资源、体育传统优势资源、体育习惯、体育训练和科技水平等软件条件。鉴于实际状况本题的研究将以体育师资资源、体育信息资源、体育场地设施资源、传统优势资源为主。共享即分享，是将优势资源进行整合并与其他人共同拥有，实现优势互补、协调发展的过程。

大学体育课程教学资源共享则是指将大学校园内的体育场地设施资源、体育师资资源、体育信息资源等方面相互交流、彼此融合、共同发展的过程。大学体育课程教学资源共享的核心理念是资源的交融和整合：所谓"交融"就是高校与高校之间、高校与企业之间、高校与科研机构之间应真正做到优势互补、强强联合，并在体育场地设施、师资资源以及教学功能等方面实现大范围的融合和共享；所谓"整合"就是高校与高校之间、高校与企业之间、高校与科研机构之间应奉行集中与分散相结合的整合原则——总体上联合共享、统筹管理，避免各自为政和重复建设，以实现资源的最大化利用。

美籍经济学家熊彼特认为创新是指把一种新的生产要素和生产条件的"新结合"引入生产体系。西蒙·库兹涅茨主要是强调创新的目的性，他认为"创新是指为达到一个有用的目的而采用的一种新方法"[①]。协同创新的定义最早是由美国麻省理工学的彼得·葛洛提出的，即有共同意愿的人员和组织，借组网络的力量，进行相互交流和学习，团结一致，共同合作实现共同的目标。

高校协同创新是指各参与协同创新的高校在师资、场地设施、信息等资源上各自投入自己的优势资源，并在相关主体的协同支持下突破创新，实现有效共享。胡建华认为"产学结合"是高校协同创新的重要途径，并以日本为例进行了研究。他认为协同创新的协同可以有多个层面，多种形式、跨部门、跨学科乃至跨世界。产学结合深刻体现在高校与产业部门的协同上。他提到"产学结合"在日本被认为是科技创新、高校自身发展以及高校为社会经济成长做贡献的重要途径之一。

在日本，高校产学结合的发展过程之中，日本政府发挥着重要的作用，主要通过以下手段来影响高校产学结合：通过法律手段，制定相关计划，并投入一定的经费予以支持，同时成立负责产学结合的相关机构，将其落到实处。近年来，美国较有代表性的体育教学模式主要有四种：西登托普的竞技体育教学、汤姆迈肯兹的体育健身教学、海尔森的培养学生对个人和社会责任感的教学和将体育与其他学科相结合的教学。

曹铭亮，渠广伟在《美国体育教育模式概述》[②]中提到了学科联合模式，其内涵是把体育课的内容与其他学科的内容联合起来。这一模式的成功实施，需要教师的协同努力，其他学科的教师必须与体育教师一起来研究怎样上好这类课，同时还需要校际之间的交流。姜同仁提到在美国不同的大学之间签订协议，相互承认所取得的学分，这样学生可以根据兴趣在不同大学间自由地选修课程。

孙志有提到英国的体育课程设置比较注重户外游戏，强调多学科课程间的互相渗透和融合，优化组合各个领域的课程，让学生可以掌握更多的知识，为学生的终身学习打下了坚实的基础。[③]高校体育资源开发利用的途径主要有：建立国家—地方—高校三级体育资源管理机制、成立规划组织机构、建立大学城内部有形体育资源共享的渠道、优化配置教师资源，实现学分互认、利用大学城内的优势提高竞技运动水平、建立各校之间的体育教学信息网络平台，探索新型体育教学模式以及利用大学城的体育资源优势带动周边体育发展。

① 西蒙·库兹涅茨.各国的经济增长 总产值和生产结构 [M].常勋等译.北京：商务印书馆,1999.

② 曹铭亮,渠广伟.美国体育教育模式概述 [J].解放军体育学院学报,2004（4）：126-128.

③ 孙志有.新形势下青少年体育参与的制约因素及应对策略研究 [J].山东农业工程学院学报,2017（8）：11-12.

卢闻君则认为对于高校体育资源的开发可以实施可持续发展战略，广开体育资源补偿渠道，提高高校体育资源的技术构成，努力减少资源的损耗，注重高校体育无形资源的开发，增强其能动性。

对于体育资源共享，郭鼎文的观点和王春生阐述的观点大同小异，在体育资源共享方式上面，王春生提到建立"体育公园"郭鼎文提到要建立"体育资源信息库"来扩大资源共享的可利用范畴。其他的共享方式差不多都一样。例如如何利用大学资源整合的优势，充分发展学生和教师的主观能动性也是一个需要解决的问题。

参考国内外先进研究理论，结合其他学科的经验和教训，为体育资源共享提供一个可操作性、高效的、合理的理论框架，充分发挥各自的资源优势。有关体育资源配置方面研究，学者们都认为其配置方式主要有三种：（1）计划方式；（2）市场方式；（3）计划与市场的协调结合任何一种配置方式都有其运行、使用的条件和基础。

由于资源配置的重点不一样，"最重要"是计划方式所要强调的，"最适宜"是市场方式所要强调的，"最协调"是两者相结合所要强调的。体育师资资源的优劣是实现高校体育教育目标、保证体育教学质量的关键。体育师资资源是高校体育事业可持续发展的重要保障，合理利用现有的师资资源能有效实现资源的优化配置，继而推动高校体育事业的高效发展。

对普通高校体育师资资源现状的调查主要从教师的年龄、职称和学历的结构等几方面来展开。教龄能体现出教师在专业素质和理论知识的拥有程度，以及他们科研能力水平和对体育科研做出的贡献，对于高校体育教师而言，教师的教龄在一定程度上反映了师资资源在教学、训练、科研和创新等方面的能力，高校体育教师年龄结构是评定高校师资资源的一个重要指标。

当今高校教师学历主要分为四个层次：专科、本科、硕士、博士。

学历的高低代表着一个人接受教育的程度，同时在一定层面上也可以体现出一个人的知识水平和能力。一个教师拥有了高学历，具有了较高的知识水平和能力，那他无论是在教学还是在科研上都具备做出突出的贡献潜力，为高校的可持续发展提供了有力的保障。

专科及以下学历、本科学历、硕士学历、博士学历的人数占所调查的总教师数的比例分别为：4.9%、50.4%、41.3%、3.4%。高校体育教师学历主要集中在本科和硕士文凭，跟教师的年龄结构形成了统一。近几年，随着高等教育的发展，更多高校现有的教师为了提高自己的核心竞争力，都继续走向了课堂，进行深造，在一定程度上提高了高校体育教师的学历水平。现今，就业形势越来越严峻，竞争力也越来越大，高校对于需要新引进的教师也提高了门槛，独立学院的高招起点都落在了硕士研究生学历上，重点院校更是如此。

因此，高校体育教师的学历水平不断地在上升，在很大程度上缓解了高校体育教师学历偏低的现象。场地设施资源主要包括体育场馆和器材设备等，是学生参加体育教学和课外活动的重要场所，是高校进行体育教学和训练不可或缺的一部分。

各高校在场地设施资源上都有各自的优势，各高校应充分利用这些优势资源，在保证正常体育教学的前提下，充分利用现有的体育场馆和器材设备条件，更多、更好地为校内外的教师和学生提供服务。

目前，高校体育场地设施资源现状为：有丰富的场地设施资源，但是有些新兴的体育场馆比较短缺，比如高尔夫场，在所调查的高校中只有武汉体育学院有这种场地，而且也只是训练场。另外，各高校的体育场地设施资源分布情况也存在一定的差异性，重点院校无论是在场馆数量还是在场馆的质量上都要比非重点院校略胜一筹，有些高校的体育场地资源过剩，造成了不必要的浪费，有些高校的体育场地资源稀缺，给正常教学带来了不少的麻烦。

高校体育优势资源是指由于受到体育文化、传统优势体育项目、体育行为习惯等方面的影响，而在高校内部诞生的比较有影响力的体育资源。各高校由于受本校体育文化、传统优势体育项目和体育行为习惯的影响，造就了各高校拥有不同的体育强项，长久以往，逐渐演变成自己的传统优势项目，最后受到各校传统优势项目的影响，形成了不同的、具有校园特色的体育文化氛围。根据学校教育的总体要求和体育课程的自身规律，应面向全体学生开设多种类型的体育课程，可以打破原有的系别、班级，重新组合上课，以满足不同层次、不同水平、不同兴趣学生的需要。大学体育课程上好技术课的同时，也不能忽视理论知识的学习，要做到理论学习和技术学习的同步统一，在进行技术教学时，最好能利用现代教学手段实现多种形式的理论知识的传授，同时，能够充分运用所学的理论知识来指导实践。理论知识的教学内容一般安排约占整个体育课程的 10%。

专长师资资源的缺乏和学校场地设施资源的限制是体育课开设项目较少的主要原因之一，专长师资资源的缺乏特别表现在一些新兴体育项目的开展上，办学历史悠久的学校由于许多体育教师的年龄都呈现老龄化，他们的年龄、他们的身体已经无法再去继续学习新兴的体育项目，由于学校编制上的问题，可能无法在短时间内在引进青年教师来进行新兴体育项目的教学；而一些历史相对较短的高校，由于学校正处于快速发展阶段，学生人数的不断增加，导致教师的数量和教学场地仅仅只能保证大多数学生选择的体育项目，很多新兴的体育项目也因为教师和场地的限制而无法开展。

影响学生对体育课程满意程度的主要原因有如下几点：

1. 学生对所开设的体育项目不太满意，他们认为学校所提供的选择项目较少，而且选项内容比较陈旧，根本无法满足学生的需求。

2. 部分学校场地设施的缺乏，严重影响了体育课程的开设。

3. 体育课程多半是在室外进行，由于天气的原因，遇到下雨和冰雪天气，将法正常开课，从而导致体育课程学习的滞后。

4. 体育师资资源的有限，再加上一些体育教师的教学水平存在一定的差异，学生本身的身体素质也参差不齐，严重影响了学生学习的积极性。

### （四）高校之间体育资源共享

对于高校之间体育师资资源的共享，主要表现在有些有声望的教师跨校进行学术讲座，有些体育教练跨校进行技术指导等，有些高校缺乏有声望的教授来为其发展做支撑，便会从其他高校采用外聘的手段引进教师，这些教师在高校一般被称为客座教授。还有一种比较临时性的共享，主要表现在教师的临时借用上，有的高校开展运动会，或者是其他体育项目的比赛，缺乏相关的编排人员，便会在外校寻求这方面的人才来进行编排工作。

对于体育场地设施的共享，主要表现在场地设施资源的对外开放上面，对外开放涉及有偿、部分有偿和无偿，经过相关调查发现，能完全做到免费开放的高校少之又少，甚至有些高校的场地设施是全部有偿对外开放的，不过大多数高校都实行的部分无偿，部分有偿对外开放。

一般实现免费共享的场地只有田径场、足球场、篮球场等露天场地。场地设施资源共享还存在另外一种方式，有些高校缺乏某些场地，在需要利用这方面场地的时候，往往会租借临校的场地来进行。场地设施共享还有一种共享方式是通过学校内多校区体育资源共享实现的，在调查中发现，有些院校的体育场地设施除了进行日常教学外，很少被利用，在一定程度上造成了资源的浪费，如果这些高校可以把这些闲置的场地在课后共享，不仅可以有效避免资源的浪费，在一定层面上还可以进行创收，场地设施资源被有效利用，也可以带动该校的体育文化发展，同时也会带动本校学生的加入。

体育信息资源的共享主要是通过 InternetExplorer 来实现的，随着社会的发展，网络在学生中的使用率也越来越高，要想知道什么信息直接可以在 Internet Explorer 上百度一下便可实现。一般在学校网站上都会设置体育部的链接主页，将一些信息及时的更新、发布在自己的主页上，供学生和教师的浏览。通常主页上的内容都会涉及单位概况、学科建设、教学动态、学生工作、科学园地、党建思政、体育教学辅导站、体育理论在线测试、体育知识传播、体育名师辅导、体育健身加油站等方面的内容。高校一般都拥有悠久的历史，这么多年走过来，都形成了各具特色的办学理念、特色和工作思路，在现阶段很难融合与协调。

不同的高校在学校事物的管理模式和运行机制上都有各自的不同点，每所高校都有着适合自己学校发展的管理模式和运行机制，若要实现高校间体育教育资源的共享，必然会影响到高校原有的管理模式和运行机制，高校害怕改变，害怕受到其他高校的影响给自己带来不必要的麻烦，他们就会产生反感，这种心理必然会影响共享的实现。

资源共享的最大障碍归根到底还是管理体制的制约。由于各高校为了生存都会考虑到自己的切身利益，他们之间就会存在竞争关系，所以他们之间的相互协作就比较少，害怕自己的利益受到损害，各高校为了在社会上树立好的形象，通常情况下，只会强调自己的优势，忽略自己的劣势。

在资源的建设方面，情愿重复配置造成浪费，也不愿意分享给其他高校。这虽然能在一定程度上形成属于自己的特色，增强自己的优势，提高自己的地位，然而如果不互相沟通，不相互进行经验的交流，会导致跟不上时代的发展，从而导致信息的滞后，不利于利益的实现，也会造成资源的浪费。校际间的资源共享无疑是解决资源浪费的最好途径，但是部分高校只对利用他校的优质资源比较感兴趣，都只愿意享受他校的优质资源，要将自己的优质资源提供给其他高校共享时，有些学校难免会产生私心，对优秀的教师采取保护政策，限制对他校的贡献。有些高校把自己先进的场地设施封闭起来，只供本校使用，不对外共享等。导致资源只能实现"部分"的共享，影响共享的效果。总的来说，还是共享的思想意识薄弱，过分关注自身的利益。这种共享与竞争的问题，主要是受到我国传统封闭管理体制的影响。各高校的体育资源各有所长，具有不同的学科优势、专业优势和课程特长。要实现他们之间体育资源的共享，势必首先在高校之间设立资源共享的组织和协调机构，有力的组织和协调机制，是实现体育资源共享的重要枢纽。

笔者在对湖北省高校体育部相关负责人的调查中了解到，大部分的人认为：要实现高校间体育资源的共享，有力的组织、管理、协调机构是不可或缺的，只有建立了这样的机构才能督促共享的实现，保障体育资源共享有序合理地进行；这样才能更好地发挥高校体育资源的优势，促进体育资源共享的长期发展。普通高校之间大学体育课程教学资源的共享就缺乏相关的组织和协调机构，从而影响了共享的实现。

从高校大学体育课程教学资源供给与需求情况，可以看出：高校师资资源丰富，且年龄结构、职称结构、学历结构都比较合理，为实施校际共享提供了保障。学生对体育教师和体育场、设施的需求日益增长，部分高校已经满足不了这种需求，严重影响了学生对体育课程学习的积极性，从而影响教学质量。

高校体育教学资源总量充足、分布不均衡的现状以及场地设施资源无法满足学生多样性的需求等问题都需要通过资源共享来解决。但是普通高校参与体育教学资源共享的院校很少，用来共享的资源也存在一定的局限性，在资源共享过程中由于各高校的办学理念和教育体制的不同，严重制约了资源的有效共享。

再加上缺乏有力的组织和协调机构，更大地制约了资源的共享，如今为了提高学生学习的积极性，提高教学质量促进高校体育教学的和谐稳定发展，迫切需要改变现状，实现高校之间体育教学资源的有效共享。使各类高校大学体育课程教学资源共享，增强学生身体素质、提升区域整体办学水平和人才培养质量。

当今世界，合作共赢是全球高等教育发展的大趋势，也是我国高校实现大发展所面临的共同机遇。我国研究型大学与世界一流名校相比还有较大的差距，要迎头赶超、实现跨越式发展，就要在高校之间实现优势互补、强强联合，从而带动整体崛起，这是现阶段建设具有中国特色的高等教育强国的必由之路。有效实现高校大学体育课程功能是高校体育教育发展最核心的任务，为了实现这一任务，就要积极推动协同创新，推动高校之间的深度合作，建立协同创新的战略联盟，实现高校之间强强联合，努力为实现高校体育功能做出积极贡献。

### （五）对观念的更新认识

观念是人们对事物的认识，观念更新就是人们在对事物原有认识的基础上进行的补充和完善，是人类对事物更深度的认识，是社会发展的必然趋势。随着时代的发展，许多高校已经实现了观念的更新，逐步认识到高校间实施协同创新战略的重要性。

如何做到观念的更新，要做到以下3点：

1. 要树立全局观念，高等教育在教育事业发展进程中占据着至关重要的地位，高校作为高层次人才的重要输出地，他的发展密切关系着我国教育事业的发展，高校要从我国教育业事业的发展出发，树立全局观念，支持国家教育事业的发展，使我国教育更快的跻身到世界先进水平。

2. 要树立相互合作的观念。只有加强高校之间的相互合作，才能更好地实现高校协同创新。合作就是高校之间打破门户之见，相互合作，大力倡导合作科研、合作教学的新观念。

3. 还需树立创新的观念。协同创新不仅需要高校之间相互合作，更重要的是创新，创新是时代的主题，是高等教育发展的必然要求。各高校之间要不断突破旧的规律，来创造出新的东西。这样才更符合协同创新的需求。

高校之间由于门户之见，长期各自为政，相互之间沟通、联系甚少，严重阻碍了教育事业的发展。高校之间的协同创新可以有效缓解这种局面，高校之间要充分利用各自优势的基础上，彼此沟通交流，对优势资源进行重组，实现在资源方面的有效共享。

高校协同创新的关键就是要进行机制的创新，如以下几个方面：1. 组织管理机构方面的机制创新；2. 资源协同机制的创新；3. 效果监测机制的创新。

有效的组织管理机构是高校协同创新有序进行的有力保障，资源是进行协同创新的基础，对协同创新的监测管理能够及时发现问题进行评价反馈，更好地促进高校间的协同创新。否则会在很大程度上对高校间的协同创新造成影响。所谓协同创新的协同就是指协调两个或者两个以上的不同资源，团结统一，互相配合地完成某一目标的过程或能力。

高校协同创新就是说在高校与高校之间进行协同创新，顾名思义，跨院校研究则是高校协同创新的重要途径。跨院校进行协同创新，首先要打破高校各自办学的传统，突破各高校间的壁垒限制，然后对各主体的资源进行整合并优化，这样高校间的协同创新才具有实质性意义。高校通过跨院校研究推进协同创新时，在打破门户之见的同时，既要充分挖掘自己的优势，并提供给其他高校实现共享，又要利用他校的优势来弥补自身的不足。

### （六）高校协同创新

高校协同创新平台是指高校间为了实现利益最大化，各自投入自己的优势资源，在相关主体的协同支持下，形成的一个组织系统。高校协同创新的基础就是要构建协同创新共享平台，并加强平台建设，突破各高校间的壁垒限制，实现资源的优化配置，实现共同的协同创新目标。

在对高校协同创新共享平台的构建中，建立的平台应贴合实际需求，平台面对各个协同创新主体开放，汇集并有效利用各个高校的优势资源，以创新为目的，通过协同创新，实现高校之间的深度合作，着重解决困扰高校快速发展的迫切性问题。政策是为了完成某种任务或是达到某种目标，国家或者相关机构所采取的具有强制性和权威性的措施，来使其顺利进行的保障。

高校间的协同创新要想顺利进行，也需要一定的政策做保障，来支持其发展，例如：政府通过资金投入为创新团队注入活力，资金奖励体育资源共享效果突出的院校，层次较低院校的学生通过共享获得层次较高院校的学分（互认学分与打造第二学位）。配套政策的颁布是高校协同创新的有力保障，但是光有政策还不行，还要将政策积极落实，这样才能使高校真正地感受到政策的保障作用，体现出政策的权威性高校之间的协同创新涉及了多个院校，他们都隶属于不同的机构，不同的机构不论是在教学、科研管理上还是在人事管理上都存在很大的差异，如果将他们统一起来，很难做到协调一致，因此就需要国家来建立相关的配套政策来为其做保障。高校也应该积极响应国家的相关政策，在实践中积极探索总结更好的推进协同创新的制度政策，来支持国教育事业和谐有序地进行下去。

协同创新协议是指高校与高校之间，为了整合有效资源，搞好协同创新，本着"优势互补、资源共享、共同发展"的原则，经过共同协商后，参与协同创新合作的各高校之间签订协同创新协议，并订立的共同遵守和执行的政策制度，必须明确各个协同创新主体的权利、义务、责任等事项，达到共享资源的最优化。

协议签订的宗旨就是要汇集各高校的优势资源，开展协同创新研究，争取取得重大突破，实现资源的最优化。协同创新团队是高校实施大学体育课程教学资源协同创新、培养创新型人才、提升大学体育课程竞争力、为资源共享提供基础保障的核心源泉。高校只有拥有了高水平的协同创新的团队，才能培养高水平的创新人才，才能更好地产生共享的创新资源，从而促进高校的发展。

高校要发展就应该联合其他高校建立一只高水平的创叙团队，来促进彼此的交流与合作，实现人才强校战略。

对于协同创新团队的建设，要做到以下几个方面：

1. 明确其团队组成，协同创新团队从上到下应该包括教育部门、大体协、各校主管体育的领导、各校体育骨干教师等，教育部门是协同创新团队组建的组织者和监督者，各校体育骨干教师是协同创新团队的核心，是协同创新团队建设成败的关键，要充分发挥各高校体育骨干教师的作用，努力创造协同创新资源。

2. 要明确协同创新团队的主要职责，教育部门、大体协主要负责团队的组建和监督工作各校主管体育的领导以及体育骨干教师主要负责进行资源的整合与协同，不断地创新资源，并督促各高校拿出自己的优势资源进行协同创新与共享。

3. 协同创新团队要积极倡导文化建设，强化团队合作意识，采取措施促进协同创新团队的交流与沟通，努力营造浓厚的合作氛围，促进彼此的团结协作，不断对协同创新团队成员要进行考核与调整，保证团队的创新力以及组成人员数量、职称、年龄和学历结构合理，从而为深入推进协同创新奠定人才基础和物质条件，以保障创新团队高效运转。

综观国内外协同创新经验，协同创新的根本在于利益协调，我国 2020 年的科技和教育中长期规划纲要对促进高校教育资源共享、推动高校创新组织模式都提出了明确要求。

通过对国内外其他组织对于协同创新成功经验的学习，最大的收获就是要想有效实现协同创新就要打破高校之间的壁垒，建立协同创新机制，构建完整的创新体系，集中高校的优势资源进行整合，提高协同创新的效率，最终实现高校之间资源协同创新有效进行。

各个参与协同创新的高校要想在协同创新中起到链条的核心作用，就需要不断地探索协同创新的体制和机制。各高校可以根据"整合、共享、完善、提高"的原则，借鉴国内外先进经验，联合其他高校，以实质性协同为基础，探索大学体育课程教学资源高效共享机制。'

在高校进行协同创新的过程中，会受到很多因素的制约，这些因素有大有小，大到国家相关政策的支持，小到协同创新机制的限制。对于协同创新机制的构建，各高校都要在发展中进行积极的探索。充分利用国家相关政策的支持，打破各高校之间的体制限制，合理开放各自高校的师资、场地设施等创新要素，共同探索建立协同创新模式。

在师资培养方面，各高校之间要建立合作培养高层次人才和应用型创新人才的机制，在教师互聘、学生跨校选修课、共同进行科研等领域建立开放的模式。在场地设施资源方面，建立场地设施资源共享机制，提高场地设施资源的使用效率，节约资源，避免不必要的浪费。高校之间的体育教学资源协同创新的实现，能为学生提供更优质的体育资源，奠定共享的资源基础。各参与协同创新的高校可通过机制创新，组建高校之间的体育教育资源协同创新研究小组，通过协同创新平台，组织不同高校的体育教师一起突破校际壁垒，进行体育师资资源、场地设施、信息资源、教学内容等的协同创新。

鼓励学生根据自己的兴趣进行跨院校选择学习，为学生带来丰富多彩的体育课程。各高校要发挥大学体育课程教学资源的特色与优势，联合各高校、相关研究机构，就相关问题、困境，共同商讨，共同解决，力争突破壁垒，改变"分散、封闭、低效"的现状，释放人才、资源等创新要素的活力，不断加强融合。

### （七）大学体育课程教学资源协同创新共享的原则

#### 1.置换对等原则

高校大学体育课程教学资源共享应遵循的一个最重要的原则是置换对等原则。置换对等原则在的日常生活中无处不在，主要是指日常行为的对等，它所包含的最重要的内涵是平衡，在经济学中的就相当于等价交换原则。

置换对等原则在高校大学体育课程教学资源共享中一般发生在资源和实力都比较对等的高校之间，实现强强联合，强校和弱校的联合则相当少见，就算强校与弱校之间进行了联合，用于共享的资源往往都是一些普通资源，很少有学校把自己的优势资源拿出来与其他高校进行共享。

置换对等就是指各参与大学体育课程教学资源共享的高校在某些方面寻求相等或者平衡，通过置换对等来满足各共享高校的需求，使他们觉得获得了某种平衡，促使不同的高校充分发挥和利用各自的特色或优势，有效的促进资源的共享，为不同实力的高校之间实现大学体育课程教学资源共享提供了依据。

#### 2.投入互补原则

高校大学体育课程教学资源共享应遵循的另外一个重要的原则是投入互补原则。投入互补原则就是指不同高校所拥有的大学体育课程教学资源在数量以及质量上能够互相弥补对方的不足。由于不同的高校在大学体育课程教学资源占有数量和质量上都会存在一定的差异，投入互补一般发生在大学体育课程教学资源具有互补性的高校之间，任何高校都只会在某些资源方面拥有优势，而不可能拥有全部的优势，每一所学校在拥有各自的资源优势同时也会有不如其他高校的劣势资源，这就使得寻求资源互补几乎成为每所高校都要做的事情。

比如一所高校所拥有的优势资源是另外一所高校的劣势资源，而拥有劣势资源的高校|时又拥有对方所需要的优势资源，这样的高校之间就比较容易实现资源的共享。当高校向外寻求优势资源的时候，应当把自己的优势资源共享给其他高校，注意体现投入互补性。通过投入互补原则，一方面可以有效解决大学体育课程教学资源单一高校面临的资源缺失问题。另一方面，可以有效解决大学体育课程教学资源劣势高校面临的资源质量问题。

#### 3.邻近共用原则

邻近共用原则是高校大学体育课程教学资源共享应遵循的又一原则。邻近共用原则是指在地理位置上比较相近的高校之间更容易实现大学体育课程教学资源的共享，如果在相邻高校能够获得的资源就尽量不要选择较远的高校来获取，这样不仅可以节约成本，而且可以有效地促进共享。

地理位置的限制也是制约高校大学体育课程教学资源共享实现的主要障碍之一，主要是由于如果学校之间的空间距离太远，会增加许多成本的消耗，就会限制资源的共享。邻近共用原则带给的启示就是当前国高校大学体育课程教学资源的校际共享首先以大学城共享为主，充分挖掘大学城内的大学体育课程教学资源的潜力，构建大学城内高校大学体育课程教学资源共享管理机构和网络共享平台，当大学城内无法满足对资源的需求时，或者大学城内高校大学体育课程教学资源共享已经发展到一定水平了，这时就可以把目光转向大学城外去寻求资源，实现大学体育课程教学资源更大范围的共享。

### 4. 弱势补偿原则

弱势补偿原则是指不同的高校在共享时一所高校通过给予另一所高校一定的补偿从而促成共享的实现。这里所说的弱势补偿与当前大家普遍谈论的教育补偿不是一个概念，后者主要是为了实现教育公平而对那些处于教育不利地位的群体施加的补偿，而在高校大学体育课程教学资源共享中的弱势补偿则主要包含了两种含义，既包括针对共享过程中因为各种原因所造成的场地设施的损耗等进行的补偿，也包括为了平衡、匹配对方付出的资源而进行的补偿，如对兼职教师等的工资、职称待遇等方面的补偿。

弱势补偿原则既可以发生在实力较为悬殊的高校之间，比如"重点学校"提供优质大学体育课程教学资源共享，而"普通学校"则为对方提供一定的经济补偿等，也可以发生在对等高校之间的不同资源的共享。因此，弱势补偿原则的运用也为不同层次、不同类别、不同性质高校之间实现大学体育课程教学资源的共享提供了理论依据。

### 5. 以人为本原则

以人为本原则是指高校大学体育课程教学资源的共享要以学生为本，其出发点以及落脚点都是为了培养学生。高校的一切活动都是为了促进学生的德、智、体、美、劳全面发展，实现大学体育课程教学资源的共享也是如此。共享的目的是为了让广大的学生能够享受到更多的、更优质的大学体育课程教学资源，从而使学生获得更好的学习机会。

高校作为高等教育的主要载体，最重要的任务就是要培养出满足时代需求的人才。以生为本原则需要注意以下两点：

第一，充分了解学生的兴趣，尽一切可能满足学生对大学体育课程教学资源的需求，真正从学生的角度出发去共享资源。

第二，让学生充分享受共享到的资源，使资源真正落到实处。

为了最大限度地发挥大学体育课程教学资源的优势，稳固发展大学体育课程教学资源，提高体育硬件的利用率。必须改变传统的体育教育观念，确立大学体育课程教学资源共享的指导思想；建立大学体育课程教学资源共享管理机构，并完善管理机制；构建大学体育课程教学资源共享网络平台，实现资源的网络共享；整合体育资源进行优化配置；实现大学体育课程教学资源的多元化共享，这样才能达到体育资源合理共享。

在高校体育资源共享中，只有认真抓好思想观念的改革，才能在思想上达成共识，明确总体目标，就能自觉地服从安排，遵照规律办事，这样共享工作才能顺利展开。反之，如果不重视思想观念的改革，就会脱离现实，从而影响到共享的效果。因此，各高校要更好地实现资源共享必须先转变思想观念，从打破校际的门户之见开始，积极地把各自的优质资源拿出来协同创新并共享，把协同创新当作是对各校资源的大整合，把共享当作利用他校优质资源实现与本校资源的互补，同时提高本校的知名度、扩大本校影响力，加强与其他高校之间的协同创新，为合作共享提供优质的资源。

对于高校大学体育课程教学资源共享工作来说，要充分利用湖北省高校的现有条件和优势资源，加强校际间体育教学资源的协同创新，把高校之间优质的体育教学资源融合在一起，提高资源共享率。只有这样才能做到对高校优质资源的有效利用，才能实现高校体育教学资源共享的最优化。

加强高校体育教学资源的协同创新，还需要确立共享的指导思想为："协同创新、合作办学、资源共享、协同发展。"

"协同创新"是指参加协同创新的主体投入各自的优势资源和能力，在相关主体的协同支持下，共同进行的协同创新活动，实现资源优化配置和彼此深度合作，从而实现共同的目标，为资源的共享打下坚实的基础；

"合作办学"是指各校之间消除门户之见，拿出本校的优势资源，享受他校的优势资源，相互交流，合作办学；

"资源共享"是指将各高校的优秀的师资资源、完善的场地设施、优质的信息资源和传统资源通过相互沟通、合作，对资源进行整合，然后进行协同创新，使学生和教师能够共享到更好的资源；

"协同发展"是指各高校在资源共享的过程中实现体育教学资源的互补，建立共享的组织协调机构来为其做支撑，实现各高校共同发展。

高校数量众多，并且都拥有自己的特色。各高校无论在师资资源、场地设施、信息资源，还是在传统资源和教学内容上都独具特色。大学体育课程教学资源有效共享的进程中，不仅会碰到各种各样的难题，而且在具体操作上面也会比较难以进行。

为了确保资源共享顺利进行，建立一个资源共享的管理组织机构便成为当务之急，管理组织机构负责规划与协调共享中出现的相关问题，指导体育资源共享的具体操作，并建立相关的资源共享的制度来作为指导思想，从而促进资源共享合理有序地进行。当前以网络为核心的现代科学技术的开发与运用，已经渗透了整个社会，对当今的教育事业也起着非同凡响的影响。

网络在大学校园中的运用越来越广泛，资源的共享可以抓住这一形势，大力推进资源的网络化管理，加强各校之间资源的网络共享进程，是实现高校大学体育课程教学资源有效共享的必要措施实现大学体育课程教学资源网络化，构建共享网络平台，不仅方便学生对网络体育资源的查阅，又可以有效地减少各校大学体育课程教学资源的重复配置。

网络平台的建立，在一定程度上可以降低资源共享管理工作的难度，方便各高校有效地进行共享，使学生能够方便快捷地查询有关信息，同时也使管理工作可以更加规范、科学、严密因此，要想高校之间的资源能够合理有效共享，构建共享网络平台就尤为重要。

网络平台主要分为后台管理平台和个人用户平台，后台管理平台主要涉及用户注册、考试管理和对平台的维护。在个人用户平台中应该设置各高校参与共享的师资、场地设施、课程安排等的相关资源的简介，并及时更新信息公告，满足教师和学生对网络资源的浏览需求。建立网络选课系统，使学生能够方便快捷的对感兴趣的课程和授课教师进行选择。

除此之外，在该网络平台还可以进行在线交流和成绩查询，让教师和学生能够更方便的交流和更快捷的查询成绩，同时在个人用户平台还设置在线发布，把好的资源可以发布到该平台进行共享。把高校的体育师资资源进行统一的分析，并按年龄、职称、学历合理地划分类别后，确定各个高校的优质的体育教学资源和优势体育项目，然后进行协同创新，优化整合之后建立优秀师资资源库。

一方面，各高校可以根据自己教与学的需求到优秀师资资源库来选择适合自己老师，同时，各校要放开门户之见，在享受他校优秀师资资源的同时，放松对本校优秀师资资源的限制，并鼓励本校优秀的教师在完成本校工作任务的同时，在个人时间允许的范围内加入到优秀师资资源库中，供其他高校进行共享选择，实现教师的跨校授课。这可以有效激发教师的潜力，实现师资资源的优势互补，即可以提高学生学习的积极性，同时也可以提高了各校的教学效果。

另一方面，学生可以进入到优秀师资资源库中根据自己的兴趣爱好，选择喜欢的教师和感兴趣的体育项目进行选修。这种通过建立优秀师资资源库，实现教师跨校授课，学生跨校进行体育选修课的学习的共享形式能够充分地激发优秀教师的能量和学生的学习兴趣。体育场地设施资源是开展体育教学和体育活动的根本场所，配置的好坏将直接影响体育教学的效果。

目前，在高校中对于体育选修课的学习，主要还是根据学生的选择来进行，其中也会存在个别由于场地设施资源和能够满足选修人数的有限而不得不改选其他课程。这样虽然使学生拥有了选择的主动权，但是由于场地设施资源的局限性而影响了学习学习的积极性。要改变这一现象，最好的办法就是充分利用场地设施，实现场地设施资源的优化配置，同时充分分配和利用体育场地设施资源，尽可能开设更多的选修课程，实现场地设施资源优化配置的前提条件就是各高校做到将本校的体育场地设施资源充分开放。

各高校根据自己学校的师资力量、场地设施的实际情况，来充分进行体育课程的设置和安排，并将课程安排信息公告在湖北省大学体育课程教学资源共享网络上，方便其他学校的学生根据自己的实际情况来更好的选择课程。这样既能满足不同学生的兴趣，扩大他们对体育选修课的选择范围，在一定程度上又实现了场地设施资源的优化配置，达到缓解部分高校因为体育场地设施紧张而造成的影响，更可以避免体育场地设施的重复建设，减少不必要的资源浪费。实现大学体育课程教学资源共享的多元化发展。

实现体育资源的有序共享。高校之间需要协同创新来促进与社会发展的相适应，只有这样才能充分发展高校的创新能力，促进高校之间优质体育教学资源的有机结合，集中高校的这些创新能力建立起高校间的战略联盟，由此来促进高校丰富资源的有效共享。

另外，高校之间还可以充分利用的其他课程资源，通过协同创新，多校联合合作共建新的体育课程，如可以依托财经、政法类高校（中南财经政法大学）的经济学和法学的相关资源，合作共建体育产业经济学、体育法等课程；可以依托开设有计算机技术的工科院校（华中科技大学），合作进行体育游戏软件开发、体育网络平台构建等课程的开发；可以依托开设有医学类专业的高校（武汉体育学院），开设推拿学、中医保健、体育营养学等课程；可以依托武汉音乐学院等艺术类高校的专业水平，开设芭蕾、爵士舞、体育舞蹈等课程；可以依托民族类高校（湖北民族学院），开设键球、陀螺等民族传统项目课程。

集合不同高校不同的特色课程，实现高校之间特色课程的互补，如此，体育教学就可以集合优势资源，并形成丰富的资源宝库，使学生可以根据自己的兴趣爱好选择自己喜欢的体育课程，使高校体育课程更加丰富多彩。

近年来，很多高校都具有招收高水平运动员的资格，但是在拥有这种资格的同时也应该考虑，怎样才能更有效地进行运动训练，提高高水平运动员的竞技水平。高校高水平运动员的竞技水平以及成绩不仅会影响好的运动苗子对高校的选择，同时也会影响现有运动员训练的积极性。高水平运动队为提高学生对体育学习的积极性树立了榜样，为学生对体育课程的学习奠定了思想基础。各高校之间经常进行一些友谊赛和训练赛，通过比赛来带动运动队的训练激情，不仅可以提高运动队的运动水平，还可以增进高校之间的友谊，同时带动校园体育文化的发展。湖北省各高校可以根据本校实际情况，并结合其他高校优势体育教育资源，充分利用现有资源，共同合作来打造一流的高水平运动队。

对于高校的体育科研事业，仅凭某所高校的一己之力有时是很难取得较大的发展的，对于一个高校，不管是科研人力还是科研资源都存在一定的局限性，都会制约科研的进行。促进高校体育科研事业的发展，是每个高校义不容辞的责任，同时也是各高校进行体育科研的共同目标，只有集合各高校的优秀科研人员和优质的科研资源，才可以创造出更大的价值。

资源共享之前，和科研有关的一切资源都封锁在各个高校内部，不为人知，但是每个高校的科研水平和能力都是有限的，很多时候在面对一些难度比较大的科研时，由于缺乏一定的科研水平和能力作支撑，而错过一些良机，但通过资源共享，对于那些难度比较大的科研项目可以进行校际合作，集中各校的优秀科研人员、科研资源，成立体育科研联盟，一起申请，合作科研，并在合作中提升科研能力。

建立大学体育课程教学资源"协同创新—共享"监测体系是全面保证和提高高校之间资源的协同创新，并进一步进行协同创新资源共享的有效保障。监测体系的不完善会直接影响高校之间对资源的协同创新，继而影响资源的有效共享，最终影响教学的效果。当今高校都是以稳定和提高教学质量为核心，因此构建一个职责分明，目标明确的监测体系就显得尤为紧迫和重要。为了确保"协同创新—共享"的有序进行，根据"目标、组织、制度、监督、反馈、评价"建立一个完善的监测系统。

目标是对实施"协同创新—共享"的管理和监测，继而达到监测希望的结果。在对"协同创新—共享"目标体系的构建中，首先应该要结合各高校的总体发展目标制定相应的工作计划，并设立相应的目标，进而朝着目标的方向进行奋斗，其中需要对过程和结果进行跟踪，并不断完善目标计划。这是一个不断循环的过程，建立目标体系，将会有效的保证"协同创新—共享"的有序进行。

组织是监测体系运行的重要环节，是监测体系得以运行的有效保证，组织体系应该包括从省管理委员会、支部管理委员会、学校教务处、体育部、教研室的参与。教研室作为实施监测的最直接最关键的组织，重在对"协同创新—共享"后学生学习积极性、教师教学效果的收集和反馈，然后进行层层上报，最终形成纵向组织体系。建立健全的监测规章制度，构建完整、科学、严密的制度系统，是明确体系内部各系统职能、规范监测工作程序、实现"协同创新—共享"目标和构建"协同创新—共享"监测体系的保障机制，是监测工作走向制度化、规范化的关键。

因此，要实现监测体系的有章可循，建立起一套科学完整的监测制度体系就显得尤为重要，为了确保教学工作正常运行，监测制度的建立要符合体育教学规律。监督是实施"协同创新—共享"监测体系的主要环节，在监测过程中起着重要的作用，是实现目标、落实制度的重要手段。完善监督体系可以及时发现问题，防止小错变成大错。监督人员的专业素质及思想品德是做好监控工作的基础，监督人员要认真履行监督职责，真实反映实际情况、提出合理化的建议，承担起监督的责任，提高监督的整体效能。

反馈包括对信息的收集和反馈，主要通过监督体系来进行反馈。反馈体系是目标体系实现、组织体系获取信息、评价体系有效评价，从而提高"协同创新—共享"效果的重要环节。组织体系要不断拓宽信息来源渠道，多途径收集信息，通过收集、整理、分析信息，并及时反馈给反馈体系，使其做出准确的调整，完善目标体系。

确立了科学的目标、组织、制度、监督体系后，如何让他们有序运行，是监测工作的重中之重，也是监测成败的重要因素。评价是判断和衡量"协同创新—共享"质量的有效手段。这里的评价主要包括：对监测管理效果的评价、学生对"协同创新—共享"后体育课程的评价，学生学习的效果评价、教师对"协同创新—共享"后体育课程设置的评价。

在对评价的实施过程中，要制定科学可行的评价指标，形成一个权责分明的评价体系，使"协同创新—共享"管理更加规范和科学化，有效保证"协同创新—共享"的有序进行。

### （八）大学体育课程教学资源协同创新战略实施的基本条件

（1）前提：观念更新，观念是人们对事物的认识，观念更新就是人们在对事物原有认识的基础上进行的补充和完善，是人类对事物更深度的认识，是社会发展的必然趋势；

（2）关键：机制创新，有效的组织管理机构是高校协同创新有序进行的有力保障，资源是进行协同创新的基础，对协同创新的监测管理能够及时发现问题进行评价反馈，更好地促进高校间的协同创新；

（3）途径：跨院校研究，高校协同创新就是说在高校与高校之间进行协同创新，顾名思义，跨院校研究则是高校协同创新的重要途径；

（4）基础：平台建设，构建协同创新网络共享平台，并加强网络平台的建设，突破各高校间的壁垒限制，实现资源的优化配置，实现共同的协同创新目标；

（5）保障：配套政策，高校间的协同创新要想顺利进行，也需要一定的政策做保障，来支持其发展，配套政策的颁布是高校协同创新的有力保障。

整合大学体育教育资源，构建共享网络平台是实现大学体育课程教学资源多元化共享的重要途径。以网络为核心的现代科学技术的开发与运用，已经渗透了整个社会，对当今的教育事业也起着非同凡响的影响。网络在大学校园中的运用越来越广泛，资源的共享可以抓住这一形势，大力推进资源的网络化管理，加强各校之间资源的网络共享进程，是实现高校体育教育资源有效共享的必要措施。实现大学体育教育资源网络化，构建共享网络平台，不仅方便学生对网络体育资源的查阅，又可以有效地减少各校大学体育教育资源的重复配置。

大学体育课程教学资源共享的原则包括置换对等、投入互补、邻近共用、弱势补偿及以生为本原则。

大学体育课程教学资源的共享要遵循以下几个原则：

（1）置换对等原则，就是指各参与大学体育课程教学资源共享的高校在某些方面寻求相等或者平衡，通过置换对等来满足各共享高校的需求，促使不同的高校充分发挥和利用各自的特色或优势，有效的促进资源的共享；

（2）投入互补原则，是指不同高校在大学体育课程教学资源的共享上能够互相弥补对方的不足，有效解决资源单一和资源劣势高校面临的资源缺失问题；

（3）邻近共用原则，是指在地理位置上比较相近的高校之间更容易实现大学体育课程教学资源的共享，带给的启示就是高校大学体育课程教学资源的校际共享首先以大学城共享为主；

（4）弱势补偿原则，高校大学体育课程教学资源共享过程中的补偿有两个来源，一是来自参与资源共享高校，二是来自各级各类政府；

（5）以人为本原则，一方面要为学生提供所需的大学体育课程教学资源，另一方面要让学生真正共享到大学体育课程教学资源。在实践当中，这几个原则是相互配合、共同起作用的。共享管理机构的建立可以促进大学体育课程教学资源合理有效的利用。

高校数量众多，并且都拥有自己的特色。各高校无论在师资资源、场地设施、信息资源，还是在传统资源和教学内容上都独具特色。在实现高校之间大学体育课程教学资源有效共享的进程中，不仅会碰到各种各样的难题，而且在具体操作上面也会比较难以进行。为了确保资源共享顺利进行，建立资源共享的管理机构，成立资源共享委员会便成为当务之急，管理机构负责规划与协调共享中出现的相关问题，指导体育资源共享的具体操作，并建立相关的资源共享的制度作为指导思想，从而促进资源共享合理有序地进行。

监控体系的建立是大学体育课程教育资源协同创新共享的有效保障。建立大学体育教育资源"协同创新—共享"监控体系是全面保证和提高高校之间进行协同创新，并进一步进行协同创新资源共享的有效保障。

监控体系的不完善会直接影响高校之间对资源的协同创新，继而影响资源的有效共享，最终影响教学的效果，当今高校都是以稳定和提高教学质量为核心，因此构建一个职责分明，目标明确的监控体系就显得尤为紧迫和重要。为了确保"协同创新—共享"的有序进行，根据"目标、组织、制度、监督、反馈、评价"建立一个完善的监控系统。转变思想观念，加强大学体育课程教学资源共享意识的培养。

从现代人才观和教育观高度，审视国以往的高校体育教学，就会发现一些方面的明显不足：在教学目标方面，学校体育学和体育学等一些学教科书中，只是反复强调增强体质和传播三基的任务，使体育教学长期侧重于对学生进行生物学改造和单纯知识、技能的传授上，忽视了对学生品德、智力和心理的开发与发展；在教学方法方面，长期以来采用以运动技术结构为主线的一讲解、二示范、三练习、四纠错、五巩固的单一模式中，不仅限制了学生主动性和创造性的发挥，同时也束缚了体育教学方法自身的进步与发展。

在课程的结构方面，把人体生理机能活动能力的变化规律，作为任何一堂体育课都必须遵循的规律，以准备、基本、结束三个部分作为教学的唯一结构，限制了教学结构和教学形式多样化的发展；在教学评价方面，评价指标与教学内容、教学目标的关联度太低，把运动和学生的负荷单纯地理解为生理负荷，甚至仅仅以学生课堂上心率变化的曲线作为评价一堂课优劣的参数指标，忽视了学生在课堂上和练习中智力与心理上所承受的负荷。

转变教育思想，树立全面的教育观。高校体育不仅要育体，而且要育心，有效地培养学生良好的个性心理品质和社会适应能力；学校体育应从片面的生物学评价和运动技术评价向综合性评价转变。建立新的教材体系，教学内容不断延伸和拓展，从较单一的竞技项目向健康型、娱乐型、竞技型、社会型等多样化方向发展，建立起实施性强、体现多种功能、学生喜爱的、符合实际情况的教材体系。

改革教学模式，保留技术教学的合理内核，使技术教学与健康教育、素质教育、心理教育紧密结合，优化教学组织，形成良好的教学环境，注入式被动式、传习式教学逐步被学导式教学方法所代替。注重培养学生形成自己的优势运动项目。这样有利于学生学习掌握适合自己特点的锻炼方法和技能。加强教学研究，不断提高教师自身素质。在充分发挥教师主导作用的同时，重视发挥学生的主体作用。法国著名成人教育专家保罗·朗格朗的终身教育思想是国际上最重要的教育思想之一。在终身教育思想的影响下，终身体育的思想也越来越受到人们的重视。美国20世纪70年代初期就提出，要培养学生终身进行体育活动的兴趣和能力。

日本在1972年保健体育审议会上也强调，体育是贯穿人的一生的生活内容。80年代中期，我国学者也提出终身体育的观点。今天，学校体育已经成为终身体育的一个重要环节，因为高校体育是学生在校接受体育的最后阶段，它不仅要求学生在校期间，而且在使学生毕业后在任何环境中都能独立自由地进行体育锻炼和接受体育知识，以适应社会生活的需要，实现自己的人生目标。

学校体育增强学生体质的目标应包括两个方面：

一是学生在校期间的体质的增强，二是学生毕业后终身体质的增强。前者只能是近期目标，后者则是长期目标。因此，高校体育必须从体育生理功能的长远效益出发，注重与长期目标的结合。在增强学生体质的同时，要重视对学生进行健身习惯和健身技巧的养成教育，以便终身受益。重视育体与育德相结合。

学校体育教学自身的性质和任务不仅表现出育体的功能，还应蕴涵着鲜明的育德功能，它应该是学校德育工作的补充、延伸和具体化。体育的竞争性能激发学生的好胜心、上进心，培养他们的奋力拼搏、勇往直前的优秀品质；体育的严格规范性，能加强学生组织纪律性，规范他们思想和行为；共同的价值取向能培养他们团结协作的精神和群体意识；作为一个体育教师，应进一步提高对体育教学中德育功能的认识，自觉坚持对学生进行德育教育，注意培养学生意志、毅力、信念，从而达到育人的目的。

意识是动机产生的基础，也是行为表现的先决条件。要使广大学生把参加锻炼转变为自觉自愿的行为，而不仅仅在于上体育课、修满学分，就必须注重对体育意识的培养。虽然我国高校学生的体育意识较以前有了明显的增强，对体育的作用、价值也有了比较全面深刻的认识，但是由于受到多种因素的影响，多数学生的体育欲求动机还不甚强烈，只说不干、仅限观赏的现象比较普遍，间接体育学生数大大高于直接体育学生数。

体育态度中的认知、情感成分也明显高于行为成分。态度、意识与行为之间存在着明显的背离现象。因此，学校体育要积极创造条件对学生加以正确引导，使其体育意识、体育行为共同增强。这也是全民健身在学校体育中的充分体现。体育教师是体育课程系统的管理者，体育教师自身素质的高低，将直接影响起主导作用的发挥，是决定课程质量的关键。

体育教师应该具备正确的政治方向、良好的道德品质，具备较高的文化素质和业务素质，具备敬业精神，具备良好的心理素质，具备较强的组织才能。教师应实现由单纯教学型向教学科研型转化。

## （九）体育资源共享中的思想观念的改革

在高校体育资源共享中，只有认真抓好思想观念的改革，才能在思想上就能达成共识，明确总体目标，就能自觉地服从安排，遵照规律办事，这样共享工作才能顺利展开。反之，如果不重视思想观念的改革，就会脱离现实，从而影响到共享的效果。因此，各高校要更好的实现资源共享必须先转变思想观念，从打破校际的门户之见开始，积极地把各自的优质资源拿出来协同创新并共享，把协同创新当作是对各校资源的大整合，把共享当作利用他校优质资源实现与本校资源的互补，同时提高本校的知名度、扩大本校影响力，加强与其他高校之间的协同创新，为合作共享提供优质的资源。

发挥政府调控职能，构建高校大学体育课程共享平台，推动国高校大学体育课程教学资源共享实现的一个前提条件就是尽快建立政府宏观调控下的大学体育课程教学资源市场化配置机制，以市场机制来推动大学体育课程教学资源在高等教育领域的自由流动，并建立大学体育课程教学资源共享平台，大力推进资源的网络化管理，加强各校之间资源的网络共享进程，实现高校大学体育课程教学资源有效共享。

实现大学体育课程教学资源网络化，构建共享网络平台，在一定程度上可以降低资源共享管理工作的难度，方便各高校有效地进行共享，不仅方便学生对网络体育资源的查阅，还可以有效地减少各校大学体育课程教学资源的重复配置。

同时也使管理工作可以更加规范、科学、严密。进一步完善监控体系建设，保障教学资源共享的顺利进行，建立大学体育课程教学资源监控体系是全面保证和提高高校之间进行协同创新、保障教学资源共享顺利进行的有效保障。监控体系的不完善会直接影响高校之间对资源的协同创新，继而影响资源的有效共享，最终影响教学的效果，当今高校都是以稳定和提高教学质量为核心，因此构建一个职责分明，目标明确的监控体系就显得尤为紧迫和重要。

完善高等教育评价体系，将大学体育课程教学资源共享纳入高等教育评价指标之中。建立健全科学的教育评价体系，将为教学资源的共享创设适宜的土壤。为了推动高校大学体育课程教学资源的共享，应当将大学体育课程教学资源的共享情况作为评价一所高校教学的重要指标，区分高校向外校提供了哪些共享资源，这些共享资源的质量和数量如何，以及高校有哪些资源又是利用共享外校资源来实现的，利用的质量和数量如何，并以此作为政府对于该校投入的衡量标准，资源利用率高、利用效果好的高校理应得到更多的投入和支持。

学校为了提高大学体育课程教学资源的利用率，自然而然地就会积极、主动地去寻求资源的共享了。加强区域统筹，率先实现区域高校大学体育课程教学资源共享，由于部分地区高校的分布不是很集中，在进行资源共享时会受到一定的约束和限制，

因此，在当前高校共享意识和共享程度都还不是很高的情况下，可以加强区域统筹，在同一区域内部推行大学体育课程教学资源的共享，率先实现大学城内部的大学体育课程教学资源的共享，然后以此为立足点，推动大学体育课程教学资源在更大范围内的共享。加强区域统筹，可以从以下几点进行：

第一，推进大学城内各高校体育师资资源的共享；

第二，促进大学城内各高校学生之间的交流；

第三，实现大学城内各高校体育场地设施资源的共享；

第四，推动大学城内各高校之间大学体育课程互选、学分互认；

第五，实现大学城内各高校体育信息资源的共享。

# 三、高校体育教学改革内容

随着高校体育教学改革的不断深化，人们开始对传统的理论教学进行新的探索，提出了一些新思路和新要求，并进行一些有益的尝试。高校体育是学校体育与社会体育的衔接点，当前终身体育思想正在逐渐普及，素质教育对高校体育教学提出了新的要求，体育教学由传统的"填鸭式"应试教育向注重学生个性、激发学生主体积极性、培养学生终生体育能力的方向发展。

## （一）体育教学以终身健身为指导思想

终身健身思想是一种全新的教育观念，是现代体育教学重要的发展方向，对高校体育教学改革有着深远的影响。在当前的体育教学中，教师应充分认识到学校体育在教育中的作用，在培养德、智、体全面发展人才的素质教育过程中，强调健康第一，全面推进素质教育，克服以升学为目标的应试教育体系的历史局限和负面影响，重视学生身体素质的提高和体育能力的培养。

体育教学改革要立足现实，着眼未来，要重视以终身健身思想为指导，增强学生的终身锻炼意识，使之不光在学生时代，在进入社会后都具有健身意识，在任何时候和任何情况下，都能自觉、独立自主地坚持身体锻炼，视健身活动为生活中不可缺少的一部分。此外，体育教学改革还应以增强学生体质为出发点，将传授健身知识、技能与科学锻炼身体的原则、方法有机地结合起来，使学生树立终生健身的体育观。

## （二）体育改革向符合现代学生的特点与需求的方向发展

大学生的身心发展日趋成熟，世界观、价值观正在逐步确立，并且已经掌握了一定的社会规范，有着较强烈的独立意识，具有较高智力发展水平，在教育过程中具有较强的主动性。实践表明，当前高校学生对体育的需求，主要体现在以下几个方面：

### 1. 对体育知识的需求

随着素质教育的全面推行，社会文明程度的提高，现代大学生的体育意识也得到了逐步增强，他们不但要掌握体育的基本技术和基本技能，而且还要掌握一定的体育知识，他们需要用这些体育知识武装自己的头脑，以便为"终身体育"打下坚实的基础。

### 2. 对健身的需要

社会各领域的竞争加剧，工作、学习、生活的节奏加快，人们心理承受的压力加大，出现了现代文明病、职业病等现象，这使大学生们开始认识到健身不仅是自己在学习期间的需要和毕业后择业的需要，而且是提高终身生活质量的需要。与此同时，随着"健康第一""终身健身"教育指导思想的贯彻，大学生的健身意识也有所提高。

### 3. 对健美的追求

随着大学生体育意识的增强，健美锻炼，将逐渐成为现代大学生喜爱的一种健身方式。过去，学校体育教学，以传授体育的"三基"为中心，旨在增强学生体质，几乎不向学生传授任何有关健美的知识和技能。改革开放以来，物质文明和精神文明水平大大提高，在校学生的体育观念也发生了较大变化，健美锻炼在大学校园逐渐成为一种时尚。健美操、韵律操、形体训练以及各种肌体练习，受到了广大学生的欢迎。

### 4. 对娱乐的渴望

娱乐性原本就是体育的本质属性之一。大学生参加各种体育活动，不仅是为了锻炼身体，而且也是为了愉悦身心、陶冶情操。因此，培养学生的体育兴趣，让学生在体育运动中寻找乐趣，满足大学生身心发展的需要，已成为学校体育教育的主要目标之一。

### 5. 对终身体育和竞技体育的追求

受终身体育思想的影响，大学生在追求体育锻炼的健康效益时，也开始重视培养自己的体育兴趣和特长，学习和掌握一些运动知识和运动技能，以适应将来工作、学习、生活和终身体育的需要。

竞技体育则具有鲜明的娱乐性、竞争性和人文性，其表现出来的竞争意识、群体意识、协作精神、拼搏精神、自控能力、抗挫能力以及沉着果断与坚忍不拔的顽强品质等，正是大学生身心健康发展所必需的。

## （三）改革教学内容和方法，实现应试教育到素质教育的转变

体育课程教学内容的选择，应是大家喜欢的、有利于全体同学参与的、适合群体性锻炼的体育项目。但是受应试教育影响，传统的高校体育教学内容，多以传授运动技术为主，教学内容脱离实际，缺乏娱乐性、基础性和时代性。学生对体育学习的感触或枯燥无味，或望而生畏。对此，高校体育有必要调整教学内容，根据各校的具体情况，重新建构教学体系。

### 1. 丰富教学内容，使其具有多样性与可接受性

体育教学内容的更新应根据社会的需要、学生的需求和基础、学校的教学条件等，选择有利于增强体育意识和培养体育能力的内容。一方面，教学内容要具有可接受性，既不能过难，也不能过易；另一方面，教学内容要全面、多样，突出健身性、娱乐性、终身性、全民性、实用性和主动性的特点，以满足个体和社会的发展需要。

### 2. 注重体育知识和健身方法的传授

高校的体育教学，应加强健美体育与娱乐体育的教学，这些将与健康体育一起，成为高校体育的三大支柱，同时，在"健康第一"思想的指导下，还应加强健身方法的传授，为学生的终身体育打下基础。及沉着果断与坚忍不拔的顽强品质等，正是大学生身心健康发展所必需的。

### 3. 体育项目简单化和运动项目综合化

随着高校体育教学目标和任务的改变以及现代大学体育教学需求的变化，高校体育的教学内容，应把一些难度较大、技术比较复杂的体育项目简化，可以把几个体育项目综合成一个项目来进行教学。

### 4. 保持或更新原有的竞技体育内容

在继续加强传统的篮球、排球、足球、田径等竞技体育项目教学的同时，将乒乓球、

游泳、羽毛球、网球、武术、健美运动、体育舞蹈等竞技体育项目，充实到高校体育教学中。这样既能为国家培养高质量的体育专门人才，又满足了大学生对竞技体育的需求。

### （四）调整体育专业设置和课程设置，加强对学生终身体育能力的培养

随着国社会经济改革的不断深入，体育也在不断改革和发展，社会对体育人才的需求也在发生巨大变化。长期以来，国体育专业教育都是以体育教育和运动训练为主体。这样的专业分布已经不能满足市场经济对体育人才的需求。

因此，有必要调整高校的体育专业设置和课程设置。在专业设置方面，要加强体育经营管理和社会体育专业的建设，加强基础学科和实用学科的建设，以拓宽学生知识面并提高能力；在课程设置方面，要扩大选修课的比例，调动学生的积极性和主动性，充分挖掘潜能，使学生能够结合自己的兴趣和未来的志向进行自主学习，这对发掘学生的潜力，实现终身体育都有重要意义。

健康体育应伴随人的一生，终身体育作为一种现代体育思想，它不仅对高等学校体育教学的作用、目的产生深刻的影响，也将对学校体育课程产生深刻影响。只有认真研究与探讨终身体育教育观下高等学校体育教学的发展方向，才能使学生对高等学校体育教学，在认识层次上得到提高，并最终成为自锻炼的指导者和终身体育锻炼的受益者。

高等学校体育教学，是学生在校期间进行体育学习的最后一站，也是学生体育的最高层次，在终身体育中起了承前启后的"桥梁"作用。这就要求高等学校的体育教学，在培养学生的体育兴趣和良好的体育锻炼习惯的同时，加强对学生体育能力的培养，使学生在校期间掌握一定的体育理论知识与一定的体育锻炼技能、技术，为他们从学校毕业走向社会后几十年的工作期间，仍能坚持自觉地进行体育锻炼，直到贯穿其生命的全过程打下良好的基础。

此外，高等学校体育教学，还要努力提高学生对身体健康的认识，掌握有关身体健康的知识和科学的健身方法，提高自保健意识，养成健康的行为习惯和生活方式，为终身体育奠定基础。总而言之，体育教学应根据学生身心发展的客观规律，合理选择和安排教学内容，使体育教学体现出知识性、科学性、健身性、娱乐性、基础性和时代性，提高学生的体育意识，满足学生不同的体育需求，让学生通过学习，掌握体育锻炼的基本技能和基本知识，培养终身锻炼的习惯以及良好的个性品德，促进身心健康，进一步打好终身体育的基础，以适应未来社会的需要。

体育教学环境是学校实现体育教学活动所必需的多种客观条件的综合，它是按照体育教学活动中人的身心发展的特殊需要而组织起来的环境。从体育教学活动的角度来看，体育教学活动主要是指体育教学活动的场所，各种教学设施、校风班风、师生人际关系、相关图书资料等。这些因素都是构成体育教学环境的要件。

体育教学的实践表明，体育教学环境在体育教学活动中具有重要意义，它是体育教学活动必不可少的物质基础。较之学校其他学科的教学，体育教学环境对教学产生的影响更直接、更适时、更显性。这是因为体育教学环境是师生进行教与学的舞台，缺乏这样一个舞台，师生的教与学就失去了依托。表面上看，体育教学环境处于教学活动的外围，是相对静止的，但实际上它却以特有的影响力，持续干预着体育教学活动的进程，且系统地影响着体育教学活动的效果。体育教学环境之所以在体育教学活动中发挥着这样的作用，主要是由它自

身的两大特点所决定的。

其一，体育教学环境是按照一定的目标和需要专门设计和组织起来的一种开放式、全天候的特殊环境。构成这一特殊环境的因素都经过了一定的论证、选择、提炼和加工。尽管如此，它仍然比其他学科教学环境更难以集中、更难以驾驭、更难以把握。

其二，体育教学环境可以及时加以调节控制，教师在体育教学活动中可以根据教学活动的需要以及教学环境的变化，不断能动地对教学环境加以必要的调节控制，撷取其中对学生身心发展具有积极影响的因素，消除消极影响因素，使体育教学环境朝着有利于教学活动顺利进行的方向发展。

体育教学环境的调控。体育教学环境是由多种要素构成的整体系统，它与体育教学活动息息相关。体育教学环境的优劣直接影响着体育教学的进程，为了最大限度地发挥体育教学环境的正向功能，降低负向功能，实现体育教学环境的最优化，必须对体育教学环境进行调控。对体育教学环境的调控是多方面的，重视体育教学环境的地域优势，一般说来，不同地区、不同学校在环境条件上是有差异的，任何学校在环境方面又都有自己的特点和优势，充分挖掘和利用自身已有的环境优势，最大限度地减少、避免和弥补已有环境的不足，就有可能推动体育教学环境的整体改观。

每个学校只要充分挖掘，都可以发现自己环境条件的潜力和优势。重视体育教学环境的地域优势，一般说来，不同地区、不同学校在环境条件上是有差异的，任何学校在环境方面又都有自己的特点和优势，充分挖掘和利用自身已有的环境优势，最大限度地减少、避免和弥补已有环境的不足，就有可能推动体育教学环境的整体改观。每个学校只要充分挖掘，都可以发现自己环境条件的潜力和优势。

重视体育教学环境的整体布局。构成体育教学环境的因素颇为复杂，既有物质的，又有心理的，既有有形的，又有无形的。只有当这些环境因素协调一致时，体育教学环境的积极作用才能得以发挥。因此调控体育教学环境，首先要考虑整体的筹划布局，把体育场、馆的建筑，周边环境的绿化，场内场外的布置，图书资料的购置，各类器材的设置，良好人际关系的建立，积极向上的班风学风的形成，作为一个整体来加以全面考虑和控制。

注意体育教学环境的硬件建设和美化要符合学生身心发展的特点和教学基本规律，要遵循教育学、心理学、生理学、卫生学以及美学的基本原理，通过科学的调控，使体育教学环境真正成为塑造健康体魄、健全人格的统一体。重视体育教学环境中强势因素的作用。

环境心理学研究表明，环境可以影响人的行为，环境的不同特性能对人产生不同的影响。将这一原理运用于体育教学环境的调控过程中，适当突出体育教学环境的某些特征，可以增强特殊场景下的环境影响力，使师生的行为发生积极的变化。

例如：在体育馆、图书资料室、球类房的主要出入口，设置一面醒目的镜子，有助于整理师生的衣容，约束师生的言行。在体育场馆醒目处、通道口陈设体育格言箴语，将有利于学生开阔视野，激发他们学习体育、参与体育的热情。体育教学环境建设中充分发挥强势因素的作用是调控中的重要方面，但应当根据具体情境灵活运用，不能生搬硬套，这样，对体育教学环境的调控才能获得理想效果。重视体育教学环境调控中师生的主体作用。

体育教学环境调控中教师的作用是不言而喻的，作为教育者要注意体育教学环境的调控，但是仅仅这样不够，还应当重视学生在调控体育教学环境方面的作用。和教师一样，学生也是体育教学环境的主人，创造良好的体育教学环境的一切工作，几乎都离不开学生的参与、支持和合作。良好校风、班风建设，体育教学设施的维护，教学秩序和纪律执行，等等，都与学生紧密联系在一起。

因此，教师应当重视学生参与体育教学环境建设的主动性，培养他们对体育教学环境的责任感。只有这样，业已形成的良好的体育教学环境才能得到持久的维护，业已创造的良好体育教学环境在学生自觉不懈的努力中才会变得更加和谐、优美。在学校体育改革向纵深发展，素质教育成为人们共识的今天，体育教学环境应当引起体育教育界以及学校行政部门的重视，这不仅是因为体育教学是在一个开放的环境中进行，比其他任何一门课程的教学受环境的影响更直接、更显现，而且还因为体育教学环境建设作为学校教学的窗口，更容易展现学校教育的特色。重视体育教学环境建设，重视体育教学环境的可持续发展，将是新世纪学校体育改革的一个重要切入点。

## （五）体育教育是高校教育的重要组成部分，属于必要的基础教育

身体是革命的本钱，健康的身心是拼搏进取、适应激烈竞争之根本。生命在于运动，生命更在于科学、合理、长期、系统的体育锻炼。终身体育的观念已经提出，现在是需要逐步实施与贯彻的一个过程。高校课余体育活动的开展，就是体育锻炼意识、终身体育锻炼意识的一个良好的培养过程，怎样使课余体育锻炼与体育课有机地结合，使增强体质与掌握体育锻炼技术目标的以共同实现，可以通过有效的课余体育锻炼的组织形式得以最大程度上的实现。

目前高校课外体育锻炼现状及其存在的问题，如下：

### 1. 高校课外体育锻炼的组织形式及其锻炼现状

大学生的课外体育锻炼行为一般有学校统一组织。自由组织、单独参加。体育俱乐部或体育会等几种组织形式。一般由学校统一组织的课外体育锻炼行为，比如运动会或单项体育竞赛活动，运动会性质的体育锻炼形式和单项体育竞赛具有一定的优势，拼搏、竞争、体育实力的较量，一定程度上：可以激发人的体育锻炼热情，激发人积极向上的、奋力拼搏的斗志，对全校学生而言，其有良好的宣传与激励作用。

但是，参加学生比例非常有限，一般均为身体素质良好，具有体育特长的学生参加，大多数学生均被这种竞赛特征的体育锻炼形式排斥在外。比如早操，有的学校具有早操锻炼形式，可在早上这样宝贵有限的时间里组织众多的学生进行早操活动，并不一定非常科学、合理。因为要统一进行早锻炼，要集合、要点名。

因为人员众多，会浪费时间。早操的体育锻炼强度一致，有的学生适合这样的锻炼强度，对有的学生而言可能锻炼强度偏小，对有的学生而锻炼强度偏大等问题均会存在。因此，学校统一组织的体育锻炼形式，要么是竞赛形式的，参与人员有限，要么是统一要求，具有一定的组织难度，满足不了因而异的锻炼原则等，所以单纯学校组织课外体育锻炼而言，肯定是不能满足大多数学生的体育锻炼需求的，还有自由组织，单独参加，甚至体育俱乐部和体育协会的体育锻炼组织形式可以补充和完善学校体育活动组织形式的不足。

问题就在于其他组织形式也没能充分发挥其组织作用。比如说，自由组织，一般由具有体育特长特组织能力的学生组织，有一定的组织能力，但是缺乏技术指导，缺乏成熟、完善的组织观念，另外组织频率不高，满足不了课外体育锻炼需求。课外体育锻炼，每周要进行一次，自由组织的课外体育锻炼达不到每周一次，那就单独参加，或三五成群，或形单影只，

均缺乏一定的组织力和约束力。体育锻炼氛围不强烈，容易形成一天打鱼，两天晒网之势，满足不了课外体育锻炼的需求。

### 2. 需要兴趣，需要学费，参加人数有限

参加体育俱乐部或体育协会，需要经费，加上宣传不够，参加人数有限，组织频率不高，均满足不了大学生课外体育锻炼的需求，仅仅从频率就满足不了体育锻炼需求。高校课外体育锻炼存在的问题。就体育组织形式而言，不能动员和组织全体学生参与，或者组织频率不高，满足不了因人而异的体育锻炼原则，或者需要学费和经费问题。

### 3. 有一定的门槛，影响学生的参与

根据文献资料显示，部分高校体育锻炼设施和场地、器材有限，影响课外体育锻炼活动的开展，怎样在场地有限、设施有限，器材有限的情况之下，最大程度地开展课外体育锻炼，其组织形式其具有重要的作用。

总而言之，无论是体育锻炼的硬件设施，还是组织参与形式均存在影响课外体育锻炼开展力度的问题。硬件设施，需要经费才能发展高校课外体育锻炼存在的问题和改善，在能够改管和提高的情况之下，是应该及时改善和提高，因为体育锻炼的硬件设施同大学生的体育锻炼行为紧密相关，问大学生的体质健康紧密相关。当然，在现有体育锻炼设施的条件之下，如何更好地组织和开展课外体育锻炼同等重要。

## （六）开展课余锻炼组织

高校体育教育工作者，应该充分认识到课余体育锻炼的重要性及其加大开展力度的必要性与紧迫性，每周一次的体育课，满足不了学生增强体质的需求，满足不了技术学习的需要。增强学生体质必须以一定的锻炼技术为依托为基础。

因此，开展有组织、有计划、有秩序的课外体育活动势在必行。尤其是大学三四年级的学生，体育课已经成为选修课。体育锻炼的重要性已经深入人心，大多数大学生都能够认识到进行体育锻炼的重要性，但是由于受到锻炼场地、设施和器材的限制，可能会大大削减他们的体育锻炼热情。

因此，他们学院在现有场地设施的基础上人为组建一个锻炼平台。这样一个锻炼平台可通过有组织、有计划的课外体育锻炼小组得以实现。由体育教师作为具体的组织者，由体育专业学生或体育骨干作为具体的实施者，将绝大多数大学生吸收到体育锻炼小组，其有一定的集体性、约束性，可以促进体育锻炼的频率。在通过科学、合理体育锻炼内容的安排实现运动技术的掌握，达到适宜的体育锻炼强度。

实现掌握技术与增强体质两大目标的共同实现。当然，运动技术的学习，还是需要通过体育课来实现，而运动技术的练习和掌超，则必须通过足够够的课外体育锻炼得以实现。因此，高校体育领导者，应该充分认识到课外体育锻炼的重要性，应将课外体育锻炼的地位提升到体育课的高度，在大学生身体素质整体下降的背景之下，发挥课外体育锻炼的作用势在必行，在现有体育锻炼实施和体育锻炼氛围的情况之下，加强组织性显得尤为必要。

那么，具体的组织工作则需要体育教师来完成，具体的实施工作可通过体育专业学生或体育骨干得以实现。因此，高校体育领导者，应该充分认识到课外体育锻炼的重要性，应将课外体育锻炼的地位提升到体育课的高度，在大学生身体素质整体下降的背景之下，

发挥课外体育锻炼的作用势在必行。

### 1. 培养体育骨干

参与到课外体育锻炼组织活动中。要想将大多数大学生吸收到课外体育锻炼小组，需要众多的实施者，而高校体育教师资源有限，能满足日常的体育课教学就已经不错，所以需要寻找更好的组织内容的实施者。可以通过体育专业学生，或者培养具有体育特长的体育骨干。将他们培养成为具体的实施者。

成立体育教师为领导者、体育骨干为具体的组织实施者的课外体育锻炼兴趣小组。成立锻炼小组，各个锻炼小组实施的锻炼内容、执行的锻炼计划，需要体育教师进行安排和组织。比如，成立篮球小组、排球小组、足球小组、健美操小组、长跑组、短跑组、中长跑组、武术小组等。体育教师设立各种锻炼内容的小组，然后由大学生自主选择，当然一二年级的学生需要同体育课内容相结合。根据每小组人数的多少，分成人数约为 30 人具体锻炼小姐（可以根据参加人员多少，进行具体人数的确定）。

每一小组有一体育骨干进行其体育内容的组织和实施。其体实施的过程、时间的选择和场地的安排是关键。每周安排 5～6 次的锻炼频率，每组成员可以根据自身时间选择体育锻炼时间，一二年级学生每周至少选择 2 次锻炼，三四年级没有进行体育选修课的学生每周至少进行 3 次及以上的体育锻炼频率。满足每周三次的体育锻炼频率，应该成为课外体育锻炼的硬性规定。

要求每一位高校学生自由选择适合自身兴趣的课余体育锻炼小组，进行有计划、有组织的集体性质的自觉自愿的训练。对贫困生的心理咨询，指导和教育作为一项主要的工作，针对性地开展指导。

首先，要通过建立结合学生心理发展的课程体系进行系统的教学，使学生了解心理发展变化的规律，掌握心理调节以及消除心理障碍的有效方法，提高承受挫折和适应环境的能力，要通过专题心理讲座等活动加强学生心理知识教育，指导学生学会自调试，并鼓励他们正视困难，积极面对生活。

其次，要结合班团活动加强人生价值观和理想信念教育，让贫困生正确地对待贫困，使他们认识到贫困是和国家的现状和时代发展相联系的，要正确地面对和接受。同时还要引导贫困生不断地了解自己，展示自身优点，树立信心，勇敢地面对困难和挫折，使自己真正地把握好自己的前途和命运。

最后，高校还要加强心理健康教育，做队伍建设，要建立素质较高、相对稳定的高校心理咨询，与日常学生思想教育相结合，加强学生的思想交流和行为观察，一旦发现个别有心理危机和心理障碍碍的贫困生要上动进行咨询和指导，必要时还要及时与家长联系，共同减轻学生的压力，共同帮助学生解决心理问题。

### 2. 学校要注意加强对贫困生的管理

倡导同学之同形成相互关怀、真诚接纳，共同成长的理念，为贫困生营造良好的成长环境。通过同学之间的团结友爱、互相关心、互相帮助，让贫困生不仅能得到经济和生活上的帮助，更重要的是得到心理上的支持，最终实现解决贫困生心理问题、培养健全人格的目标，在贫穷面前，坚韧的品质是用金钱无法购买的，希望贫困生能做一个真正的生活强者。

只要自己努力了，总有一天会改变自身的状况，要敢于们对现状。关注贫困生的心理健康前要做深入细致的工作，尊重贫困生，从思想上，行动上：去关心，注视高校中的这个弱势群体。使贫困生从心理上：真正摆脱各方面的压力，发挥主观能动性，提高心理素质，增强适应环境的能力，顺利完成大学学业，做社会有用之才。

### （七）全面发展的教育理论

全面发展的教育理论包括三个层面：马克思主义的全面发展观，二是教育方针中提出的全面发展观，三是教育学上所指的身心全面发展观。

#### 1. 马克思主义的全面发展观

马克思主义关于人的全面发展学说，是创新教育的最根本的理论依据，而教育方针提到的德、智、体等方面全面发展和教育学上论及的学生身心的全面发展，与马克思主义的全面发展观的精神是一脉相承的。

在马克思主义看来，个性的发展是人的全面发展的重要前提，每一个人都无可争辩地有权全面发展自己的才能，因此，人的全面发展与人的自由发展是辩证统一的，也是可以相互促进的，只有充分具备自由发展的条件，才可能实现个人的全面发展；只有个人普遍得到全面发展，人类才能真正获得驾驭自然界和人类社会的自由。这些重要观点为体育创新教育的实施提供了理论指南。

#### 2. 教育方针中提出的全面发展观

三个面向的教育思想是体育创新教育的思想灵魂，邓小平同志于1983年10月提出的"教育要面向现代化、面向世界、面向未来"①的重大命题指出了新时期国教育改革和发展的基本方向。面向现代化就是要接受现代化的挑战，并将现代化的要求转化为教育改革的实际方向，将教育发展纳入现代化过程中。面向世界是观察世界，与各国交流进而参与世界体系的互动过程。

面向未来意味着一种双向审视，一方面是站在今天预计未来的各种可能性，另一方面是站在未来某一点上判断今天的位置与去向，并以未来的眼光设计今天的行动。

从面向现代化到面向世界，再到面向未来，构成了一个变革和创新的行动逻辑序列，向启示了构建体育创新教育模式的方向，为体育创新教育的实施确立了战略纲领。因此，三个面向的思想是体育创新教育的思想灵魂。

#### 3. 教育学上的身心全面发展观

以人为本和健康第一的教育理念是体育创新教育生成与发展的精神动力以人为本的教育理论是以马克思主义关于人的学说为指导，以古代儒家的人本教育思想传统为根基，接受、改造西方现代人本主义教育思想而逐渐形成的。

其核心就是尊重人、爱护人、相信人和培养人，其主要内涵在于发现人的价值，发挥人的潜能，发展人的个性。以人为本的教育命题现在已引发了人本教育论、主体教育论、个性教育论、内化发展论、活动教育论等重要分支理论体系的迅猛发展，引发了人才观、教学观、质量观、课程观、师生观等教育观念的转变。就是着力培养学生的创新精神和交际能力。

在21世纪，加强对大学生创新精神和实际能力的培养，是国体育教学改革的重大课题。

---

① 邓小平著; 中共中央文献研究室编. 邓小平关于建设有中国特色社会主义的论述专题摘编[M]. 北京: 中央文献出版社, 1992.

因此，在普通高校体育课程中培养创新精神，就涉及优化创新人才成长环境，以及在各阶段体育课程的教学内容、组织实践等相关环节中创新意识、发展能力、培养综合素质的一系列问题。在变过去技能—体质—人才模式的基础上创新，真正体现健康第一的指导思想；在改变过去健康仅仅指身体健康观念的基础上，真正体现心理健康与个性完善，思维敏捷；一改过去体育课设置的基础上，增加趣味性强的项目以及民族体育项目等。实践证明，以人为本和健康第一的教育理念为体育创新教育生成与不断发展提供了强大的推动力。

### （八）三个中心的转变

转变旧的体育教育观，确立创新体育教育观是构建体育创新教育教学模式的前提。确立创新体育教育观，就要实现三个中心的转变。

一是实现由以体育教师为中心向以学生为中心的转变，正确处理体育教师与学生的关系，确立以学生为中心的体育教育主体观，使学生成为他们获得的体育知识和运动能力的主人而不是消极的知识和技术的接受者。

二是实现由体育课技术学习为中心向运动能力为中心的转变，正确处理体育专项技术和理论知识与运用各项运动技术能力的关系，确立以运用各项体育技术能力为中心的教育质量观，培养学生体育技术的实践能力、战术的思维能力、观察能力判断能力和技术创新能力。

三是实现由以体育技术课堂为中心向以创新性思维学习为中心的转变，正确处理传授性体育教学与自主性学习的关系，鼓励学生自主地开展研究性、实践性、创造性学习，确立新的大学生学习和发展观。

建立一结合、双互动、三对接的体育课程结构优化体育课程结构是构建高校体育创新教学模式的基础工程。优化体育课程结构要坚持两个原则：一是与专业相结合的原则来设置课程；二是整体优化原则来增强课程的整体功能。

课程类型多样化是当代社会发展和基础教育课程改革的必然要求，是自然科学与人文科学整体综合化趋势的体现，是使学生形成合理的素质结构和培养鲜明个性的需要。为了增强课程整体功能，提高课程育人的成效，认为可以尝试建立一个结合、双向互动、三元对接的课程结构。一个结合就是必修课与选修课相结合，要加强选修课的课程建设，在增加选修课比例的同时努力提高选修课的品位与质量。

双向互动就是教与学的互动，重点是确立学生在教学中的主体地位促进学生自主创新学习。三元对接即第一课堂、第二课堂、第三课堂（或称显性课堂、校园文化、社会实践）的体育教育目标和内容的对接，建立三者之间密切的横向联系和良性的互动机制。

### 1. 重点

构建多维互动的体育课堂教学模式所谓多维互动，就是指要改变过去体育教师独占课堂、学生被动接受的单一的体育教学信息传递方式，促成体育课堂教学中师生、生生、群体等多向互动局面的出现。多维互动的体育课堂教学模式大体可分为问题研究式、实践操作式、集体激发式、授道解惑式等体育教学模式，各类体育创新性教学模式各有其特殊的具体操作规律，但是都必须共同遵循主体性、开放性、挑战性的原则。

首先，要贯彻学生的主体性原则，让学生成为课堂教学的主人，让体育课堂教学焕发出生命色彩，充分调动学生学习的积极性、主动性和创造性。

其次，要贯彻开放性原则，体育教学内容不拘泥教材，学生在课堂教学中的学习心态是开放的，不局限于体育教师的教学视野。

第三，要贯彻体育创新性原则，允许并鼓励学生质疑问难，发表与教师、体育课本不同的意见和观点，激发学生的创新潜能。

### 2. 难点

建立体育课堂教学与校园文化活动的互动机制校园文化是一种隐蔽课程，它以课程展开的暗示性、习惯过程的愉快性、效果显现的长期性，在学生终身体育的培养和体育专项的塑造中有着不可替代的作用。

如何建立校园文化活动体系和体育课程体系，并形成良性互动的机制，是构建体育创新教育教学模式的难点。关于把校园作为体育创新教学理念引入体育教学与体育课程改革领域，是本课题的一个重要观点，并已作为子课题之一开展研究。

### 3. 保障

建立符合创新教学思想的体育教学质量评价体系与体育教学管理模式体育教学质量评价体系要符合体育创新教育的思想，必须以全景式评价代替管窥式评价，以全面发展评价观代替精英教育的评价观，就必须改变传统的单一体育评价模式，在体育教学评价时不以固定的模式限制和束缚教师体育教学中的创新活动。

必须以学生发展为体育评价目标，让学生成为体育评价的主体，将体育评价作为体育教学活动的一部分使评价真正成为体育创新教育的发动机。体育教学管理模式要符合体育创新教育思想，必须从传统的封闭型体育教育管理模式向现代的开放型模式转变，摒弃僵化保守的体育管理手段，积极创建健康有序、宽松和谐、开放高效、激励上进这种有利于创新型人才脱颖而出的体育管理机制和育人环境。

（1）修订体育教学计划，淡化专业界限，促进学科渗透和融合根据构建宽口径专业教育的人才培养模式的要求，按照国家新专业目录修订体育教学计划。修订培养计划时拓宽学科基础，要求学生打好各项体育专业基础，学好主修体育课程、跨专项课程。通过对原有专项课程的拓宽和改造，柔化专项的方向，实现由狭窄的对口型专项向宽口径适应型专项教育的转变。

（2）建立体育课程创新体系，优化体育课程结构，更新体育课程内容。要拓宽体育基础课程。首先，在剔除一些危险的没有多大意义的课程的同时，增开一些新颖的体育项目。其次，增加选修课，重视发展学生的个性。针对目前选修课管理中的问题，要在继续加大选修课的同时，全面加强选修课的教学管理。加强体育信息处理，提高学生应用现代技术获取体育信息、处理体育信息和输出体育信息的能力。再次，开设各个体育项目的科研方法和体育教育科研方法的课程，培养学生的体育科研能力和创造能力，培养学生将来从事体育开发、培养他人的创造性的能力。最后，要积极设计和引导校园体育文化活动，努力发挥校园隐性课程的育人功能。

（3）创新体育教学方法和教学手段鼓励教师积极改进体育教学方法：变单一的讲授法为讲授讨论、读书指导、参观演示等多种方法的灵活运用；变教师讲授为主为学生积极自学为主，变单一的知识传授为学生素质能力的全面培养。

与此同时，要求体育教师熟练地掌握和广泛使用各种现代化的体育教学媒体，如多媒体教学等，使得体育教学更有效，更利于提高体育教学质量，切实做到体育教师讲课艺术化，体育教学手段多样化。

（4）改革体育教学管理体制管得过多，统得过死，缺乏因材施教的灵活性和适应性是大学体育教学管理制度普遍存在的问题，不利于调动学生学习的主动性、积极性，不利于学生个性的发展。因此，对体育教学管理体制要进行相应的复杂调整。

如学分制的完善，学生考试与成绩评定、教学过程的监控机制、教学质量的评估、教师的考核计量计酬办法等等，都应从适应、支持、促进体育创新教育的角度重新考虑，加大改革力度，建立起行之有效的体育管理机制，为体育创新教育的推进创造有利条件。

（5）培养体育创新型师资体育教育的创新根本在于体育教师。高校要全面加强师资队伍建设，使每一位体育教师既具有渊博的知识，又具备高尚的师德和优秀的育人才能。要引导体育教师树立新的体育教学观念，将体育知识的传授与体育创新融为一个连续的统一整体。要对广大体育教师进行体育教育理论与体育教育技能培训，组织体育教师进行体育教学研究，尤其要对如何培养学生的体育创造性进行重点研究。

要鼓励体育教师采用科学的教学方法和先进的教学手段，特别应高度重视正在迅速崛起的多媒体教学和互联网教学在培养体育创新型人才方面的重要作用。

# 第二节　创新思维在高校体育教学中的应用

## 一、创新思维与教育观念的转变

为顺应 21 世纪知识经济的发展，推进国的知识创新、技术创新，当前党中央、国务院对高等教育提出了实施创新教育，培养具有创新精神和创新能力的高素质专业人才的要求。对此，作为高等教育重要组成部分的体育教学应努力实施创新教育，与时俱进，为高等教育培养创新人才发挥积极的作用。从目前高校体育教学的现状来看，高校体育教学实施创新教育，必须首先进行教学创新。高校体育教学要实施创新教育，要为高等教育创新人才的培养发挥积极的作用，必须具备能够适应创新教育的教学内容、教学方法，教学环境、评价手段。

然而，当前的高校体育教学，这些方面都不能满足创新教育的要求，在很大程度上影响，甚至制约着创新人才的培养。因此，实施创新教育，高校体育教学必须首先进行教学创新，改革教学内容、教学方法，教学环境、评价手段。树立创新教育观念树立创新教育的观念是实施创新教育的前提。

当前的高校体育教学，仍注重传授已有的体育知识和技能，强调掌握体育知识、技能的数量和准确程度，其目标指向主要还是体育知识、技能的记忆、存储和复现，教学的主要目的仍然是掌握体育知识、技能本身。这充分表明以继承为中心的传统教育观念仍主导着当前的高校体育教学。如果不尽快转变观念、树立创新教育的观念，高校体育教学将无法实施创新教育。

当然，转变传统教育观念、树立创新教育的观念，并不意味着要把现行的体育教学全盘否定，而是应该通过对其进行选择、继承、改革和发展，明确体育教学不仅仅是满足于使学生获得知识，更主要的是指导学生学会获得知识、运用知识，学会发现问题，学会创新。

传统的教学就是"传道、授业、解惑"。知识传授仅限于课本，以课论课，所有习题答案都以教师为准，课堂上教师一人主宰，提问成了教师的专职，回答成了学生的必然义务。学生的思维总拘泥于固定的框架，这样的教育扼杀了学生的创新意识。要改变这种局面，让单一的课本知识传授变成多样化的传授，让一言堂变成群言堂，鼓励学生多动脑、多质疑、多发现，要让学生完成从"学答"到"学问"的转变。面对的初中生，他们已经习惯于教师代劳一切，尤其是理解性的问题，总怕与老师答案不完全一致，总怕错，不敢说，久而久之形成了教师一人说，学生只能听的局面。

这严重束缚了学生的思维能力、理解能力、语育表达能力。他们的答案总是唯一的，其实语文教学中有些问题就有不同的答案。不同学生从不同的角度理解，会得出不同的答案，只要有道理、合乎逻辑就要给予及时肯定，不要在他们发言的第一次就扼杀他们的创新能力。突出"思"字，变学生的"学答"为"学问"。

一直以来都是教师主宰课堂。要把学生的活动变为"思维体操"，帮助学生"跳起来摘果子"。课堂上，根据学生实际设疑或让学生互相设疑，启发学生多思解疑。不仅使学生触类旁通，解决各种疑难，还能培养其创新能力。高校体育教学肩负着极其重大的责任，是一项艰巨的工作。体育教学需要创新教育为它注入活力，让它向更加正确、健康、文明的方向发展。"海阔凭鱼跃，天高任鸟飞"，教育改革给教师提供了施展自己才能的广阔空间，每一位教师都应抓住这一机遇，促使自己的教学水平不断提高。

新一轮课程改革要求体育教师在新课程理念与目标的实现、课程内容的选择与组织、教学方法的改进、教学评价完善等方面，都要做很大的转变。这就要求体育量要打破旧观念束缚，解放思想，在教学过程中体现新课程要求。

新一轮义务教育课程改革已正式在实践层面上拉开序幕教师是课程改革成功的关键在这一轮空前的课程改革实验中每一位体育教师都应抓住这一历史性的机遇，转变教学观念教学策略。全面提高专业能力和技术水平从而真正适应新世纪基础教学改革和发展新趋势和新要求。

### 1. 教师应转变成才观和发展观

当今社会已经进入一个需要终身学习的时代体育教师要十分重视教学方法的研究。在掌握教育学、心理学基本知识的基础上还要掌握大量特殊案例要善于用教育学、心理学的知识来反思特殊案例从而掌握教育好不同学生的策略。通过对特殊案例的反思研究和改进教学方法，是体育教师提高自身素质的一个极为重要的途径。

### 2. 树立新型师生关系观

传统体育教学中，教师对学生处于"教你练""讲你听"的地位学生完全任由老师摆布受老师灌输。学生的技术技能主要来自教师的言传身教。教师处于居高临下的地位，师生之间的关系显然是不平等的。长此以往学生习惯被动学习，学习的主动性也渐渐地丧失。

显然，这种以教师"讲"为中心的教学使学生处于被动状态不利于学生的潜能开发和身心发展。因此在实施新体育课程标准中，教师要由以往的居高临下转向师生平等，从传授者转变为促进者从管理者转变为引导者。

要学生做到的自己首先做到，不仅能言传也要身教同学生一起运动一起享受体育运动带来的乐趣。新课程要求教师将自己的角色定位在引导者上由学生的管理者转化为学生发展的引导者，因为学生身体健康的形成是一个主体的建构过程。不是在整齐划一的批量加工中能完成的。要尊重差异性尊重多样性，尊重创造性。

现在的教师的职责已经越来越少地传递知识，而越来越多地激励思考，教师必须集中更多的时间和精力从事那些有效果的和有创造性的活动，互相了解、影响、激励、鼓舞。

在新课程中传统意义上的教师教和学生将不断让位于师生互教互学，彼此形成一个真正的学习共同体。教学过程不只是忠实地执行课程计划的过程而是师生共同开发课程、丰富课程的过程。它是动态的、发展的。教学真正成为师生富有个性化的创造过程，教师从知识的权威到平等参与学生的研究，从知识的传递者转变为学生学习的促进者、组织者和指导者。

体育教师不仅仅是向学生传播体育知识，更重要的是培养他们对体育运动的热爱，从而养成终生锻炼的好习惯，这一点首先要从对体育老师因中小学生亲近而模仿开始。

### 3. 形成教材创新使用观

长期以来体育教师把教科书等同于教学内容，教师过分依赖教科书和参考书，只能按照教科书规定的内容进行教学。这不仅禁锢了教师的创造性，也抑制了学生的主动性。同时旧教科书本身忽视了学生的认知特点兴趣特点，从而使体育教科书成为学生最不喜欢阅读的课本之一。根据新课程理念体育教材要体现不同的风格、不同的个性、不同的地区特色。这给体育教师带来了发展的机会、展示的空间。

教师可以根据教学需要特别是学生的实际情况采用自己认为最合适的教学形式和教学方法决定课程资源的开发从而成为具有个人特色的校本教材。结合学校的实际情况，体育教师利用课外活动搞一些各式各样的体育比赛。如篮球、排球、足球、广播体操及拔河等比赛让学生把课中学到的技术技能，通过比赛的形式发挥出来。

通过活动学生们的形态、神态都有明显的好转大部分学生能够根据自己学过的知识创编一些基本的技巧组合。所以说新型的体育教师要具有一定的课程整合能力、课程设计能力和开发能力，做到用活教材、开发教材。

### 4. 教师的教学观

要从"为教而教"转变成"教是为了最终达到不需要教"。教书育人是教师的职责，但不能为教书而教书。正如叶圣陶先生所说的那样："教是为了最终达到不需要教。"[①] 教师为了最终不需要教，首先要教育学生形成良好的习惯。学习最重要的是习惯的养成，这种习惯包括按时作息、善于利用时间的习惯，主动学习的习惯，喜爱钻研问题、寻根究底的习惯，以及良好的饮食、起居、健身、生活习惯，等等。良好的习惯是使人成功的无穷力量。

教师为了最终不需要教，要重在教学生掌握方法，学会学习。在当今这个"变化的旋风愈转愈快"的时代，"学会学习"比"学到什么"重要得多。"授人以鱼不如授人以渔"。方法习得的价值远远大于知识的习得。通过教育获得的知识总是有限的，而掌握了方法，知识的获取将是无限的。教师为了最终不需要教，还要注重启迪学生的智慧。传统教育着眼于知识；现代教育则应着眼于智慧。

智慧与方法应是同步的。教师要变传统的声音形态的说教，为启迪学生智慧的领悟。疲

---

① 叶圣陶. 朱正编注. 叶圣陶集 [M]. 广州：花城出版社，2006.

于做题和应付考试，能得到高分，却难以避免低能。满堂灌的教学以及与之相应的考试制度，往往只是训练学生成为解决考卷问题的"熟练技工"，从而戕害了学生的创新精神和创造能力。教师为了最终不需要教，要敢于和善于给学生必要的、足够的自由支配时间。

学生的思维就像一张白纸，当你在这张白纸上画上过多的东西时，这张白纸的空白处就变小了，想象力和创造力就被挤掉了。只有有了充分的空闲时间，才能产生辽阔无边的奇思妙想，只有在独立思考时，才能让创新意识有萌芽的机会。

### 5. 重点转变观

所谓重结果就是教师在体育教学过程中只重视教学的结果而有意无意压缩了学生对新知识学习的思维过程。所谓重过程就是教师在体育教学过程中把教学重点放在过程、放在提示知识形成的规律上，让学生通过感知—概括—应用的思维过程去发现真理、掌握规律。从教学角度上讲重结果轻过程的教学只是一种形式上走捷径的教学。

它排斥了学生的思考和个性这实际上是对学生智慧的扼杀和个性的摧残。

新课程倡导在体育教学过程中，教师要注意揭示动作技术的形成过程，暴露学生学习技术的思维过程，从而使学生在体育学习过程中思维得到训练，形成正确技术动作的能力，以及各方面的能力得到全面发展。学校教育的创新就是要着眼于促进学生创新能力的发展，开发学生的创新潜能和创新能力把学生的智能发展弓响最高水平，把学生的本质力量激发出来培养出全面发展有个性思维的新型人才。

许多优秀的教育工作者通过立志追求，不懈探索实践和倡导出全新的教育教学理念革新了教育的模式打破了教育的旧制。推动着学校教育的发展和创新为教育教学的创新做出了重要的理论依据和实践操作基础。学校体育教育作为实施素质教育的主渠道之一有着特殊的育人优势，更应顺应教育发展的主流，去积极革新创新出具有现代性的教学模式和教学理念。随着社会文明进步，人们对体育运动越来越重视，活到老，运动到老。只有健康的体魄和健康的心理才能算是真正意义上的健康人。这给体育教师带来了新的要求苏联教育家玛雅科夫斯说："你要学生成为什么样的人首先教师要朝着这个方向努力，成为这样的榜样。"

### 6. 教师的责任观

在传统的体育教学中，体育教师的责任仅仅是为学生传授体育的基本知识、基本技术、基本技能，增强学生体质，比较忽视学生的心理健康和社会适应这两个健康维度。体育教育活动如果只是为学生的学业和体质考虑，那就只能培养受到身体训练，但在生活和交往方面低能的人，这些学生将来走上社会就有可能出现"四肢发达，头脑简单"现象。

如果学生在中小学期间没有受到心理方面良好训练，学到一生做人、做事的基础知识，体育教师要负责任。所以，作为一个体育教师，承担着比传授知识、技术、技能更重要的责任，就是要教学生学会做人，学会发展，在中小学期间为一生的做人和发展奠定基础。体育教师除了教知识、技术、技能之外，应更多地教育学生提高道德修养水平，学会待人处事，学会与人合作共事。教育的目的是培养一代能够承担改造社会重任的人。

如果培养的人只有身体健康，而缺乏道德，缺乏感情，人际关系就会不断摩擦，这同教育的培养目标是背道而驰的。总之，必须要有充分的思想认识，不断地转变思想观念，注重培养学生的独立性和自主性，引导学生质疑、调查、探究，在实践中学习，促进学生在教师指导下主动地、富有个性地学习。

体育教师应尊重学生的人格，关注个体差异，满足不同学生的学习需要，创设能引导学生主动参与的教育环境，激发学生的学习积极性，培养学生掌握和运用知识的态度和能力，使每个学生都能得到充分的发展。

创造性思维是创新人才最基础的素质。培养创新人才的核心就是要培养创造性思维。创造性思维要解决如何形成创新的思想、理论及设计发明或发现一种新方式用以处理某种事物的思维过程。它由发散思维、形象思维、逻辑思维、辩证思维和横纵思维等六个要素组成。创造性思维的结构是进行创造性思维培养与训练的总纲也是理解和掌握创造性思维活动的钥匙。

必须重视学生的发散性思维。体育教学中应努力培养学生的积极的求异性、敏锐的观察力、创造性的想象、独特的知识结构及活跃的灵感。体育教学中学生的思维是很活跃的关键是教师能不能创造性地创造种民主的、和谐的教学氛围，启发、鼓励学生，并采取适当的教学方法来加强这种思维。在美国的学校考试中，如果学生的答案与教师的答案完全样，只能得六七十分。

如果答案中有点新鲜的就会得高分，而恰恰相反。从这里可以得到启发作为体育教师在整个教学过程中，要设法打开学生的思路，多听学生的独特见解，鼓励学生对教学内容敢于提出质疑和坚持己见，改变教学方法，从根本上保证把学生的创新精神放在首位。

教师应当加强培养学生的创新能力。创新能力是指反映创新主体行为技巧的动作行为，主要包括信息加工能力、动手能力、熟练掌握和运用创新教法能力与创新成果的表达能力等。也就是要把创新的意识、思维转化为精神产品或物质产品的实践能力。

要培养学生具备一定的基础知识和较深厚的专业知识、广博的邻近学科的知识、相关方面的科技发展状况和前沿知识及学习策略，学会怎样学习和怎样思考，具备乐观豁达的态度和合作能力以及不拘格的综合能力。体育教学中应注重学生个性的培养。

### 7. 培养创造性人才应注重学生的个性发展

在体育教育过程中要尊重学生的个性，尊重学生的自觉性、自主性和创新精神同时还要尊重他们的独立人格和独特品质。所处环境、所受教育以及自身努力程度不同，处于同一发展阶段的不同主体既有共性又有个体差异。学生的兴趣爱好、性格特点、智力水平、身体素质状况也都不尽相同体育教育过程中往往忽略了学生的个性的特点，教学内容相同、手段相同、考试个标准。

因此体育教学应最大限度地发展学生的个性，为每个学生的个性发展提供促进条件使每个学生都有机会在天赋所及的领域内充分发展自己的才能。要创造种适合于学生的体育教育，而不是着重于挑选适合体育教学的学生。要大力开展活动课和选修课，注重教学方法的多样性、教学内容的多维性和教学媒体的多用性。

让所有学生都成为某方面，哪怕是极小方面的体育特长生，并保持这种兴趣和爱好于终身。体育考试是检验体育教学质量的重要手段和方法.是评价教师教和学生学的标准之一。体育教学中单方面的考核是目前较为普遍存在的问题。这种考核的弊端是体质好的学生不用练，成绩也较好；而体质差的学生就是练，成绩也上不来，从而制约了学生学习的积极性和兴趣性。素质教育是一种全面发展的教育体育，也是面向全体学生的教育，体育的考核应该是多样的、立体的。

对于少数几个体育尖子，不能过多地围绕他们转，也不能人为地压制他们的体育特长与个性发展。对于少数较差的同学，也要看到他们的进步，对他们学习成绩的评定，要侧重评价自身提高的幅度和努力程度。在制定考核标准时，教师即要统一要求，又要有不同的评价尺度，设立一种对不同层次学生都有激励作用的评价体系。素质教育不只是为就业做准备，而是为人生做准备。

因此在体育教学中对学生的考核应根据体育学科的特点，从知识、技术的传授，到身体素质的训练与情感教育等采取科学的方法，不仅要锻炼学生的身体还要发展学生的思维能力，提升非智力水平，教会学生怎样做人。

创新意识是指具有为人类的文明与进步做出贡献的远大理想有为科学与技术事业的发展而献身的高尚精神和进行创造文明的强烈愿望。体育教学中应当激励学生追求新异，以求新为荣。只有在强烈的创新意识指导下学生才可能充分发挥自身的潜力激发创新激情。体育要生存要发展就必须创新。体育项目的每次发生与发展，体育规则的每次修改都是在创新意识下产生的。

人类社会不断发展才使过去比较原始的体育项目逐渐成为具有现代文明色彩的体育项目人类体育文化的每次进步都离不开创新。没有创新就没有高度文明的全民健身和奥运争光计划，从某种意义上说，如果没有创新意识人们的创新活动就不可能产生。体育运动在漫长的发展过程中产生、发展变化都离不开创新意识的活动。

因此体育教师应努力培养学生的创新意识，培养学生以原有知识、经验为基础，又不拘泥于原有知识与经验。以俯视、审视原有的知识经验，发现它们之间时断时续的内在联系，从而产生新的创新意识。所以，创新意识的培养不是一朝一夕的事情，而是必须通过长期的坚持不懈的人生观与价值观的教育才能形成。

## 二、创新思维对教学氛围的营造

当前的教育教学改革把发展学生创造思维能力，培养创新意识作为最核心的问题摆在面前。因此，作为参加课改年级的教师来说，都面临着新的挑战。作为教师都要投入课堂教学艺术的研究中，要把内容新、娱乐性强和趣味性强等多方因素融为一体的课堂展示给学生。让课堂充满创新氛围，使学生的创新能力在潜移默化中得到充分的发展。

营造一种良好的课堂氛围是培养学生创新能力的关键。心理学家认为：学生创造能力的高低与周围环境有着密切的关系，如果儿童从小到大都生活在一种压抑，循规蹈矩，一成不变的环境中，儿童的创造思维便被扼杀。因此，在教学中为学生创设一种民主、和谐的氛围是至关重要的。

这就要求教师必须更新教育观念，领会课改精神，树立师生平等，尊重学生人格的思想，尤其是对那些身体素质较差，掌握技能较慢的学生，要以更大的热情去关心和激励他们。教师要鼓励学生多发现问题，敢于大胆地提问，并敢于向权威提出异议。有积极参与活动愿望的学习氛围运动参与是学生发展体能、获得运动技能、提高健康水平、形成乐观开朗的生活态度的重要途径。促进学生主动参与体育活动的关键是通过形式多样的教育手段，丰富多彩的活动内容，培养他们参与体育活动的兴趣和爱好，形成坚持锻炼的习惯和终身体育意识。

现在的创新教学要求学生不仅能参与到教师所设计的活动中去，而且还能参与到活动的计划、活动人员的组合，甚至是活动内容和教学内容的确定当中去。如在一堂跳高体育课的准备部分安排学生做模仿练习时，可让学生做各种单脚跳模仿、收腹跳模仿、跳高有关动作的模仿等，学生根据自己的体会自行设计最易掌握的起跳练习，然后由教师加以归类。

总之最后根据规则的要求选择最佳的模仿练习。这样的模仿练习既能使学生广泛参与又能达到良好学习氛围，有助于培养勇敢、果断，增强自信心。在过去的教学中，由于受传统的教学方法影响，教师只重视学生对动作的技能、技术、技巧的掌握，而忽视智力因素和非智力因素的培养，以至于教法陈旧、死板、强制学生绝对服从，学生的思维和想象力受到压抑，从而影响了创新思维的发展。在教学中，要防止只重视运动技能的传授，而忽视心理健康目标达成的现象；要努力使学生在体育活动过程中，既掌握基本的运动技能，又发展心理品质；要注意创设一些专门情景来培养勇敢、果断、增加自信心的学习氛围。

如在支撑跳跃"山羊"时，初次跳跃时，有部分学生惧怕，不敢跳，但经过教师优美动作示范和激励、同学们的鼓励，做好保护工作，学生是能跳过的；只要第一次过了，以后就没有问题了。这说明增强学生的自信心、勇气，困难是能克服的。

那么氛围的营造该如何进行呢？激发锻炼兴趣个人的兴趣爱好是做好事情的动力。教师要多根据学生活动特点米进行教学，要充分发扬民主，要多给学生思考、多提问、多练的机会。让学生能通过自己的努力来完成任务，获得成功的感觉，这样他们便会感到无限的乐趣。当学生学习兴趣得到激发时，其创新精神才能得到萌发。发展学生个性是创新氛围的基本前提。在教学过程中，应根据各年龄阶段学生的特点，做到结合实际，因材施教，培养全面活动能力，发展个性，要鼓励学生在练习过程中发挥各自的特长优势，提倡要有创造精神，勇于对教师教学提出质疑，以满足自表现和发挥潜能，使每个学生能各尽所能，各得其所，为创造良好的课堂创新氛围奠定基础。

如不爱运动的学生要多鼓励，发现其优点应及时表扬，要培养他们自主、自立意识和自信心；对活泼好动的学生，应严格要求，给他们布置任务，定时完成；对粗枝大叶、不严格要求自己的学生，要求他们认真保证质量，监督完成，总之要对不同类型的学生，要有不同的要求。注意情绪的控制是创新氛围的基础情绪的好坏会直接影响锻炼效果。这就需要一个舒适的锻炼环境，营造一种活跃的锻炼气氛自始至终保持良好的心态，高昂的锻炼情绪，才能收到好的练习效果。

教师在进行教学时，要积极调动学生的情绪，热情过早、过分会使练习不能持久。要让学生感受到参加运动的良好氛围，从开始到结束都体验到成功的愉悦心情。这样就会使学生的锻炼兴趣越来越浓，有了这个基础，才能培养学生思维的多向性，突破常规的思维模式，才能发挥学生的独创精神，才能达到创新的目的。

良好的师生关系，是创新氛围的最好途径在现代体育课堂中如果师生间达不到平等互爱，就没有情感的交流，就没有创新的氛围，所以，一定要转变传统的教学观念，要让教师与学生，学生与学生之间形成良好的、民主的、和谐的关系。教师应成为学生学会怎样去寻求知识和运用知识的向导，成为学生寻求机会的组织者，成为深刻地理解学生的观点，想法和情感特征的知音。

教师应根据学生各自的不同情况，注意交往方式、深度等，多方面加以正确引导，利用集体智慧取长补短，弥补个人的不足。如前滚翻教学时，教师参与练习，要做好保护与辅助工作，采取对错误动作和容易犯的错误教师示范在前，正确动作让掌握好的学生表演等措施。教会学生自主学习，锻炼的方法和习惯是创新氛围的根本体育教学目标是终身体育，让学生掌握科学锻炼的方法，养成终身锻炼的习惯，学会健身，这些就是创新氛围的根据所在。

作为一名教师，不仅要教会学生学习知识，更重要的是为了"学"，为了达到"教法举一，学法反三"之目的，在体育教学中对某一个动作不仅要会做，还要让学生认识这个动作的技术结构，作用，并明白其中道理，通过这个动作还会创造出哪些动作，如前滚翻技术动作的内在大批量，并能通过完成滚翻动作，创造出新动作来。

像远撑前滚翻、鱼跃前滚翻、侧手翻等。通过运用灵活多样，生动活泼的教学方法，促使学生开动脑筋，让他们积极主动地获取知识。同时还要注意内容的选择要符合学生年龄特征和兴趣特点，力求使单调的教学内容具有新意，以不断引起学生的有意注意，唤起他们的强烈求知欲和学习愿望，这样才能开发学生的智力，增强创新思维素质，强化创新的动力。

总之，让体育课充满创新氛围，是现代课堂教学发展的要求，也是教改不断深化的要求。它对体育教学的效果具有很大的影响力。对施教者来说，在教学中应处理好教与学的关系，提高教学艺术性，要力求在新观念指导下，突破传统的教学模式，认真探索和满足学生身心发展需要的新教学模式，营造良好的教学创新氛围，提高教学效果，使课改得到进步深入，培养出更多更好的创新人才。

所谓探究型日记，就是在现有问题解决的基础上，让学生自己进行再探究、再创造，或者根据生活中的数学现象进行深层次探究，在课堂教学中尽量设计一些探索性和开放性的数学问题，给学生提供自主探究的机会，给学生一个比较充分的思考时间，培养学生肯钻研、善思考、勤探索的科学态度，如把两面镜子相对而立，若你处于其中，将看到许多肖像位置呈现周期性，你能把这一事实数学化吗？若把轴对称改为中心对称又怎么结论？还可以结合研究性学习，指导学校进行数学活动。如购房贷款决策问题，丈量摩天大厦的方法研究，水库的水量如何计算。让学生设计方案，可激发学生的创造能力。

培养记数学日记的习惯，还要注意表达规范表达分为文字表达和语言表达。记数学日记必需持之以恒，要养成良好的记数学日记的习惯。数学日记要求书面表达规范，条理清晰，观点显明。把问题的解决过程要有条理地用文字形式写清楚，甚至为什么这样做最好也能有所表述，不能只关心结果。同为一个数学问题的产生和一问题的解决，是有条件和原因的。最后还要求学生把自己写的日记和同学进行交流，通过记日记，的确能训练学生的文字和语言表达，所以应该给学生提供时间和空间。

对数学日记的评价评价学业的方式和标准，直接影响学生的学习发展轨迹。教师为学生设置数学日记，所运用的评改方法也应与数学教学相适应。发掘学生的潜能需要教师的精心呵护。

## 三、创新思维在教学方法的更新

新形势下的体育教学改革，就是要扭转传统的以教师传授体育知识、以技能为中心的旧的方法体系与方法观念，如何对体育教学方法进行改革，是一个重要的研究内容。积极推进体育教学方法的改革是体育教学改革的重点和突破口，也是提高体育课教学质量的根本途径。

教学方法是体育教学活动中必不可少的因素，中国宋代著名学者朱熹曾说："事必有法，然后可成，师舍是则无以教，弟子舍是则无以学。"① 可见，教学方法是非常重要的。它是体育教师完成教学任务的必要条件，是学生发展的制约因素，更是教学改革的突破口。随着社会的发展，教育现代化进程的加快，以及新课程教学改革的推广，使原有的、旧的教学方法跟不上时代改革的步伐，也不能满足对人才培养的要求。在这种形势下，体育教学中教学方法的改革势在必行，这就要求体育教师转变传统的教学观念，更新教学方法。以期培养出能适应社会发展和时代需要的人才。

## （一）对传统体育教学方法的分析

体育教学方法即体育教学过程中完成教学任务，在教与学的教学过程中所采用的教学方式，即包括教师的教的方法，也包括学生学的方法。传统的体育教学方法是以传授知识、技术、技能为主，以使学生获得知识、技术、技能和巩固知识、技术、技能为目的。

其内容有以下几种：

一是讲解法。讲解法是指教师运用口头语言向学生传授体育知识、运动技能的教学方法。

二是问答法。问答法也称谈话法，是指体育教师按一定的教学要求向学生提出问题，要求学生回答，并通过问答的形式来引导学生获取知识和巩固知识的方法。

三是讨论法。讨论法是指学生在体育教师的指导下，为解决某个问题而进行探讨，辩明是非真伪，以获取知识的方法。

四是动作示范法。动作示范法是教师以自身完成的动作作为范例，用以指导学生进行学习的方法。

五是演示法。演示法是教师在体育教学中通过展示各种实物、直观教具，让学生通过观察获得感性运动认识的教学方法。

六是练习法。练习法是指根据教学任务，有目的地反复做某一动作的方法。

七是比赛法。比赛法是指在比赛的条件下进行练习的方法。

八是游戏法。游戏法是以游戏的方式组织学生进行练习的方法。

九是直观法。直观法是指在体育教学中，借助视觉、听觉、肌肉的本体感觉等知觉器官来感知动作的一种常用教学方法。

十是矫正法与研究法。矫正法是指在体育教学中用于纠正学生错误动作的方法。研究法是指学生在体育教师指导下，通过探索，创造性地解决问题，获取知识和发展能力的方法。

## （二）对传统体育教学方法的认识

突出教师的主导作用，忽视学生的主体作用，传统体育教学方法只是一种单向性的信息交流方式，在教学中教师直接控制着整个教学过程，支配整个教学进度，支配学生的学习过程。这种以教师为中心、以教材为中心，以直接传授知识技能为目的的教学方法，往往使学生处于被动、消极、受压抑的地位，许多非常活泼的学生在体育课上无精打采。

培养出来的学生不善于思考，缺少学习的主动性和创新精神，传统体育教学方法采用的是以教材为中心的"注入式"教学方法。教学方法往往千篇一律套用一个模式，重视运动技能知识灌输，忽视学生的心理、兴趣、爱好、情感等方面的培养。即以帮助学生高效

① 四书集注 [M]. 朱熹校，注. 王华宝，整理. 南京：凤凰出版社，2016.

地掌握运动技能和锻炼身体为主要目标。

学生学习被动，压抑了学生学习的积极性，不利于学生发展独立思考能力和创新精神。在体育教学中，教师往往是知道多少就灌多少，学生听多少是多少，甚至代替学生得出结论，极少给学生留下思考的思索、研讨、发挥的余地。

"满堂灌"已成为教师的严重弊病，也是学生所深恶痛绝的事。教学活动变成一种"告诉"，课堂上很难留给学生一些充分思考的时间和相互质疑的机会，学生学习的主动性和创新意识淡泊。师道尊严，缺乏教学民主，师生关系不和谐。有一项课堂提问情景的调查中显示，学生"从不敢打断老师的讲课以便提出自己的问题或困惑者，高达93%；学生从不针对教师讲解的观点，提出不同意见者达91%"，[①]这组数据充分说明了教师搞"一言堂"，唯独尊的心理，缺乏教学民主。

甚至有的学生在课堂上发表自己的见解、提问质疑时，教师则认为是不尊敬师长，是在捣乱。传统体育教学方法过分强调教师的主导地位和作用，学生的主体地位被忽视，学生在课堂上的一切活动都被严格限制在教师规定的范围内。学生只能围着教师，而教师则围着教材转，师生关系冷漠，甚至紧张，严重压抑了学生学习的积极性，影响了学生个性的发展。体育教学方法改革的目标随着当前体育课程的改革和变化，体育教学方法也随之发生了变化，由传统的教学方法以运动技能传授为中心转变为以"发扬教学民主，着重培养学生的能力、陶冶学生的情感、促进学生人际交往和社会性提高"为主的新观念、新思想所代替。如"发现式教学法""问题教学法""暗示法""合作性教学""情景教学法"等多种教学方法应运而生。这些新教学方法是为了弥补过去的比较僵硬的记忆性的知识教学所产生的"高分低能""高知低情"等不适应现代社会要求的弊病的一套新教法。而这些新教法在强调面向全体学生的同时，更强调发展学生的能力、个性，但绝不能因此取代"传统的教学方法"，而只是对传统体育教学方法的"补充"和"发展"。

一些优秀的传统体育教学方法，是具有强大生命力的。在大力提倡改革体育教学方法的同时，也要认真学习、研究、继承和发展前人好的教学经验。由此可见，体育教学方法改革的目的在于适应时代发展的需要，培养出能符合新型社会发展的全面的体育人才，把"授技"与"育人"真正地结合起来。体育教学方法改革的具体做法在体育教学中进行体育教学方法的改革是体育教师的主要任务之一，体育教师要以素质教育的指导思想为指针，为全面提高学生的心理健康水平、增进身体健康，培养具有优良的心理品质，树立学生终身体育的观念服务。

在这层意义上说，体育教学方法的转变是体育教学改革的可靠保障，所以要转变陈旧的教学观念，探求对体育教学方法的补充与开发，具体可从以下几个方面入手：

### 1. 转变教育观念是进行体育教学方法改革的前提与先导"要革新，先革心"

体育教学观念是体育教学思想和教学理论的基础，科学的体育教学观念可以升华为更先进的体育教学思想的教学理论，从而影响整个体育教育活动。因此，体育教学改革总是以教学观念的变革为突破口，由此来推动教学方法、教学手段革新。这就要求体育教育工作者必须进一步更新教育思想和教育观念，冲破旧的传统教育教学观念的束缚。

在树立现代化体育教学观念的基础上，全面加强素质教育、终身体育的思想，建立新的适应社会发展教学方式。即把过去以教师、教材为中心的传统教学观念，转变为以学生

① 冯瑞文. 素质教育何日走进课堂 [N]. 北京晚报，1998-8-30.

为中心，以调动学生学习的积极主动性为中心的现代教育理念；把重知识传授，轻能力培养的观念转变为在传授知识的基础上，重视学生良好个性和创造力、适应能力等方面的培养。

### 2. 构建和谐的师生关系，发挥学生的主体性是体育教学方法改革的基础

众所周知，"教学是在师生交往互动的基础上教师组织引导学生认识教学内容而促进学生身心发展的活动"，即"双边性"。也就是说，教学方法取决于学的方式和教的方式行动上的协调一致的效果。而在过去整个教育过程中，往往把学生看作听命于教师指挥的消极而被动的对象。把学生"模型化"，变成接受知识的"容器"，任意摆布，始终处于被动的从属的地位，失去了学习的积极主动性，致使学生失去主体性，师生之间缺乏充分的情感交流，而直接影响教学方法的运用和质量，更直接影响到教育的效果。

只有当教师在教育过程中把学生看成是学习活动的主体，与学生进行平等、民主的交往与合作的师生关系时，才能使学生处于与教师自由交流的学习环境中，敢于并乐于探究问题，激发出积极主动性、创造性与智慧潜能，才能实现教与学平等的双边关系的健康发展，才能促使教学方法得到有效的运用。

体育教学方法改革要求创新人才培养的观念，关键取决于教师。早在 20 世纪 70 年代，联合国教科文组织国际教育发展委员会编著的《学会生存——教育世界的今天和明天》就把"培养创造性"作为教育所培养人才的重要目的，重视通过教育培养与发挥人的创造潜能。在激励竞争的社会，国家迫切需要大量人才，只有知识不断创新，才会提供不竭的人力资源。知识的创新，在很大程度上取决于人的知识学习与转化能力。而这样的能力，只有通过教育、通过教师在教学过程中的传递才能获得。

然而，直到如今在体育教学中，仍有压抑创造精神的教育现象存在，我国人才的创造能力相当薄弱，重视的往往是学业成绩，忽视了分析问题、解决问题的能力、实际操作的能力和创造思维的能力。这样的人才将如何面对日益激烈的经济竞争，如何在国际竞争中立于不败之地，这一切都与现如今采用的教学方法是密不可分的。

为此，教育工作者必须改变单纯由教师向学生灌输体育知识、技能和方法的传统模式，由传授型向引导型，由枯燥型向快乐型转变，创设能使学生主动学习的教学情境，运用"启发式""发现式"教学的理论和方法，激发学生的学习动机，使学生学习的目的明确，培养学生自主学习、独立思考的能力和创造力，进而创造性地解决学生个体学习中存在的问题，运用改变教学形式、变换教学手段，来改善人才培养的模式，提高人才质量。

体育教学方法的改革和发展，绝非盲目地全盘否定传统教学方法。体育教学方法是人们长期对体育教学规律认识的基础上不断地总结和归纳出来的，进行体育教学方法改革并非是要全盘否定传统教学方法。不同的社会时期有着不同的教学方法，随着教育理论和教学思想观念的发展，教学方法都在不断地发生着变革。

但无论是新方法，还是旧方法都有其必然性的存在，应剔除其糟粕，继承和发展其精华。让改革成为体育教育工作者实现教育目的的有效途径，全面实施素质教育的有效手段之一。总之，体育教学方法改革，必须与当今教育发展的趋势相适应，也需要不断地在理论上作研究探讨，同时还要在教学实践中不断地创造和完善，从而促进教育教学改革的健康发展。体育教学方法的改革是素质教育的要求。它的改革不仅转变了教师的教学观念，更进一步对教学中淡化"育人"的教育功能有了重新的认识。

新一轮课改中强调体育教师要淡化"竞技运动"的教学模式，转变陈旧的教学观念、以树立全面提高全体学生的基本素质为根本目的，倡导以人为本，以学生全面发展为中心的新教学观，为打造能适应社会发展需要的人才奠定良好基础。体育教学中有必要对教学方法进行改革，以新观念、新手段、新方法培养全面发展的人，为国家体育教育事业的可持续发展提供有力的保障。

### （三）高校冬季体育

高校冬季体育是高等教育的有机组成部分，21 世纪的高校体育教学面临新的形势、新的任务，更需要不断地创新，在增强大学生身体素质，提高运动技能力的同时，应更注重大学生的人文素质教育，努力使体育教学更加人性化、情趣化、娱乐化与角色化。体育不仅可以使学生们的身体得到锻炼，心灵得到启迪，并且可以使他们掌握体育运动的技能和方法，养成终身体育意识和习惯，更重要的是在体育运动中学生们的综合素质得到全面提升。

不可否认的一个现象是，高校冬季体育教学改革已经进行多年，其结果却是大学生体质与健康状况继续呈现缓慢的下降，这需要不断进行反思我们的改革、创新缺了点什么？高校冬季体育教学能培养学生团结协作、遵循规则、直面逆境、增强自信等良好品质的养成，体育教学的这些特质是高校其他课程不能比拟的。

人文素质教育的最大作用就是开发人性，教学生学会做"人"，使大学生心态健康、心胸宽容、思维理性、自管理，以及足够的合作意识等，这与高校冬季体育教学有着高度的契合性。

因此，新时期高校冬季体育创新的突破口应是加强体育教学中人文素质因素的注入、改善和提高，使高校冬季体育教学内容、教学方法和教学环境等更加符合人文方法、遵循人文精神，使大学生真正认识到体育教学、比赛和游戏中自己所扮演的角色与未来参与社会竞争具有极大的相似性，使大学生在体育训练的过程中不仅增强体质、提高身体健康水干，更要学会认清自己的水平、能力和发展潜能，学会如何找到自己的角色、如何扮演好自己的角色与如何增强自己身份辨别度去突破自己所扮演的角色。只有在高等教育阶段培养大学生具备健康的人格与身份辨别度，他们才能适应社会的竞争，才能胜任未来不同方向、不同层面的工作与角色，为自己进入社会、扮演不同的社会角色与适应社会竞争打下坚实的基础。

冬季体育教学存在的主要问题缺乏人性化的方法、手段，使增强学生体质无法落实到实处。

于明岩，李江，祖莹等认为：教学理念落后，教学内容单一，缺乏时代气息。由于高校体育教学决策层面与管理者理念落后，在思想上缺乏对体育教学价值的认识，在组织上对校园体育文化建设少有长期规划，使得许多体育教师以应付了事的态度对待冬季体育教学任务，教学内容单一、缺乏时代气息成为一种必然。高校冬季体育教学多数还停留在"运动技术指导"的桎梏中，体育教学为"人的全面发展服务"，更多的还是在"人的身体发展"上打转转。①

高校体育教师虽然接受了"快乐体育"的躯壳，但却没有领悟"快乐体育"的真谛，体育教学中放松了对学生体质增强的诉求，而使得当代大学的体质水平整体滑坡。冬季体育教学创新的主要途径。

① 于明岩，李江，祖莹等著 . 大学体育 [M]. 哈尔滨：黑龙江人民出版社，2009.

明确教学目标，发挥学生的主体作用。冬季体育课程作为北方高校体育教学的一个重要组成部分，与其他季节的体育教学在目标上是一致的。由于长期以来在体育教学目标上存在着偏差，一味强调体育教学的生物价值，因此导致冬季体育课程教学人文性缺失，甚至于人性的背离。人的发展离不开人性化的环境，人性化的环境必须由人性化的教学目标作导向。

人性化的教学目标的基本内涵就是促进学生身心的全面发展与对学生个体人性和价值的尊重。冬季体育课程的教学目标必须充分体现教育者的"主导"原则，倡导发挥学生的"主体作用"，但不是放任学生自由发展。摒弃单纯的生物体育教育观，要从"育体"向"育人"方法转变，使冬季体育教学目标的最终价值表现生命性、未来性和社会性。

通过冬季体育课程的内容设计满足学生的兴趣、爱好和对身体活动的需要，通过冬季体育教学过程的控制培养学生良好的心理品质、道德素养，通过教师与学生之间、学生与学生之司和谐人际关系的培养促进学生身心的健康发展，最终实现冬季体育教学目标。以大学生的需求为导向创新教学内容。

高校冬季体育课程教学过程中，对大学生运动技能培养中前后内在的联系看似无可挑剔，但教学内容过于陈日、老套，会束缚学生的求知欲望，抹杀学生进一步参与体育的兴趣和积极性。当今学生兴趣、爱好已呈现多样化，无视学生的初始水平和接受能力的差异，何谈对"教学主体"的尊重。

从人文素质教育出发，在冬季体育课程教学内容安排上，必须打破以往墨守的教学顺序，抓住学生心理上点滴的求知渴望作为突破口，选择学生们喜爱的体育项目，开发形式多样的冬季体育课程，如开设冰雪体育教学课程。从丰富大学生的感性认识入手，激发他们参加体育教学活动的乐趣，满足他们对喜爱的冬季体育项目育的不同需求，使其在体育课程的教学活动亲自参与中，获得身心健康的收益。

从尊重每位学生个体的角度出发，采取灵活、实效的教学方法。传统的冬季体育课程教学，忽视学生作为一个独立个体所具有的主观能动性和个体差异性，教师为完成主观设计的教学目的，大多采用灌输式、传输式的教法手段。新的教育理念把"一切学生的发展和学生的生面技展"作为教育的根本目的，以发挥大学生的主观能动性，激发他们的潜能，促进个体不断发展和进步为出发点，开发、设计、借鉴与使用教学方法。

如，可以将个性化分层次教学、动态可控式法"动态分组、异步互助"教学法、意向置换教学法、隋景教学等多种教学方法进行优化组台，通过游戏、竞赛等形式，引导学生积极参与、主动实践，提高大学生的身体素质，增进自身道德与修养的和谐发展。也可以采取课内、课外一体化模式建设，组建课外学生俱乐部，把课外体育纳入体育课程体系，使之成为课堂体育的有机延续。创造一个有利于大学生综合素质发展的高校冬季体育校园文化环境。

在我国教育全面由原来的知识教育向行为教育转变的过程中，高校体育的转变、改革与创新进程略显迟缓。高校冬季体育教学的创新要求体育教师不能仅满足只言片语的情感体验，而是彻底摒弃以往的陈旧观念，从高校冬季体育教学的目标、内容和方法入手，最大限度地发挥学生的价值、潜能，发展学生的个性和创造力，培养学生健康的体魄额优秀的心理品质和良好的品德与作为社会成员的责任感，这样才能实现体育在高等教育中的重要作用。

### （四）新形势下的体育教学改革

新形势下的体育教学改革，就是要扭转传统的以教师传授体育知识、技能为中心的旧的方法体系与方法观念，如何对体育教学方法进行改革，是一个重要的研究内容。积极推进体育教学方法的改革是体育教学改革的重点和突破口，也是提高体育课教学质量的根本途径。教学方法是体育教学活动中必不可少的因素，中国古代著名学者朱熹曾说："事必有法，然后可成，师舍是则无以教，弟子舍是则无以学。"

可见，教学方法是非常重要的。它是体育教师完成教学任务的必要条件，是学生发展的制约因素，更是教学改革的突破口。随着社会的发展，教育现代化进程的加快，以及新课程教学改革的推广，使原有的、旧的教学方法跟不上时代改革的步伐，也不能满足对人才培养的要求。在这种形势下，体育教学中教学方法的改革势在必行，这就要求体育教师转变传统的教学观念、更新教学方法。以期培养出能适应社会发展和时代需要的人才。

众所周知，教学方法是教师完成教学任务的必要条件，是学生发展的制约因素，更是教学改革的突破口。进行体育教学改革，可从多个方面入手，而教学方法却往往是教学改革的突破口。在实施以培养创新精神和实践能力为重点的素质教育的今天，基本的指导思想是要以学生发展为本，因而一个重要的着眼点是要改变学生的学习方法，而学生的学习方法的改变将要依靠教师教的方法的改变。

教学方法的改变体现教师新的教育思想观念，教师新的教育思想观念促使教学方法的改革。可以看到，在实施素质教育的今天还有许多教师仍乐此不疲地采用以传授知识、技术、技能为主，以教师、书本为中心的填鸭式教学方法，而忽视了学生在学习过程中的主体作用，留给学生的依然是被动地接受和狭小的思考空间。

这种方法如不改变，很难在体育教学中创设和谐、民主、宽松的体育环境，也很难激发学生主动、积极地参加体育活动的意识，培养的学生也很难适应社会高速发展的需要。要革除陈旧落后的教学方法，是一项十分艰苦而复杂的工作，但是从发展看，改革教学方法是历史发展的必然要求。

# 第三节　创新思维在高校体育教学应用案例

## 一、创新思维在高校体育教学中应用

随着社会的发展，我国的高等教育事业也取得了突飞猛进的发展，同时形成了世界上规模最大的教育体系，这其中不少高校跻身到了世界先进水平的行列，在国际上享有较高的知名度，如清华大学、北京大学等。高等教育在国教育事业发展进程中占据着至关重要的地位，高等教育的发展不仅会影响到国的教育事业，还会影响到国在国际上的地位。

从目前来看，我国虽然拥有庞大的高等教育体系，但是距离世界先进水平还是存在一定的差距，缩小与国际高校的差距是国教育事业奋斗的目标。建立世界高水平大学，首先要顺应社会的发展，对国家的战略性需求进行研究，大力推进协同创新战略，促进高校之间的有效联合，组织创新团队来加强创新平台的建设，以高水平的研究作支撑来提高国教育事业的发展，这是高等教育发展的必然要求。

合作共赢是全球高等教育发展的大趋势，也是国高校实现大发展所面临的共同机遇。国高校水平与世界一流名校相比还有较大的差距，要迎头赶超、实现跨越式发展，就要在高校之间实现优势互补、强强联合，从而带动整体一起，这是现阶段建设具有中国特色的高等教育强国的必由之路。为了拓展体育的功能，发挥高校大学体育课程的优势，就要积极推动协同创新，推动高校之间的深度合作，实现高校间体育教育资源的共享。高校协同创新战略背景下的大学体育课程教学资源共享，能充分发挥各校的师资资源、场地设施资源、信息资源、传统优势资源等的作用，目前高校这些资源的重复配置率很高，一定程度上造成了浪费，为了避免各自办学中出现的资源浪费，高校需要实现资源共享，有效地进行资源的优化配置，提高各校体育教学资源的利用率，促进高校体育教学的高效开展。这也充分体现了国家的号召：落实科学发展观，建设节约型社会。

我国高校教育资源分布严重不均衡，中、东部发达地区的资源优于西部贫困落后地区资源、重点院校的资源优于非重点院校的资源，这就形成了部分高校体育教育资源匮乏，部分高校的体育教育资源浪费，这种资源分布的不均衡严重制约了部分院校大学体育的发展。通过对各高校体育教学资源进行协同创新，实现高校之间的体育资源的有效共享，不仅可以减少部分高校资源的浪费，还可以有效弥补部分高校因为体育教学资源的不足而给体育事业的发展带来的限制，从而促进高校体育教学资源配置的合理化，尽可能地减少差距，实现公平化。

通过大学体育课程数字化建设，最大限度地发挥教师的特长，使体育学科的最新成果被及时补充到课程教学中，优化高校师资队伍结构、更新大学体育教学内容、创新大学体育教学方法，形成多种媒体形式的立体化教材。

建立大学体育教育资源"协同创新——资源共享"监控体系是全面保证和提高高校之间进行协同创新，并进一步进行协同创新资源共享的有效保障。监控体系的不完善会直接影响高校之间对资源的协同创新，继而影响资源的有效共享，最终影响教学的效果。有利于建立大学体育课程教学资源共享体系的规范化、科学化、程序化。

大学体育课程教学优质资源要想做到有效的共享，必须建立相应的共享机制，建立统一的共享标准来约束各高校，否则要想实现共享会是一个很艰辛的过程。考虑各高校对共享资源的需求状况，以此为基础，整合相关资源，构建完整的共享机制和体系，有利于建立大学体育课程教学资源共享体系的规范化、科学化、程序化，促进高校体育教学质量的有效提高。

1. 专家访谈法：对部分高校副高职称及处级以上体育教师进行调查与访谈。了解高校的资源优势、共享现状、教学模式等，为高校体育优势资源共建共享奠定基础。

2. 数理统计法：采用 SPSS 11.0 软件对回收的有效问卷进行统计分析处理，使研究的数据比文字更直观，研究的内容更具说服力。

3. 逻辑分析法：通过运用归纳、分析、推理等逻辑学方法，结合教育学、管理学、体育理论等多学科理论，对所获资料进行分析，以得到正确的结论。

随着国教育事业的不断发展，高校体育教育也在不断地发展和完善中。在倡导德、智、体、美、劳全面发展的当今教育中，体育也起着举足轻重的作用，把体育纳入全面发展的行列中是为了全面提高学生身体素质，强健他们的体魄，增强他们的体质健康，从而促进身体、心理的全面发展。

我国体育事业始终贯穿着"终身体育""快乐体育"的思想，并以"身体、心理健康"作为教学的主要指导思想。我国高校大学体育的课程设置一般都是按照自己学校的传统优势在一、二年级进行必修体育课的学习，三年级以上根据个人对体育的兴趣选择体育项目进行选修课学习，并以达到相应的学分要求作为毕业、获取学位的重要指标。高校体育资源开发利用的途径主要有：建立国家—地方—高校三级体育资源管理机制，成立规划组织机构，建立大学城内部有形体育资源共享的渠道，优化配置教师资源，实现学分互认，利用大学城内的优势提高竞技运动水平，建立各校之间的体育教学信息网络平台，探索新型体育教学模式以及利用大学城的体育资源优势带动周边体育发展，体育师资资源的优劣是实现高校体育教育目标，保证体育教学质量的关键。

体育师资资源是高校体育事业可持续发展的重要保障，合理利用现有的师资能有效实现资源的优化配置，继而推动高校体育事业的高效发展。中共中央、国务院颁发的《中国教育改革和发展纲要》（1993年）指出："振兴民族的希望在教育，振兴教育的希望在教师，建设一支具有良好业务素质，结构合理，相对稳定的教师队伍，是教育改革和发展的根本大计。"

职称结构指的是一个高校拥有的助教、讲师、副教授、教授职称的比例，职称的高低反映着一个学校拥有教师的水平和能力，是衡量高校师资资源优劣和是否合理化的重要标准。当今高校教师学历主要分为四个层次：专科、本科、硕士、博士。学历的高低代表着一个人接受教育的程度，同时在一定层面上也可以体现出一个人的知识水平和能力。一个教师拥有了高学历，具有了较高的知识水平和能力，那他无论是在教学还是在科研上都具备做出突出的贡献潜力，为高校的可持续发展提供了有力的保障。

近几年，随着高等教育的发展，更多高校现有的教师为了提高自己的核心竞争力，都继续走向了课堂，进行深造，在一定程度上提高了高校体育教师的学历水平。现今，就业形势越来越严峻，竞争力也越来越大，高校对于需要新引进的教师也提高了门槛，独立学院的高招起点都落在了硕士研究生学历上，重点院校更是如此。因此，高校体育教师的学历水平不断地在上升，在很大程度上缓解了高校体育教师学历偏低的现象。

现状场地设施资源主要包括体育场馆和器材设备等，是学生参加体育教学和课外活动的重要场所，是高校进行体育教学和训练不可或缺的一部分。湖北省各高校在场地设施资源上都有各自的优势，各高校应充分利用这些优势资源，在保证正常体育教学的前提下，充分利用现有的体育场馆和器材设备条件，更多、更好地为校内外的教师和学生提供服务。

目前，湖北省高校体育场地设施资源现状为：有丰富的场地设施资源，但是有些新兴的体育场馆比较短缺，比如高尔夫场，在所调查的高校中只有武汉体育学院有这种场地，而且也只是训练场。另外，各高校的体育场地设施资源分布情况也存在一定的差异性，重点院校无论是在场馆数量还是在场馆的质量上都要比非重点院校略胜一筹，有些高校的体育场地资源过剩，造成了不必要的浪费，有些高校的体育场地资源稀缺，给正常教学带来了不少的麻烦。

从体育场地设施主要分布来看，传统的体育项目：篮球、足球、排球、田径场等还是占据着主要部分，基本上调查的每个高校都拥有这些场地，这些场地设施基本上能够满足教学的需要。但是对于一些新兴的体育场地设施：网球场、高尔夫场等占有量却显得有些供不应求。体育场馆的供不应求，这在一定程度上会给学生对体育课程学习的积极性降低，继而影响了高校体育教学工作的顺利开展，最终影响教学的质量。

体育场地设施是高校中不可或缺的一部分，体育常规教学、运动队的运动训练、学生课外体育活动的开展都离不开体育场地设施，体育场地设施为高校体育各种活动的开展提供了物质保障，体育场地设施的质量情况也会对体育常教学、运动队的训练、课外体育活动产生直接影响。体育场地设施的规格和质量都在不断地完善中。

高校对外实行无偿开放的场馆主要集中在足球场、篮球场、排球场、田径场等项目上；对外实行有偿开放的场馆主要集中在网球场、羽毛球场等项目上；从开放时间来看，高校体育场馆由于首先要满足体育教学的需求，所以在开放时间上就显得比较单一，对外开放的时间也比较少，主要集中在周末。

由于各高校学生的体育兴趣和教师专业技能的不同，再加上对于场地设施的使用率的影响，高校对于体育场地设施的配置也存在一定的差异，如篮球、足球、乒乓球等这些传统项目，由于开展的历史悠久，很多教师都拥有这方面的专业技能，这些项目在高校的使用率也比较高，所以对于这些场地设施的配置率也比较高，相对这些传统项目而言，一些新兴体育项目的场地设施配置率相对较低，这些项目随着社会的发展以及物质生活水平的大幅提高，越来越受到学生的喜爱，但是因为这些场地设施的配置率较低，无法开展大规模的教学，极大地限制了高校体育教学的有效发展，对于场地设施资源的配置要做到"统筹整体，优化局部"，从学生的角度出发，优化场地设施资源的配置，适应社会和学生的需求。

体育信息是客观存在的，是反映与体育运动所相关的体育知识的总称，是人们认识并反作用于体育的重要保证。体育信息资源就是相关的体育文献和体育数据资源，包含有关体育的书籍、视频、数据库等。通常高校都是用这些资源的多少来衡量体育信息资源的质量。随着社会的发展和高科技创新思维的普及，如今多用各类信息网络系统来衡量高校体育信息资源的质量。在这个网络如此发达的信息时代，很多学生习惯从网络上获取信息，高校体育部门没有自己的网页，就不能让学生更好地了解相关的体育信息，从而导致信息传达的滞后。

通过调查发现，有些高校图书馆中与体育相关的书籍、专业期刊远远不能满足学生和教师的需求，主要表现在书籍、专业期刊出版年份的久远、数量的有限。

只有实现信息资源最大范围内的共享，才能实现信息资源的有效利用，从而满足教师和学生的需求。

高校体育优势资源是指由于受到体育文化、传统优势体育项目、体育行为习惯等方面的影响，而在高校内部诞生的比较有影响力的体育资源。各高校由于受本校体育文化、传统优势体育项目和体育行为习惯的影响，造就了各高校拥有不同的体育强项，长久以往，逐渐演变成自己的传统优势项目，最后受到各校传统优势项目的影响，形成了不同的、具有校园特色的体育文化氛围。

在调查中发现，很多高校对于自己的传统优势体育项目都取得过骄人的成绩，武汉理工大学的篮球队，曾多次获得 CUBA 西南赛区的冠军，九次进入 CUBA 全国大学生篮球联赛男子前八强，两次获得 CUBA 亚军；武汉理工大学田径队在第十二届全运会上获得一金一银。华中科技大学的网球队在 2012 年湖北省普通高等学校网球锦标赛获得了团体第二名；毽球队在 2012 年湖北省大学生毽球锦标赛获得女团第二、男团第五、男女混双第三的好成绩。

在取得优异成绩的同时，也可以看到，各高校着重发展的优势体育项目多集中在田径、武术、篮球等传统项目，对于一些新兴体育项目发展相对比较欠缺。

教育部颁布的《全国普通高校体育课程教学指导纲要》（2002年）指出体育课程是大学生以身体练习为主要手段，通过合理的体育教育和科学的体育锻炼过程，达到增强体质、增进健康和提高体育素养为主要目标的公共必修课程；是学校课程体系的重要组成部分；是高等学校体育工作的中心环节，是促进身心和谐发展、实施素质教育和培养全面发展的人才的重要途径。各校应根据纲要和学校的总体要求与实际情况制订教学大纲，向全体学生开设各种体育课程，让学生可以根据自己的兴趣爱好自主选择教学内容，满足不同学生的不同需求。

同时为了确保教学质量和顺应体育课程的特殊性，一个班人数最好是控制在30人左右。根据学校教育的总体要求和体育课程的自身规律，应面向全体学生开设多种类型的体育课程，可以打破原有的系别、班级，重新组合上课，以满足不同层次、不同水平、不同兴趣学生的需要。大学体育课程上好技术课的同时，也不能忽视理论知识的学习，要做到理论学习和技术学习的同步、统一，在进行技术教学时，最好能利用现代教学手段实现多种形式的理论知识的传授，同时，能够充分运用所学的理论知识来指导实践。理论知识的教学内容一般安排约占整个体育课程的10%（每学期约4学时）。

纲要中还提出：普通高等学校的大一、二学生必须完成144学时的体育必修课程的学习，对普通高等学校对大三及以上学生（包括研究生）开设体育选修课。学生要想获得学位顺利毕业的必要条件之一就是要修满规定的体育课程学分。长师资资源的缺乏和学校场地设施资源的限制是体育课开设项目较少的主要原因之一，专长师资资源的缺乏特别表现在一些新兴体育项目的开展上，办学历史悠久的学校由于许多体育教师的年龄都呈现老龄化，他们的年龄、他们的身体已经无法再去继续学习新兴的体育项目，由于学校编制上的问题，可能无法在短时间内在引进青年教师来进行新兴体育项目的教学；而一些历史相对较短的高校，由于学校正处于快速发展阶段，学生人数的不断增加，导致教师的数量和教学场地仅仅只能保证大多数学生选择的体育项目，很多新兴的体育项目也因为教师和场地的限制而无法开展。

场地设施资源共享还存在另外一种方式，有些高校缺乏某些场地，在需要利用这方面场地的时候，往往会租借临校的场地来进行。场地设施共享还有一种共享方式是通过学校内多校区体育资源共享是实现的，在调查中发现，有些院校的体育场地设施除了进行日常教学外，很少被利用，在一定程度上造成了资源的浪费，如果这些高校可以把这些闲置的场地在课后共享，不仅可以有效避免资源的浪费，在一定层面上还可以进行创收，场地设施资源被有效利用，也可以带动该校的体育文化发展，同时也会带动本校学生的加入。

体育信息资源的共享主要是通过Internet Explorer来实现的，随着社会的发展，网络在学生中的使用率也越来越高，要想知道什么信息直接可以在Internet Explorer上百度一下便可实现。一般在学校网站上都会设置体育部的链接主页，将一些信息及时的更新、发布在自己的主页上，供学生和教师的浏览。通常主页上的内容都会涉及单位概况、学科建设、教学动态、学生工作、科学园地、党建思政、体育教学辅导站、体育理论在线测试、体育知识传播、体育名师辅导、体育健身加油站等方面的内容。

## 二、高校在学校事物的管理模式

高校一般都拥有悠久的历史，这么多年走过来，都形成了各具特色的办学理念、特色和工作思路，在现阶段很难融合与协调。不同的高校在学校事物的管理模式和运行机制上都有各自的不同点，每所高校都有着适合自己学校发展的管理模式和运行机制，若要实现高校间体育教育资源的共享，必然会影响到高校原有的管理模式和运行机制，高校害怕改变，害怕受到其他高校的影响给自己带来不必要的麻烦，他们就会产生反感，这种心理必然会影响共享的实现。

资源共享的最大障碍归根到底还是管理体制的制约由于各高校为了生存都会考虑到自己的切身利益，他们之间就会存在竞争关系，因此他们之间的相互协作就比较少，害怕自己的利益受到损害，各高校为了在社会上树立好的形象，通常情况下，只会强调自己的优势，忽略自己的劣势。

在资源的建设方面，情愿重复配置造成浪费，也不愿意分享给其他高校。这虽然能在一定程度上形成属于自己的特色，增强自己的优势，提高自己的地位，然而如果不互相沟通，不相互进行经验的交流，会导致跟不上时代的发展，从而导致信息的滞后，不利于利益的实现，也会造成资源的浪费。校际间的资源共享无疑是解决资源浪费的最好途径，但是部分高校只对利用他校的优质资源比较感兴趣，都只愿意享受他校的优质资源，要将自己的优质资源提供给其他高校共享时，有些学校难免会产生藏私之心，对优秀的教师采取保护政策，限制对他校的贡献。

有些高校把自己先进的场地设施封闭起来，只供本校使用，不对外共享等。导致资源只能实现"部分"的共享，影响共享的效果。总的来说，还是共享的思想意识薄弱，过分关注自身的利益。这种共享与竞争的问题，主要是受到国传统封闭管理体制的影响。各高校的体育资源各有所长，具有不同的学科优势、专业优势和课程特长。要实现他们之间体育资源的共享，势必首先在高校之间设立资源共享的组织和协调机构，有力的组织和协调机制，是实现体育资源共享的重要枢纽。

大部分的人认为：要实现高校间体育资源的共享，有力的组织、管理、协调机构是不可或缺的，只有建立了这样的机构才能督促共享的实现，保障体育资源共享有序合理地进行。这样才能更好地发挥高校体育资源的优势，促进体育资源共享的长期发展。普通高校之间大学体育课程教学资源的共享就缺乏相关的组织和协调机构，从而影响了共享的实现。

## 三、协同创新是新时期实现资源共享非常重要的战略举措

通过协同创新把各校资源进行整合，实现共享资源的最优化，解决高校因为资源过剩造成浪费和资源过少造成的不足之间的互补，极大地提高各校的资源利用率。通过协同创新可以有效保障各校的体育教学顺利进行，继而提高教学质量。协同创新是各个创新主体将各自资源进行系统优化合作、创新的过程，协同创新是一个沟通——协调——合作——协同的过程，通过沟通对各校资源进行系统的了解和收集，同时获取各校对参与协同创新的看法，做好协调工作。

协调主要是整合可以用来共享的资源，实现共享资源的最优化，这样可以更好地进行

资源优化配置，不仅优化了资源的配置，还进一步完善了创新体系。高校作为参与协同创新的主体，他们对资源的收集、整合、合作、共享也起到了至关重要的作用，建立高校之间战略合作联盟，做到团结统一、和谐共享，大大节约了盲目共享过程中的人力、物力、财力的浪费。

大学生要树立健康的理念、塑造强健的体魄，就必须进行体育教育和体育锻炼，这是高校学生共同学习的必修课程——大学体育，对于从事大学体育教学的教师来说，要想取得良好的教学效果，吸引学生专注于体育教学与体育锻炼，就必须营造积极活泼、大学生喜闻乐见的教学组织手段，这就要求教师积极创新。大学体育课程在协同创新的过程中，各个学校把优秀的教学资源，利用现代的载体——互联网进行共享，可以有效地实现大学体育课程教学资源的共享。

协同创新是集中大学体育课程教学资源共享优势进行复合人才培养的重要手段。促使各类高校大学体育课程教学资源共享，增强学生身体素质、提升区域整体办学水平和人才培养质量，实现资源共享、高校共同发展和提升人才培养质量的重要举措。

协同创新是实现高校大学体育课程教学资源优势互补、强强的联合路径选择。当今世界，合作共赢是全球高等教育发展的大趋势，也是国高校实现大发展所面临的共同机遇。国研究型大学与世界一流名校相比还有较大的差距，要迎头赶超、实现跨越式发展，就要在高校之间实现优势互补、强强联合，从而带动整体崛起，这是现阶段建设具有中国特色的高等教育强国的必由之路。

有效实现高校大学体育课程功能是高校体育教育发展最核心的任务，为了实现这一任务，就要积极推动协同创新，推动高校之间的深度合作，建立协同创新的战略联盟，实现高校之间强强联合，努力为实现高校体育功能做出积极贡献。随着时代的发展，许多高校已经实现了观念的更新，逐步认识到高校间实施协同创新战略的重要性。如何做到观念的更新？

首先，要树立全局观念，高等教育在教育事业发展进程中占据着至关重要的地位，高校作为高层次人才的重要输出地，他的发展密切关系着国教育事业的发展，高校要从国教育业事业的发展出发，树立全局观念，支持国家教育事业的发展，使国教育更快的跻身到世界先进水平。

其次，要树立相互合作的观念。只有加强高校之间的相互合作，才能更好地实现高校协同创新。合作就是高校之间打破门户之见，相互合作，大力倡导合作科研、合作教学的新观念。

最后，还需树立创新的观念，协同创新不仅需要高校之间相互合作，更重要的是创新，创新是时代的主题，是高等教育发展的必然要求。

各高校之间要不断突破旧的规律，来创造出新的东西。这样才更符合协同创新的需求。高校之间由于门户之见，长期处于各自为政的，相互之间沟通、联系甚少，严重阻碍了教育事业的发展。高校之间的协同创新可以有效缓解这种局面，高校之间要充分利用各自优势的基础上，彼此沟通交流，对优势资源进行重组，实现在资源方面的有效共享。

在对高校协同创新共享平台的构建中，建立的平台应贴合实际需求，平台面对各个协同创新主体开放，汇集并有效利用各个高校的优势资源，以创新为目的，通过协同创新，实现高校之间的深度合作，着重解决困扰高校快速发展的迫切性问题。协同创新协议是指高校与高校之间，为了整合有效资源，搞好协同创新，本着"优势互补、资源共享、共同发展"的原则，经过共同协商后，参与协同创新合作的各高校之间签订协同创新协议，并订立的共同遵守和执行的政策制度，必须明确各个协同创新主体的权利、义务、责任等事项，达到共享资源的最优化。协议签订的宗旨就是要汇集各高校的优势资源，开展协同创新研究，争取取得重大突破，实现资源的最优化。

建立大学体育课程教学资源协同创新团队。协同创新团队是高校实施大学体育课程教学资源协同创新、培养创新型人才、提升大学体育课程竞争力、为资源共享提供基础保障的核心源泉。高校只有拥有了高水平的协同创新的团队，才能培养高水平的创新人才，才能更好地产生共享的创新资源，从而促进高校的发展。

各高校无论在师资资源、场地设施、信息资源，还是在传统资源和教学内容上都独具特色。在实现高校之间大学体育课程教学资源有效共享的进程中，不仅会碰到各种各样的难题，而且在具体操作上面也会比较难以进行。为了确保资源共享顺利进行，建立一个资源共享的管理组织机构便成为当务之急，管理组织机构负责规划与协调共享中出现的相关问题，指导体育资源共享的具体操作，并建立相关的资源共享的制度来作为指导思想，从而促进资源共享合理有序地进行。当前以网络为核心的现代科学技术的开发与运用，已经渗透了整个社会，对当今的教育事业也起着非同凡响的影响。

## 四、创新思维在高校体育教学中应用的展望

进入 21 世纪，经济全球化风起云涌，国际竞争也愈加激烈。创新能力是国际竞争力的核心要素，为了在国际竞争中赢得主动权，依靠科技创新来提升国家的综合实力和核心竞争力，建立国家创新体系，走创新型国家之路，成为我国的重要战略选择。我国的高等院校、科研机构都比较丰富，但是他们没有形成一定的体系，都是各自为政，相互之间的沟通联系很少，导致了资源的严重浪费。

高校作为高水平人才的第一输出地，肩负着提供优质人才的重任，但是人才培养与科技发展出现了一定的脱节。作为科研的核心机构之一，面对国家的科技创新战略需求，高校应该放开门户之见，与其他高校、科研、创新机构开展交流合作，提高创新能力，促进资源的有效利用，促进教育与科技的有机结合，最终提高国家的综合实力。

人才是经济社会发展的第一资源，随着国家的发展，对人才的需求也越来越强烈，虽然我国对人才的培养已经得到了很大的改善，但是离世界先进水平的人才还是有一定的差距，特别是高层次的人才。切实做好人才的培养工作，是当今高校教育工作的重中之重。为了顺应国家经济社会发展对人才的迫切需要，高校必须建立人才培养战略，通过培养高层次的人才，来提高支持国家、经济社会发展的整体实力。

如今，人才的培养离不开创新，高校之间的协同创新战略实施，可以很好地适应经济社会人才发展的需求。充分发挥各高校协同创新的资源，将其进行充分的整合，以经济社会人才的发展需求为目标，加强对拔尖创新人才的培养，进一步缩小国与世界先进水平人才之间的差距，推动人才强国战略的发展。

高校体育教学首先应该牢固树立创新教育的观念，培养学生的创新精神，塑造学生良好的人格品质，提高学生的创新能力，这是素质教育的核心，是培养人才的前提。制定创新教育的目标和内容，改革教学方法，建立创新教育的多维评价方法，是引导学生前进的指挥棒。当今的科学现代化形势对每一个教师提出了严格的、高水准的要求，学校是培养人才的摇篮，教师综合素质能力的提高将有助于培养学生的创新精神。

面对 WTO 新形势下激烈的国际竞争，要加强培养学生的竞争意识，在体育教学过程中要引导学生把竞争与合作理念较好地结合起来，鼓励学生勇于竞争，在 WTO 的竞争中求生存、求发展。总之，高校体育教学，只要牢固地树立起创新教育的观点，并采取切实有效的措施，一定能够培养出大批有创新精神、创新能力、创新素质的人才。

体育教学的实践证明，高校学生需要具备一定的创新能力，不能把精力过于用在单纯过去的知识记忆上，这会影响学生的积极性和创新意识的培养，也浪费了学生的精力，限制国体育教学和高等教育的发展，不能融入高质量体育教育的国家行列。所以，高校体育教学要建立面向未来的教学思想，改变制约高校体育教学改革的传统教学模式，坚持"健康第一"和"求知创新"。只有这样的教学，才能促进教学质量的提高和学生创新意识的培养。

多样化的教学思维模式有的取向于各种模式的综合运用，有的取向于师生关系，有的取向于学生与学生之间的关系，有的取向于教学内容，有的取向于教学安排，有的取向于技能学习与学生心理发展。追求从被动学习到主动学习；追求从生理改造到终身体育意识的培养，追求从学会到会学水平的提高。教学模式的多样化，说明各种教学模式都有自己特定的适用范围。

尽管这些教学模式还不尽完善，但在体育教学理论和实践的结合上将会起到越来越重要的作用。总之，高校体育教学体系是一个多维度、多层次的复合结构，各种影响因素既相互独立，又彼此联系，共同作用于高校体育教学目标的实现。因此，对于我国的高校体育教学体系的创新，要立足本国实际，充分利用和发挥社会经济资源优势，改善体育教学的物质文化要素，要充分发挥高校体育教学的条件和优势，全面推行素质教育，实现高校体育教学的腾飞。

近几年来，我国高校体育教学随着教育体制改革的逐步深化不断得到完善与发展，无论是从重视程度还是理论实践上都取得了明显的成效，对高校高素质人才的培养起到了积极推动作用。现阶段国高校体育教学注重在工作上进行创新，逐步将终身体育的理念贯穿到理论教学中，并通过采用不同形式激发学生对体育的热爱与热情，使得高校体育教育出现生机与活力。但是目前国高校体育教学仍然存有很多问题，需要及时解决。

比如教学形式不够灵活、内容不够丰富、方法相对死板单一，针对性不强，体育考评机制不够科学合理，缺乏正确的体育观念，未能根据学生生理与心理特征进行区别对待等一系列问题普遍存在。

大学体育教育是高等教育系统的重要组成部分，其目的是为了促进学生的身心健康，培养具有综合能力的复合型人才。目前很多大学体育的教学方式和手段，已经不能适应其大学体育教育的发展和创新需求。只有进行大学体育教育改革，改变传统的教学观念和教学手段，才能调动大学生学习体育的积极性，才能促进素质教育的开展。

在教学中信息反馈形式多种多样，教师根据多年的教学可以提出一个富有吸引力、具有奋斗目标，鼓励学生去追求、去完成，这个目标可以是建设性的、探索性的，也可以是创新性的。例如，教师要注重学生的能力培养，把教学中的准备部分让学生领做，写出准备部分的教案。通过学生领操返回信息的方法，加强学生自锻炼能力的培养，这样能给学生一个很大的自由度，学生可根据自己掌握的知识，生活积累、爱好程度、想象空间等畅所欲言，把自己内心的想法充分、全面地展现，通过回收信息可以发现许多新奇、有趣、可行的方案和想法，这样教师就能够掌握第一手材料，了解学生的内心感受及合理要求，从而更好地完成教学任务。

　　教师要想发挥每个学生的创新性，就不能不考虑发展他们的个性特长，宽容其不同的思想和言论，允许不成熟和失误，允许不同思路的做法，允许自由竞争，按照学生的性别、体质和技能进行分组教学。例如，在女生健美操教学中，要安排好见习生，既让她们达到锻炼身体的目的，又能有良好的心理健康意识。体育实践课是贯穿体育教学的主体。一方面通过体育教学传授技术技能，达到熟练掌握运用的能力；另一方面，体育理论的补充是对实践起到引导作用，教师可充分利用雨、雪天在室内传授体育理论知识，使学生掌握各门课程的规则、裁判法及体育保健。通过理论的补充，使学生平时能自己承担小型比赛裁判，促使学生体育知识的积累和保健锻炼的重视程度，扩大学生的视野和信息储备量，从而使学生关心体育教学、关心健康。

　　通过体育教学实践发现，快乐教学可分为深、浅两个层次，把教材联系游戏化、情景化、直观化只是浅层次的，而只有引导学生独立思考，对学习锻炼本身真正的感兴趣，有所创新，既有纵的深入了解，又有横的知识积累，这样才能使学生走进高层次的学习乐趣当中，不断的知识积累中有所创新，这是一种自实现的过程，这是建设型快乐，会使一切享受型的快乐黯然失色。体育教学中教和学是师生的双边活动，教学中不仅要有教师的教法，而且还应该引导学生去研究掌握学法，可以明确规定哪些是可以由学生自己做主的，教师不干涉，比如，健身操组合教完，学生必须达到熟练掌握，要将学法落实到实处，教师要采取措施，提出要求。

　　课后布置作业、课前检查，让学生以教师的角色检查学生。在日常的教学中可以将课时教案简要地讲给学生，这样就可以使课的开头宣读部分，变为新颖的师生讨论本课的学习方法，并且使课处处体现学生自主作用的创新能力。总而言之，创新思维在体育教学中的作用，是显而易见的，它对于推动和发展体育教学向纵深发展起着不可估量的作用。

　　创新思维能力是提高社会实践能力的基础，是开发人的潜能的需要，也是提高学生创新意识和创新能力的根本保证。因此，不断增强学生的创新思维能力，对实现知识向能力的转变，能力向素质的转变，具有十分重要的意义。

　　培养学生的创造性思维能力首先是开发教师的创造力。俗话说得好，名师出高徒。如果教师自身不具备创造力，那么学生的创造思维能力的培养就成了无源之水、无本之木。

　　因此，作为新世纪的体育教师：

　　首先，要更新观念，正确理解素质教育的内涵，充分树立以学生为主体的思想，紧紧围绕培养学生创新素质这一核心；

　　其次，教师要不断总结、钻研，掌握现代各种教育教学方法，探索、创新适合学生的教学模式，以培养学生创新能力为出发点，改进评价内容和方法，以进一步激发学生学习的主动性，促进学生创造性思维能力的发展；

　　再次，教师要结合时代、学生未来技能的实际需要，对教材、场地、器材科学合理地挖掘、分配和组合，以创造良好的课堂育人氛围。

　　最后，广大体育教师需终身学习，不断充电，锐意改革，努力开发自身的创新思维，顺应新世纪学校体育发展的需要。

# 参考文献

[1] 毛振明.体育教学论 [M].北京：高等教育出版社，2011.

[2] 李建芳.现代体育教学探索 [M].北京：北京体育大学出版社，2001.

[3] 毛振明.探索成功的体育教学 [M]、北京：北京体育大学大出版社，2001.

[4] 龚正伟.体育教学论 [M].北京：北京体育大学出版社，2004.

[5] 杜杰，顾渊彦.体育运动与健康 [M].南京：河海大学出版社，1992.

[6] 季浏.体育与健康课程标准解读 [M].武汉：湖北教育出版社，2002.

[7] 夏越.现代高校体育教学研究 [M].北京：北京理工大学出版社，2019.

[8] 王惠.高校体育教学方法研究 [M].北京：光明日报出版社，2016.

[9] 任婷婷.高校体育教学管理改革与模式构建 [M].长春：吉林大学出版社，2017.

[10] 吉丽娜，李磊.高校体育教学与训练理论实践探究 [M].北京：地质出版社，2017.

[11] 周遵琴.高校体育教学改革与发展 [M].成都：电子科技大学出版社，2015.

[12] 马鹏涛.高校体育教学改革创新与科学化训练研究 [M].北京：新华出版社，2018.

[13] 戴信言.高校体育教学多种模式的探索 [M].北京：中国原子能出版社，2016.

[14] 李姗姗.现代教育思想在高校体育教学中的应用研究 [M].成都：四川大学出版社，2014.

[15] 李建芳，陈汉华.现代高校体育教学探索 [M].北京：北京体育大学出版社，2001.